La vida de un Ángel en la tierra

CYNTHIA RAMÍREZ

AUTORA
Cynthia Ramírez
@cynthiaramirez.me
www.cynthiaramirezangelologa.com

EDITORA EN JEFE
Andrea Vivas Ross

DIRECTORA DE ARTE
Raquel Colmenares Ross
@become_studio

DISEÑO GRÁFICO
Eylin Serrano

COLABORADORA
Jessika Iskander

CORRECIÓN DE TEXTO
Andrea Vivas Ross | Marina Araujo

ASISTENCIA DE CORRECCIÓN
Bianca Schemel | Iván Chacín | Victoria Ortega

PINTURAS LLEVADAS A ILUSTRACIONES
Juan de Dios Martínez Jaime y Ricardo Ricardez Ramírez

@paquidermolibros
paquidermolibros@gmail.com

SEGUNDA EDICIÓN
Octubre, 2023.
EE.UU.
I S B N : 979-8-9871744-8-7

RESERVADOS TODOS LOS DERECHOS. PROHIBIDA LA REPRODUCCIÓN PARCIAL O TOTAL DE LA OBRA SIN PERMISO ESCRITO DEL AUTOR Y LA EDITORIAL.

CYNTHIA RAMÍREZ

La vida de un Ángel en la tierra

AGRADECIMIENTOS

Este libro está dedicado a mi madre y a mi padre, seres que acordaron darme la vida para evolucionar y permitirme volar. A mi esposo y a mis hijos, los cuales me han apoyado siempre para lograr este sueño.

Mamá, gracias por tu vida, por tu templanza, paciencia y entrega incondicional al estar en la tierra viéndome crecer y evolucionar. Gracias por cada una de tus demostraciones de amor y, sobre todo, por quedarte a nuestro lado en el momento indicado. Gracias por estar siempre pendiente de mí y de todos. Eres mi más grande motivación a seguir en este camino de luz. Por ti y para ti, seguiré en el camino crístico de iluminación y felicidad.

Papá, gracias por ser un ángel en la tierra, por mostrarme el camino correcto cuando lo he necesitado. Gracias por tu amor infinito e incondicional. Gracias por apoyarme en todo momento, por saber siempre lo que me pasa solo con pensarte y por ser uno en el amor. Gracias por ser mi guía, mi más grande ejemplo y simplemente el mejor ser humano angelical que he tenido el privilegio de encontrar. Seguiremos unidos siempre en la eternidad.

Ricardo, amado esposo y compañero del camino, uno de mis mejores maestros de vida y amor. Has sido un gran compañero en mi transitar, gracias por tu apoyo total. Gracias por mostrarme el camino de mi evolución. Gracias por tu apoyo, comprensión y, sobre todo, por ser mi mejor ancla en la tierra y recordarme siempre volver.

Vanessa, mi hija divina, gran sabia, mi fiel compañera. Hija amada, eres lo mejor que me pudo pasar en la vida. Gracias por tu mirada de amor que me motiva a seguir, gracias por tus palabras exactas que siempre llegan a mí en el momento preciso. Gracias por ser grandiosa, por tu contención y apoyo incondicional en todo. Gracias a tu luz por mostrarme la iluminación y nunca nunca darme por vencida.

Gracias a mi hijo, el más amado, mi Güero, el gran mago. Tú eres el centro de mi corazón. Gracias por ser mi espejo y un maestro amoroso para trabajar mi fe y paciencia. Tú siempre tienes el detalle, la palabra, la expresión y la magia para recordarme lo que es la felicidad. Llevándome en un vaivén de emociones, pero recordándome que la libertad de ser tú mismo es lo principal para ser feliz. Eres un alma libre y volarás aún más alto que yo. Gracias por dejar tu estela energética en el camino para sentirte cerca aunque estemos lejos.

Gracias a mis hermanas, Kathia y Malu, mis fieles compañeras en esta historia de vida. Gracias por amarme y aceptarme; por apoyarme y cuidarme; por su amor incondicional y por sostenerme en cada paso de mi vida. Somos un gran equipo y sin su luz yo no pudiera brillar. Gracias por ayudarme a seguir en este camino y por siempre estar.

Gracias a todos mis sobrinos que son chispas de amor en mi alma, en mi vida y en mi corazón. Gracias a toda mi familia, parte de mi vida.

Gracias a mis amigas y hermanas de alma, por ser parte tan importante de este camino. Rina, mi fiel compañera de aventuras y experiencias. Lorena, mi guardiana y mis ojos en el Universo. Olivia y Samara, mi fortaleza y alegría. Lupita, apoyo sabio e incondicional.

Gracias, Marisa y Daniela, por ser esa familia de alma, por reencontrarnos en esta vida y por permitirme amarlas. Son parte de esta historia de luz.

Gracias Silvia por tu tiempo y dedicación para que este libro cobrase vida, por tantos años de amistad y de hermandad.

Gracias a todos y cada uno de los familiares, amigas y amigos que han pasado por mi vida y han sido de gran felicidad, apoyo, contención y luz en ella. Todo tiempo fue perfecto y agradezco y bendigo sus vidas. Carlos Pg. Virgen, Karina, Vilma, Luisa Fernanda, Érika, Cristina, Maricarmen, Eugenia Casarín, Gaby, Bricia, Fanny, Cristina Jones, Mónica, Belén, Rafa, Martín, Enrique, Diego, Miguel, Omar, Jorge Omar, Joaquín, Elías, Susy, Rebeca; a mis tías, Lumy, Yoli, Candy y Laura y a todos los que están en mi corazón y han sido parte de esta historia hasta el día de hoy.

Gracias, Jéssica Iskander, por creer en mí y por apoyarme en emprender el vuelo, por tu tiempo, tu amor y dedicación. Gracias por ser parte de este sueño, que ahora ya es una hermosa y exitosa realidad.

Gracias Sra. Rosalina de Félix y a su hermosa familia, principalmente a mi gran amiga Rosalina Félix Ruiz, por acompañarme en el camino, en los viajes y por ser parte primordial para que este libro ahora esté en manos de muchas almas. Gracias infinitas.

Gracias Verónica del Castillo por siempre abrirme caminos y estar a mi lado en mi evolución. Gracias por tu hermosa amistad, por la fuerza de tu corazón, por la entrega que pones en el bienestar de la humanidad. Gracias por permitirme ser parte de tu vida y de tu familia.

Pily, por tu ejemplo de amor y fortaleza, por tu apoyo incondicional, por las bellas palabras que me has permitido escuchar de tu boca que me alientan a avanzar y a recordar el camino del amor. Gracias por tu luz y entrega a la vida; eres un gran ejemplo para mí.

Gracias Nelly por ser mi guardiana y amiga incondicional en este caminar en la tierra. Gracias por sostenerme energéticamente siempre, por tu gran ejemplo de amor y transformación. Gracias por ser y estar.

Gracias a todos mis maestros del camino espiritual. Vicky Flores, gracias por toda tu sabiduría compartida y por tu gran luz que me ilumina en mi camino permitiéndome, cada vez más, despertar la consciencia y crear una red armónica de paz.

Gracias a mi familia política, Sra. Amalia, Sr. Miguel, Érika y Miguel, Rafa, Marisol y León; infinito amor y agradecimiento por su comprensión y apoyo incondicional. Soy bendecida por ser parte de esta hermosa familia. Los amo con todo mi corazón.

Gracias a todos mis amigos que, en algún momento, fueron y han sido parte de mi caminar, ya que todos tienen un lugar en mi mente y mi corazón.

Y por último, y no menos importante, gracias a todos mis alumnos que han confiado en mí y me han permitido aprender de cada uno de ellos. Gracias por permitirme compartir la sabiduría de luz, porque, como siempre lo he dicho, más aprendo yo de ustedes en esta escuela de luz y despertar de la consciencia, que ustedes de mí.

Gracias a todos mis pacientes que me permiten transformar mi vida y la suya, junto con la energía de la fuente. Gracias por confiar.

Gracias a la vida por dejarme evolucionar. Gracias a mi alma por brillar. Gracias a mi ser por permitirse transformarse. Gracias a mis linajes paterno y materno, porque por ustedes llegué aquí.

Gracias Madre Tierra por las bondades que me brindas cada día, por los hermosos atardeceres y amaneceres, por hacerme sentir viva a través de tu belleza.

Gracias Creador Infinito, mi gran y único Dios, gran maestro Jesús, por estar siempre a mi lado. Gracias a mi ángel guardián, Pedro, por cuidarme y acompañarme siempre. Gracias a mis amados arcángeles que siempre me acompañan: Metatrón, Miguel, Jofiel, Rafael, Zadquiel, Chamuel, Gabriel y Uriel .

Gracias a mi amada Madre, María, por siempre ayudarme, guiarme y acompañarme en todos los momentos de mi transitar en la vida.

Gracias a la gran maestra, María Magdalena, por hacerme más fuerte junto con todo mi equipo espiritual; por mostrarme mi camino con claridad, que me llevó a encontrar el amor más puro y verdadero, sin apegos y con compasión: el amor de Dios en mí.

Gracias, gracias, gracias.

RICARDO RICARDEZ

TABLA DE CONTENIDO

PRÓLOGOS — 15
INTRODUCCIÓN — 21

CAPÍTULO 1 PREPARACIÓN DE MI ALMA — 25
CAPÍTULO 2 EL SOPLO DE LA VIDA — 45
CAPÍTULO 3 INTEGRACIÓN Y PACTOS FAMILIARES — 61
CAPÍTULO 4 DUELO Y ABANDONO — 69
CAPÍTULO 5 MIEDO Y NEGACIÓN — 81
CAPÍTULO 6 LA MUERTE Y EL RENACER — 87
CAPÍTULO 7 REENCUENTROS DE VIDAS PASADAS — 99
CAPÍTULO 8 INTERIOR EVOLUTIVO — 125
CAPÍTULO 9 TRANSFORMACIÓN INTERNA — 141
CAPÍTULO 10 MÁS ALLÁ DE LA VIDA — 159
CAPÍTULO 11 UN NUEVO AMANECER — 169
CAPÍTULO 12 TU HIJO ES TU REFLEJO — 181
CAPÍTULO 13 LA LUZ Y LA OSCURIDAD: EL VIAJE AL INTERIOR — 203
CAPÍTULO 14 LEMURIA Y MI ENCUENTRO CON EL MAESTRO AKTON — 223
CAPÍTULO 15 ENTRE EL CIELO Y LA TIERRA — 235
CAPÍTULO 16 SANACIÓN, LIBERACIÓN Y ENTENDIMIENTO — 247

CAPÍTULO 17	VIVIR A TRAVÉS DE LOS SUEÑOS	253
CAPÍTULO 18	AGUA VIVA: EL REENCUENTRO CON DIOS	267
CAPÍTULO 19	RELIGIÓN Y ESPIRITUALIDAD	277
CAPÍTULO 20	CÓMO SER UN CANAL DE LUZ: LA MEDIUMNIDAD	285
CAPÍTULO 21	CÓMO COMUNICARNOS CON LA ENERGÍA CREADORA	291
CAPÍTULO 22	NIÑOS ÍNDIGO, CRISTAL, ARCOÍRIS Y ESTELARES	301
CAPÍTULO 23	CÓMO ELEGIR LA FELICIDAD EN TU VIDA	313
CAPÍTULO 24	CONEXIÓN CON LA TIERRA Y EL MULTIVERSO	323
CAPÍTULO 25	ALMAS COMPATIBLES	333
CAPÍTULO 26	LÍNEA DEL TIEMPO	345
CAPÍTULO 27	LA NUEVA HUMANIDAD	357
CAPÍTULO 28	MI REGRESO AL INICIO QUE ES EL FINAL	369
EPÍLOGO		386

PRÓLOGO #1
VERÓNICA DEL CASTILLO

Conocí a Cynthia en un momento difícil de mi vida (ella llegó a ponerle magia). Era un día triste y desesperanzador cuando no tenía ganas de salir de mi casa y tuve que ir a una entrevista que me realizaron en radio solo por cumplir. En la sala de espera escuché el monitor, y esa voz vibrante, amorosa e inspiradora de Cynthia me sacó del estado negativo en el que estaba llena de preocupaciones. Sin saber absolutamente nada de ella, al terminar su entrevista me dijo: «¿Me das permiso de extender tus alas? Las veo un poco dañadas». Corte a... estoy en un Uber con dos desconocidos: Cynthia y el conductor, rumbo al departamento de Cynthia para una terapia cuántica-angelical. Desde entonces, sus terapias, conferencias y talleres, potencializaron mis actividades y mis pacientes se vieron beneficiados cuando a los *reikis* y sesiones de *ThetaHealing* les sumé el conocimiento angelical. Ejemplo: yo desconocía que a cada chakra corresponde un arcángel diferente por color, vibración y misión. Gracias a nuestro encuentro, tuve la dulce oportunidad de conocer a profundidad sobre los ángeles, lo que aumentó mi capacidad de empatía energética. La diferencia de mis sesiones, antes y después de conocerla, fue monumental.

Fue la diferencia entre creer en ángeles y conocerlos de verdad. Siempre me acompañaron, pero desde entonces adquirí la consciencia de ellos y se convirtieron en mis aliados para crear todo lo que quiero y potencializar mis dones espirituales, sobre todo el de la sanación. Por cierto, todos los tenemos, solo que no los desarrollamos o no nos creemos merecedores de explotarlos. Están ahí, despiértalos y úsalos para tu bien más elevado y el de los demás.

Con Cynthia he vivido tardes inolvidables, cuando hemos recordado no solo nuestras vidas pasadas en las que fuimos aliadas de la luz, sino también nos hemos percatado del gran regalo que es habernos reencontrado en esta dimensión. Juntas creamos alquimia, y de la mano logramos ayudar a más personas que buscan un presente más pleno y real, recreando el cielo en la tierra. Cynthia logró trascender el encuentro de lo que sería una simple terapia, a ser un ángel que se quedó abrazando mi vida. Desde el primer instante, hemos sido soporte y piedra angular de crecimiento espiritual y laboral una de la otra. Y justo eso es lo que encuentro en las páginas de su libro. Descubro, entre sus palabras, acompañamiento, dirección, información ágil y completa desde el corazón. Es una voz que te abraza y te invita inevitablemente al amor y a renunciar al miedo. Mi conocimiento sobre el mundo angelical se expande siempre que la escucho, asisto a sus congresos o la leo. Su acercamiento al alma de cualquiera es inevitable. Su optimismo y seducción al alma es incansable. Sus relatos me permiten un descanso emocional, renovación física y mental y, sobre todo, la certeza de que hay una misión más grande que yo misma, una que me emociona cumplir.

En el capítulo 8 «El despertar interior» comparte sobre su embarazo y sobre sus vacíos que nada ni nadie podía llenar. Me identifiqué con ella inmediatamente por los vacíos existenciales y depresión posparto que padecí; las embarazadas sentimos esa ambivalencia de miedo y amor. Así que te aseguro, querido lector, que si Cynthia puede ayudar y crear tantas bendiciones habiendo sentido esa oscuridad, sin duda tú también puedes lograrlo porque provienes del amor y vas hacia el amor.

La historia de vida de Cynthia es milagrosa; ella trascendió al otro mundo para conocer a su familia espiritual, y el gran regalo que nos deja es que no necesitamos morir para trascender o aprender sobre nuestra misión o contactar con nuestros seres de luz o maestros ascendidos para servir a otros. En las páginas de este libro encontrarás amor, esperanza, conocimiento y paz, pero, sobre todo, te encontrarás a ti. Te hace todo más sencillo. Si lo que buscas es abrir tus alas, estás en las mejores manos y no puedo más que desear que lo disfrutes y, al igual que yo, comiences a disfrutar más tu camino angelical. Si pudiera resumirlo en una frase sería: todos somos ángeles, todos somos luz.

Con amor y gratitud, Verónica del Castillo.

PRÓLOGO #2
JÉSSICA ISKANDER

Cynthia llegó a mi vida de la forma más amorosa y perfecta: tenía un gran proyecto para crear un libro, y la mayoría de los capítulos estaban terminados. **La vida de un ángel en la tierra**. El título lo decía todo. Decidí apoyarla con el libro porque la tarde que conocí a Cynthia tuvimos una terapia, la misma que hasta hoy sigue ayudándome a florecer. Me di cuenta de que ella sí es lo que predica.

El mundo de los ángeles es fascinante, y mucho más si alguien como ella te introduce a él. Yo soy una mujer escéptica, crecí en una familia de intelectuales, donde la magia constó siempre de los libros, de su filosofía y de su calidad académica. Cynthia vino a enseñarme y a entregarme otro tipo de magia, la magia más pura y entera, la que no aparece casi nunca en los libros, pero sí en la vida diaria. En los momentos más cotidianos y sencillos, en la sutileza de la vida.

Colaborar con el libro de Cynthia cambió mi vida; el proceso me hizo volver a creer en la dulzura del camino humano y me ayudó a recordar quién soy y siempre fui. Cynthia entrega su alma entera en cada oración, en cada historia, en cada capítulo, en cada coma y punto, en el final.

Recomiendo esta obra desde mi transformación. La recomiendo porque creo en las cosas que se crean con pasión. La recomiendo porque Cynthia llegó a cambiar vidas, a transportarlas y a regresar el amor al corazón de todos los seres que se cruzan en su camino. Pero, sobre todo, recomiendo este libro porque no soy hoy la misma que fui al comenzarlo, y porque gracias a Cynthia hoy recuerdo mi misión en la tierra.

INTRODUCCIÓN

Hoy, por este medio, comienzo a narrar el largo, pero poderoso reencuentro con mi divinidad; mi camino para volver a reconocerme y aceptarme en este nuevo cuerpo en el que hoy habito. Ahora sé quién soy y cuál es la misión entregada por Dios. Al saber de dónde vengo y a qué he venido a este planeta, he logrado que la luz de mi corazón y el brillo de mi interior vivan en constante expansión. Lo que leerás luego es un regalo que quiero transmitirte; juntos lo convertiremos en una inspiración para descubrir la divinidad interna que existe también en ti.

Ahora soy quien verdaderamente soy. La vida en la tierra ha sido una gran aventura, y reconocerme como un ser sabio, mágico, luminoso, divino, bello y majestuoso me da la humildad e ímpetu para inspirarte a descubrir quién eres y cuál es tu misión.

Aceptar que mi alma vuelva a la tierra, una vez más, y seguir evolucionando, es un gran desafío. De no recordar absolutamente nada, he llegado a revivir y recolectar cada fragmento del rompecabezas para regresar a mi verdadero Ser. Fue una decisión de mi vida álmica y ahora lo disfruto con toda mi luz.

Expando las alas de mi despertar para ayudar a brillar a muchas almas en este plano.

Despedirme de mis seres de luz en la quinta dimensión, aquella más allá de las tres dimensiones espaciales —y una de tiempo—, y venir aquí, ha sido el más grande reto que he enfrentado. No fue cosa sencilla aprender a vivir la vida de la manera encomendada a mi Ser, pero ahora reconozco a cada uno de los seres de luz en mi camino y sé que siempre están a mi lado, nunca me abandonan; me han hecho sentir completamente acompañada, protegida y feliz.

Hoy comprendo, más que nunca, la sabiduría de la luz de la divinidad en este lugar y me comprometo a ayudar a despertar los dones de cada ser humano para que, llenos de seguridad, sean capaces de tener una vida maravillosa y reconocerse por lo que realmente son.

A ti lector, gracias por darme este espacio, por escuchar el llamado de tu corazón y darte la oportunidad de experimentar un viaje divino, a través de esta aventura de vida a la que me gusta llamar *epigenética* para el alma.

¿Has escuchado alguna vez sobre la epigenética? Permíteme platicarte sobre esta parte de la ciencia que estudia los cambios en la función de tus genes que son hereditarios.

La epigenética pretende explicar por qué algunos de tus genes se manifiestan y otros se silencian; en otras palabras, por qué se desarrollan determinadas enfermedades en tu cuerpo y otras no. El término *epi* significa «encima», por lo que se define como «encima de la secuencia base de ADN». A través de este estudio puedes conocer no solo los factores que modifican directamente tus genes, sino la manera que tienen de expresarse. Es decir, si uno de tus genes trae la información del cáncer de pulmón, porque tanto tu abuelo como tu padre lo padecieron, tú puedes prevenir que la patología se manifieste en ti y vivir sano el resto de tu vida si mejoras tu alimentación, trabajas con tus emociones, evitas toxinas y mantienes tus vibraciones altas.

Los beneficios de aplicar la epigenética diariamente son abismales. Vivirás no solo mucho más tiempo, sino de una forma sana. Abrazarás tu proceso de senectud y evitarás sufrimiento en tu organismo a nivel cognitivo y en todo tu ser: mente, alma y espíritu.

El libro que sostienes hoy entre tus manos desea regalarte las herramientas para que hagas lo mismo con tu alma. El proceso que estás a punto de vivir te hará reconocer quién eres y acercarte a una sabiduría que te ayudará a sanar tu interior de una forma efectiva para que tu alma vuelva a su estado inicial y sane profunda y definitivamente.

SÍ, ESTA HISTORIA Y SUS PÁGINAS
SON EPIGENÉTICA PARA TU ESENCIA.

Conocerás métodos únicos para regresar a la energía del amor y a la divinidad. No es necesario creer en algo específico, solamente en TI. Toda la información está ahí dentro y lo único que tenemos que hacer juntos es reactivarla.

Bienvenido a la epigenética de tu alma. Aquí vamos a rehabilitar y reactivar tu interior a su estado inicial, ese que quizá ya no recuerdas, pero que vive latente adentro, desde el día que llegaste a este planeta. Latente porque, al igual que yo, tú también eres un ángel en la tierra. Ahora te invito a conocer el mundo de los seres de luz que han sido mi familia siempre y ahora también serán la tuya.

Con todo mi amor, Shiram

> **NOTA:** Al final del libro encontrarás un código QR que podrás escanear para acceder a mis meditaciones y más contenido sobre estos temas.

CAPÍTULO 1
PREPARACIÓN
DE MI ALMA

ARCÁNGEL GABRIEL

El cielo se abrió. La humanidad presenciaba un día lleno de luz. Se mojaba la tierra mientras se rompía y separaba. El arcoíris regaló su brillantez de una forma tan gloriosa, que se transmutaba entre las flores iluminando el espacio. Las aves no dejaban de mover sus alas, porque sabían que ese día era una gran fiesta. Los seres de luz estaban a punto de nombrar, durante el festejo, a un ángel que bajaría a la tierra. En aquella dimensión angelical, el escoger a un ser álmico era de gran honor y motivo de celebración, ya que con él descendería, al planeta, la enseñanza y la sapiencia atemporal que ahí se orquestaba.

Afuera de mi alcoba ya había empezado la fiesta. Los ángeles bailaban y cantaban tocando sus instrumentos con grandes notas que vibraban con ondas que viajaban de ida y vuelta por el cielo. Varias familias divididas por jerarquías, de acuerdo a su sabiduría, se alineaban en el anfiteatro para la conmemoración.

Yo era la elegida. Me percibí alegre y próspera, porque entre tantos ángeles fui escogida para tener, no solo el orgullo, sino la bendición de llevar nuestras enseñanzas a los humanos. Me encontraba dentro de mí, acompañada de mis padres y mis hermanos, sentados en un semicírculo en el que la energía se compartía sin recelo. Ellos eran mi familia de la séptima dimensión —más adelante les hablaré sobre esta dimensión—, con la que había aprendido todo lo que hasta ese momento sabía.

Había llegado mi momento de pasar la última prueba y demostrar aquello por lo que tenía que luchar en la tierra: congruencia, servicio, amor, equilibrio, tranquilidad y manejo de la energía, pero, sobre cualquier cosa, el gran reto de emanar el más grande de los amores y obsequiar una sonrisa ante cualquiera de las situaciones.

Me recorría una gama lúcida de sentimientos: tristeza por alejarme de mi círculo angelical, pero, a la vez, un gran gozo y emoción al saber que podría tener el privilegio de conocer la tierra y de vivir como un ser humano. Ya había escuchado a mis grandes maestros hablar maravillas del paraíso terrenal, así que para mí era una gran ilusión y además algo por lo que había trabajado de forma incansable. Estuve un tiempo indefinido estudiando y preparándome para este glorioso momento: mi examen final.

Extraño en mí, empecé a sentirme nerviosa, pero mi madre, de nombre Shekinah, comenzó a calmarme. Una una mujer sabia, llena de luz y creadora de muchos mundos, encargada de la energía del multiverso y poseedora de la energía femenina del espíritu de Dios en su corazón.

—Mi querida Shiram, no tienes por qué estar nerviosa, todo lo harás de una forma perfecta —me dijo mientras acariciaba mi mejilla—. Confío en ti —continuó—. No es algo tan difícil, no lo veas como un examen, todo ya lo sabes, así que disfruta este momento divino.

Recuerdo que la miré fijamente y sentí un cosquilleo que hoy reconozco y guardo como la definición exacta de la palabra paz.

—Tu familia de ángeles y yo estaremos guiándote en todo momento —siguió aconsejando Shekinah—. En el momento preciso, después de la celebración, extiende tus alas y vuela, porque ahora serás un ángel encarnado en la tierra, lleno de compasión —concluyó.

Para mí había sido un honor ser preparada por ella, ya que todas mis enseñanzas venían de una fuente fidedigna de amor.

Mientras terminaba de alimentarme con sus palabras, se acercó mi maestro y gran figura paterna. Su nombre era El-Roi que significa «Dios me vea». Vocablo que además ilustra a un Dios con quien el ser humano se puede relacionar, su omnisciencia y la omnipresencia. Me dio un fuerte abrazo y se dispuso a ponerme una corona de flores ligera y aromática, con un diamante verde al frente. Me coronó dándome el poder de sanar, el de la clariaudiencia y el clariconocimiento. Es decir, dones que, una vez en la tierra, me otorgarían la habilidad de percibir la información que me enviarían los guías como sonidos y murmullos. Con esas habilidades podría escuchar sonidos que la mayoría de los humanos no perciben. Ondas que llegarían a mi «oído mental». Ese día me regalaron la habilidad de sentir y con esa ella yo sería capaz de establecer la conexión con mis guías, a través de sensaciones y emociones. De hecho, podría tener un diálogo fluido gracias a mis dones e interpretar situaciones también por medio de las sensaciones y emociones de aquellos que me necesitaran.

> HOY EN DÍA, GRACIAS A ESTE
> DON OTORGADO, PUEDO LLEGAR
> A PERCIBIR, INCLUSO, LOS
> PENSAMIENTOS DE OTRAS PERSONAS
> EN LA TIERRA.

—Mi querida angelita —me indicó El-Roi—. Ahora estás lista para partir, por lo que quiero que sepas que en la tierra no todo es amor como aquí. Conocerás el dolor y la tristeza, el abandono y la soledad, pero recuerda que siempre estarás guiada por nosotros desde esta dimensión.

Su mirada fuerte de amor divino me penetró. El-Roi me dio un fuerte abrazo, y Shekinah, él y yo volamos juntos hasta el patio donde se realizaría la gran hazaña de enviar a los ángeles escogidos a la tierra. El momento había llegado. Ahí estaba yo parada ante la gran multitud cuando la autoridad mayor llegó ante nosotros. Su luz brillaba, y con tan solo sentir su presencia se percibía un bienestar profundo. Comenzaron las preguntas que tuve que contestar desde mi intuición. Al parecer eran sencillas, pero hoy sé que no fue así. Un humano pierde el contacto entre el corazón y la cabeza a muy temprana edad, y aquello que ese día no sentí complicado, más tarde se nubló en la tierra. Mi voz interna respondió, pasé el examen y mis alas se extendieron de inmediato. Me encontraba lista para llevar la luz, el amor y la paz de la fuente creadora a la tierra.

Segura y tranquila, sonreí, porque supe que todo iba a estar bien. Acepté con gusto mi misión y me dieron el nombramiento de ser el *ángel encarnado*, para cumplir la misión de llevar la sabiduría y la luz a la tierra, ayudando a despertar a las miles de almas que ahí radican. Tomé aliento y luego me despedí de mis padres, de mis hermanos y de mis amigos. Con gran ovación y cantos, dormí un sueño tan profundo que cada célula de mi ser descansó lo necesario para aquel comienzo.

¿Qué haré en el momento que quiera volar y extender mis alas? ¿Cómo sabré ser un humano? ¿Cómo podré regresar a mis seres divinos? Estas fueron las preguntas que hice a mi Dios, mientras se me cerraban los ojos. Había una parte de mí que deseaba llegar a la tierra, y la otra, regresar a la séptima dimensión con mi familia angelical. Pero la quinta dimensión me esperaba, el portal hacia la «consciencia crística», aquella consciencia colectiva que se reconoce a sí misma como unidad. Es la frecuencia de la sabiduría y es energía pura. Es donde se encuentran los maestros ascendidos y los espíritus guías.

Mi transformación no fue algo arrebatador, no sentí dolor alguno y curiosamente tampoco apego, más bien, desperté suavemente en un lugar seguro donde sentía la compañía de mis ángeles de una forma interna y cercana, pero, al mismo tiempo, presenciaba físicamente la compañía de mis padres seculares. Había llegado a la tierra, lugar donde el tiempo jugaba uno de los papeles más importantes y el lenguaje se escuchaba de forma directa con tonos y notas agudas que entraban por mis oídos y no por mi pecho. Aquí, en mi nuevo hogar, mi tarea principal era la de luchar contra los totalitarismos, y mi axioma vital serviría para afrontar cualquier existencia humana. El amor interno depositado por mis maestros serviría no solo como refugio, sino como escudo y medicina. Esto no sería una guerra, pero quizá, sin saberlo, lo que sí venía a hacer era luchar y conquistar.

Pasaron varios meses y yo seguí en contacto con mis guías celestiales, recibiendo instrucciones y mensajes divinos. Constantemente recordaba la voz de Dios que me dijo antes de nacer: «Fuiste escogida para esta hermosa misión, ahora serás un ángel encarnado, lucirás como humano, pero tus ojos reflejarán tu verdadera procedencia brillante y se expandirá en muchas almas».

Recuerdo que la forma de esconder mi verdadera identidad era una de mis mayores incertidumbres. Pedí a mi Dios no dejar de responder mis dudas y ayudarme a resolverlas.

—Nunca lo haré —me dijo—. Solo recuerda que, poco a poco, irás encontrando cada respuesta en tu corazón, todo lo harás bien. Ahora respira y disfruta tu vida. Te doy mi bendición y te dejo en manos de estos seres lumínicos para que te acompañen día a día.

Los seres humanos trascendidos pueden permanecer en varios estados o niveles de consciencia, en forma simultánea, pues todos somos seres multidimensionales. Ellos lo saben conscientemente, y lo utilizan como una labor de servicio para ayudar a trascender a otros seres.

LAS 7 DIMENSIONES

1. PRIMERA DIMENSIÓN: Microcosmos monádico

Se sabe por ley de correspondencia («como es arriba es abajo») que cada unidad fractal es el reflejo de un todo.

Cada dimensión es un espejo de la dimensión superior. El microcosmos refleja el macrocosmos y viceversa.

En la primera dimensión se encuentran pequeñísimas e imperceptibles unidades substanciales energéticas llamadas *mónadas*. Estas son como átomos, pero de carácter metafísico, que contienen dentro la información codificada de todo el cosmos.

Vibran a una frecuencia muy sutil y, a través de estas, la consciencia universal (Dios) crea los distintos mundos.

Más sobre la primera dimensión:

* Campo cuántico encargado de transformar la energía en materia
* Matriz de la existencia, por lo que está conectada con la séptima dimensión de forma cíclica
* Frecuencia básica de los átomos y las moléculas, por lo tanto, es la energía del microcosmos
* Frecuencia vibratoria de activación del ADN
* Maneja un nivel de consciencia elemental, puntual
* Sabe cómo dirigirse de un punto a otro
* Los minerales y el agua vibran en esta frecuencia. Los minerales son el aspecto cristalino de la misma, y el agua el aspecto líquido de la misma
* Se encuentra también en los fluidos y las corrientes eléctricas del cuerpo humano. Activa el código genético e impulsa energéticamente el sistema celular

Si tomáramos al ser humano como metáfora para describir las dimensiones, podríamos decir que la primera dimensión la experimentamos en la etapa prefetal, donde somos un conjunto de potencialidades con un programa de división celular y mantenimiento de funciones.

2. SEGUNDA DIMENSIÓN: Mundo elemental

Esta frecuencia vibratoria corresponde al mundo básico de la fuerza biológica que impulsa la vida. Los seres unicelulares, las plantas, los insectos y algunos animales hacen parte de este estado de consciencia bilineal.

Nuestras células son un microrreflejo de nosotros mismos, por lo que poseen su propia consciencia, pero inconsciente de sí misma. Están sincronizadas con el ritmo de la segunda dimensión y funcionan en conjunto, pero de modo predeterminado, para colaborar con el desarrollo de la biología interna.

La segunda dimensión es la frecuencia donde existen la mayoría de los animales y las plantas. De hecho, muchos animales actúan por «instinto», aunque posean lo que podríamos denominar una *infraconsciencia*, una mente que hasta ahora está empezando a madurar. En esta dimensión, la consciencia es grupal; es decir, varios seres tienen la misma consciencia que los dirige, de modo automático, para que evolucionen como un conjunto. Las bandadas de aves que migran, por ejemplo, trabajan al unísono como si todas fueran una sola mente. Lo mismo ocurre, por ejemplo, con los enjambres de abejas, las colonias de hormigas e, incluso, las células y otras entidades microscópicas similares, que trabajan como si fueran uno.

Asimismo, también es la responsable de la variedad biológica y de todas las energías que se encargan de propiciarla como las fuerzas elementales de la naturaleza. Por ejemplo, al estudiar los bancos de peces y las bandadas de pájaros se comprobó que actúan como un cuerpo consciente donde cada uno de los miembros mantiene una distancia matemática entre ellos y rompen la formación únicamente cuando son atacados. Dentro de este campo vibracional de segunda dimensión se encuentran, además, las fuerzas energéticas que rigen los cinco elementos: tierra, agua, fuego, aire y éter.

Prácticamente este es el mundo que guía el curso de la naturaleza y la evolución, estableciendo las bases fundamentales de la tercera dimensión.

Más sobre la segunda dimensión:
- Es física e impulsa la identidad biológica
- Es la vibración que mantiene la unión entre las especies. Lo que se ha llamado el inconsciente colectivo de las especies, la forma en cómo se reconocen los animales de una misma especie para cumplir con sus funciones reproductoras
- Las especies de esta dimensión no poseen diferenciación individual, ni autorreconocimiento
- En este nivel de consciencia no hay referencia temporal/espacial. La consciencia es lineal y bidimensional
- En el ámbito geométrico, se corresponde con las formas planas como el círculo, el cuadrado, etc.

Siguiendo la metáfora del ser humano, la segunda dimensión se podría comparar con la etapa fetal. Flotamos siendo uno con el entorno, en un estado de no ego, y sin referencia temporal/ espacial

3.TERCERA DIMENSIÓN: El mundo físico

Cuando una consciencia ha desarrollado una percepción acerca de sí misma, entonces ocurre una individualización del ser, se crea una personalidad o «ego». En ese momento, el individuo pasa al tercer estado de consciencia que corresponde a la frecuencia vibratoria del mundo material. La tercera dimensión es el mundo en el que habitamos los seres humanos; es la más fundamental debido a que casi todo el aprendizaje sobre la existencia lo adquirimos aquí, a través de nuestras experiencias personales. De hecho, el mundo físico podría considerarse el primer nivel existencial, pues además de ser el más denso energéticamente, por la cantidad de vibración condensada en materia, es la morada del ser autoconsciente, aquel que posee una identidad y una percepción acerca del mundo que lo rodea.

Realmente, el camino evolutivo/ espiritual comienza aquí, en este plano. Cada alma es puesta a prueba por un largo camino que llamamos «vida». Durante este trayecto, la consciencia desempeña un papel determinado en un juego virtual.

La tercera dimensión es un universo holográfico. Dentro de esta realidad virtual nos enfrentamos a una serie de retos, obstáculos para ayudar a despertar la consciencia y recordar quiénes somos y de dónde venimos. Las experiencias amargas que tenemos son parte de nuestro proceso evolutivo, todo va de acuerdo al plan del Creador, así que nada es tan malo como parece.

Después de todo, la tercera dimensión, que tantos problemas nos acarrea, no es más que un espejismo, lo que debemos hacer es aprender a ver más allá de esa ilusión.

Más sobre la tercera dimensión:

* Es la frecuencia donde existimos los seres humanos
* También es física
* El tipo de consciencia es volumétrica y tridimensional
* En el ámbito geométrico, se perciben formas como la esfera, el cubo y los sólidos platónicos
* Hay una percepción lineal del tiempo y el espacio, con la capacidad de recordar el pasado y proyectar el futuro, estando en el presente
* Se basa en la polaridad y la ilusión de separación, en el desarrollo de la identidad individual y la pérdida del sentido grupal
* En esta frecuencia nos hacemos conscientes de nosotros mismos, desarrollamos el ego y creemos que estamos separados del todo
* Es en esta dimensión donde nos percibimos más separados del todo que en ninguna otra. Por lo tanto, es aquí donde al ser único se le presentan más retos de integración y crecimiento

En el ser humano comienza a partir del segundo año de vida, cuando el niño empieza a diferenciarse del entorno como individuo, a expresar sus deseos, a formar su ego. Es una etapa de aprendizaje muy importante donde comienza la fragmentación. En tercera dimensión experimentamos un proceso de división del ser.

> RECOGER Y JUNTAR TODOS
> LOS PEDAZOS ES PARTE
> DEL TRABAJO DE EVOLUCIÓN.

4.CUARTA DIMENSIÓN: Plano

Cuando una persona fallece, su consciencia se traslada a la cuarta dimensión, cruzando «una luz que se encuentra al final de un túnel». Este umbral ha sido descrito por millones de personas que han sufrido encuentros cercanos con la muerte.

El «más allá» —como muchos lo conocen— corresponde a un mundo paralelo denominado «plano astral».

Dicho plano se encuentra dividido en dos zonas principales:

* **El bajo astral**, donde habitan los seres de muy baja vibración: las entidades oscuras, los demonios, espíritus malignos, etc. También llamado inframundo o infierno por la cultura popular.

* **El alto astral**, donde habitan los seres de vibración elevada. Es decir, las almas despiertas, los elementales o espíritus de la naturaleza (duendes, hadas, gnomos, salamandras, ninfas, etc.), los guardianes guía (espíritus benevolentes que ayudan en la evolución espiritual) y, en algunos casos, hasta ángeles y extraterrestres.

Para la gente escéptica, todo esto le parecerá inverosímil, pero, de hecho, hay una forma de comprobar la existencia de todo lo anterior escrito.

El plano astral es de fácil acceso puesto que limita seguidamente con la tercera dimensión. Para los que deseen conocerlo, solo deben estudiar una práctica llamada «desdoblamiento astral».

Dentro de esta cuarta dimensión también se halla el llamado «mundo onírico» o de los sueños. La mayoría de las veces que sueñas —más de un ochenta por ciento— en realidad estás visitando el plano astral. Cuando nuestro cuerpo se queda dormido, el alma realiza un desdoblamiento involuntario, saliéndose del cuerpo y viajando al plano astral (la cuarta dimensión), pues es una frecuencia vibratoria donde la consciencia navega libre de cadenas.

Aquí también se encuentra la memoria de la matrix, conocida como los «registros akáshicos», donde se guardan el pasado, presente y futuro del cosmos. Accediendo a esta memoria podemos navegar por la mente del holográfico y conocer los profundos misterios de las esferas metafísicas.

La cuarta dimensión es un pasaje a la quinta dimensión. Es la frecuencia en la que comenzamos a tener consciencia de que no solo somos un cuerpo físico, y comenzamos a percibir más allá de los sentidos físicos.

Los llamados *«Déjà vu»* y la sincronicidad comienzan a hacerse repetitivos y generalizados. Nos damos cuenta de que a muchas personas les ocurre lo mismo. Empezamos a percibir muchos cambios, tanto dentro como fuera de nosotros. Existe una inclinación hacia el saber, a tener conocimientos sobre lo espiritual, más que lo religioso, y a buscar más información para poder diferenciarlos.

Se siente un llamado de nuestro ser interior, esa necesidad de estar con nosotros mismos. El autoanálisis y el autodescubrimiento están presentes en este pasaje de la cuarta dimensión. Asimismo, nos damos cuenta del cambio que se está produciendo fuera de nosotros; vemos que el clima cambia constantemente, ya no permanece en estaciones de forma usual, las horas del día se hacen más cortas, el tiempo ya no nos alcanza para hacer las cosas que hacíamos antes.

Más sobre la cuarta dimensión:

* En esta el tiempo se aprecia en décadas cíclicas o en forma de espiral
* Existe un campo cuántico donde se presentan simultáneamente todas las posibilidades y alternativas
* Es la frecuencia de la sincronicidad absoluta, la empatía y la telepatía
* Es la última dimensión donde experimentamos con el cuerpo físico —compuesto de carbono 14— como vehículo de aprendizaje
* En esta frecuencia percibimos la multidimensionalidad, y comprendemos nuestra responsabilidad al hacernos conscientes de que cada una de nuestras acciones afecta el Todo
* Cuando ocurre el cambio dimensional sucede a todas las escalas. No solo lo estamos experimentando los seres humanos, sino también la Madre Tierra y, a una escala mayor, toda la galaxia. Sin embargo, este cambio dimensional no se produce de un día para otro, sino por capas paulatinas de consciencia.
* Aceptar y abrazar esta consciencia de cuarta dimensión se conoce como «el salto cuántico», y es el paso más difícil del cambio dimensional, puesto que este implica una profunda transformación de creencias.

✷ En el ámbito humano tenemos la necesidad de compartir con grupos, revisar nuestras relaciones, buscar sanación y crecimiento con terapias. También es la causa del desmoronamiento de estructuras físicas, económicas y políticas establecidas desde hace mucho tiempo y que ya no se corresponden con esta nueva vibración.

> CADA VEZ VAMOS A VER Y EXPERIMENTAR MÁS CAMBIOS EN TODOS LOS NIVELES DE AQUELLO QUE NO SE CORRESPONDA CON LA NUEVA ENERGÍA.

5. QUINTA DIMENSIÓN: La eternidad

La quinta dimensión es el portal hacia la consciencia crística, que, como ya he dicho, es aquella consciencia colectiva que se reconoce a sí misma como unidad. De hecho, es la frecuencia de la sabiduría y es energía totalmente. Es allí donde se encuentran los maestros ascendidos y los espíritus guías.

En la quinta dimensión experimentamos el fundirnos con el grupo de espíritus ascendidos, al cual pertenecemos vibracionalmente, y con el ser superior o multidimensional, ya que, en esta dimensión, es donde recordamos quiénes somos, despertamos nuestra sabiduría interna y experimentamos la consciencia grupal que forma un solo ser de mayores dimensiones.

Muchos de los seres que están en esta quinta dimensión, al contactarse con su sabiduría, escogen ser los guías espirituales de los que estamos en la dimensión física como parte de su servicio en el proceso de evolución. Incluso, muchos de los seres canalizadores, hoy en día, están en la quinta dimensión.

Más sobre la quinta dimensión:
- Es una frecuencia energética, no física. El tiempo es continuo, solo existe el eterno ahora
- Como es una dimensión de luz, percibimos holográficamente y en formas lumínicas de una gran intensidad
- Aquí el mundo ilusorio de la materia desaparece para concebir una frecuencia vibracional que es energía pura
- Dentro de este mundo, la consciencia individual se fusiona con los diferentes grupos de almas que poseen el mismo nivel vibratorio, formando un solo espíritu
- También se encuentran los seres de luz que guían a los hombres en su desarrollo espiritual (aquellos denominados «ángeles»)
- Es un mundo donde se cultivan las verdaderas almas libres navegando en un océano infinito que está más allá del tiempo y el espacio. Por eso se le llama «la eternidad».

La diferencia entre la quinta y sexta dimensión, así como entre la sexta y séptima, no es tan evidente como la que existe entre la tercera y cuarta. A partir de la quinta, las dimensiones se encuentran solapadas, o fundidas, y sus fronteras son difusas. Esto es debido a que estamos hablando de energía, no de materia.

6. SEXTA DIMENSIÓN: La matriz sagrada

La sexta dimensión es la que se llama «crística» o «búdica», porque es aquí donde se llega al estado de remembranza total. Aquí se toma responsabilidad por el **todo** y se es el **todo**. Es conocida, por los místicos, como la verdadera realidad; los budistas le llaman «nirvana» y los cristianos «el cielo».

La sexta dimensión es la creadora de las matrices morfogénicas que se manifiestan en otras dimensiones como la tercera, segunda y primera. Estas matrices son las formas geométricas y las redes que llamamos «Geometría Sagrada», es decir, los patrones geométricos de luz, creadores de vida y responsables de su materialización.

Más sobre la sexta dimensión:

* Es un estado de consciencia compasiva, el estado de iluminación
* Es el regreso a casa, al ser único
* El proceso de evolución del ser y el *todo* se experimenta como *uno*
* Es el lugar de la consciencia ilimitada y unificada. Esta consciencia se manifiesta como individual y colectiva, simultáneamente

Aquí se materializan, de inmediato, los pensamientos. Aquí no existe maldad, por eso los pensamientos siempre son positivos. Se materializan solo energías positivas. Aquí yace la consciencia iluminada y la matriz numerológica en forma de sabiduría, como si se tratara de una gran biblioteca que está ubicada a un paso de Dios.

7. SÉPTIMA DIMENSIÓN: La morada de Dios

La séptima dimensión es la frecuencia de la integración total. Ya no quedan partes dispersas. La consciencia se experimenta multidimensionalmente, es decir, se tiene conocimiento de las partes que alguna vez estuvieron desmembradas en el pasado, con una nueva perspectiva de integración. Aquí se encuentran los seres que están en la energía del amor y son amor puro.

Más sobre la séptima dimensión:

* Es una dimensión energética donde el cuerpo espiritual se sobrepone al cuerpo físico
* Es la dimensión de consciencia de luz pura, donde la muerte, como la hemos experimentado a través de todas las desencarnaciones que hemos tenido, deja de existir, pues la función que cumplía ya no será más
* La fuente divina de toda la existencia cósmica
* Aunque algunos aseguran que tal vez existan ocho, nueve, diez, once y hasta trece dimensiones
* En el último estado de consciencia mora el Espíritu Supremo que creó el absoluto

AQUELLAS ALMAS PURAS QUE HAN PODIDO CONTEMPLAR ALGUNOS DESTELLOS DE ESTA INEXPLICABLE DIMENSIÓN AFIRMAN QUE SE TRATA DE LA MORADA DE DIOS.

CAPÍTULO 2
EL SOPLO DE LA VIDA

ARCÁNGEL CHAMUEL

El viaje en la vida es extraño, por lo que es difícil de aceptar.

Mi nuevo cuerpo se rehusaba a comenzar a funcionar, tuvo enfrentamientos con la incertidumbre por lo que estaba por venir. Noté una luz al final del túnel, un camino largo que me permitió tomar fuerza, hasta que ya no pude sostenerme más. Después de un fuerte jalón, en cuestión de segundos ya me encontraba en un nuevo espacio; un lugar donde todo era de matices blancos y negros, los colores a los que mis ojos estaban acostumbrados habían desaparecido. Sentí como si hubiesen forzado mi salida, una gran bocanada de aire entró a mí y un empujón me introdujo a un nuevo tiempo y espacio.

Al hacerme consciente de mi respiración y de mi nueva vida, llegó el momento de mi renacer. Eran casi las 5:45 de la tarde de un 5 de septiembre cuando pensamientos y preguntas aparecieron, mientras el sonido de la voz que me acompañó durante nueve meses hizo confundirme entre el cielo y la tierra. Supe que todo era diferente ahora, ya no me rodeaban las luces en el agua y dejé de ver al Creador con un simple cerrar de ojos.

Recuerdo que el amor y la seguridad infinitos se hicieron presentes. La voz que me habló desde afuera estaba ahora murmurando, en mis oídos, palabras cálidas de infinita paz. Sentí bien el estar ahí, en un lugar seguro, por lo que me permití disfrutar sus brazos y su fervor.

Para mí, la vida empezó por medio de un aliento de luz. Intuí claramente lo que era mi alma, porque comenzó a brillar, haciéndome recordar que esta era una nueva vida y una nueva oportunidad de ser más feliz que las veces anteriores y de hacer las cosas aún mejor que la última vez.

Al nacer y descubrir cada una de las sensaciones, escuché una voz masculina, fuerte y protectora. Era la de otro humano y venía repleta de energía luminosa. Mis ojos apenas se acostumbraban al medio ambiente y temperatura, por lo que me costaba enfocar la mirada. Fue ahí cuando iniciaron los colores, ya que el brillo de sus ojos semejaba a dos esmeraldas verdes que me inspiraron nada más que tranquilidad. Su resplandor y sabiduría se reflejaban en un aura perfecta, y su semblante era muy parecido al de los ángeles del cielo.

Cuando me abrazó, me vio tiernamente a los ojos, mientras yo lo reconocía. «Ya sé quién eres —intenté gritarle—, soy yo, Shiram, como me llamabas junto a los ángeles —insistí—. Tu alumna favorita». Sin embargo, y al parecer, él ya no recordaba esa forma de comunicarnos telepáticamente, por lo que guardé silencio y me permití escucharlo con mi cuerpo físico, mis oídos se activaron, recibiendo una voz tierna y reconfortante.

—¡Hola, mi hermosa Cynthia, soy tu papá! —me dijo mientras acariciaba mi frente.

«¿Papá?, ¿eso eres hoy?, ¿Cynthia?, ¿ese es mi nombre ahora?», le pregunté en silencio. Continuaba confirmando mis intuiciones, ya que aquel que había sido mi mentor en la divinidad, en esta dimensión era mi padre. Él no podía escucharme de la forma usual, ahora todo era por medio de palabras con sonido. Quería decirle que recordara quién era yo, pero él tan solo me abrazaba, me miraba diciéndome, una y otra vez, que era la bebé más linda, mientras me daba la bienvenida a esta vida.

—Te esperábamos con emoción, eres perfecta —insistió.

Mis pensamientos eran confusos, solo escuchaba su voz y me sentía protegida, pero los recuerdos se nublaban.

Pues bien, así empezó la aventura. Los recuerdos se estaban yendo, y todo era como un volver a comenzar. Vívidamente me llegó la memoria de una luz brillante enfrente de mí que me hablaba repetidamente cuando yo cerraba los ojos. «Hoy has empezado a vivir —me decía—, brillarás con toda tu luz», escuché. Recuerdo también que me dijo que yo lo escucharía siempre a él y a todos los guardianes del Universo. Desde ese día supe que no estaría sola. «Tu vida no será nada fácil, pero siempre encontrarás la manera de escucharnos y de avanzar. Recuerda siempre de dónde eres y a qué has venido a esta experiencia terrenal, y si por algo empiezas a olvidar, yo encontraré la manera de hacerte recordar». Estas últimas palabras las tengo anotadas hoy en un lugar especial porque fueron de mi maestro, Jesús.

«¿Qué tengo que hacer ahora?», pregunté con mi voz interior.

«Recuerda seguir siempre tu intuición —me instruyó—. Escucha tu voz interior y nunca dejes que tu luz, que proviene de la fuente de creación, se apague».

«¿Cómo haré eso si soy solo un humano ahora?», cuestioné consternada.

«Lo harás, lo sé, estoy más que seguro de eso porque tu sabiduría es infinita y confío en tu alma», me aseguró.

Las instrucciones no cesaron aquella tarde. Jesús me aseguró que nunca estaría sola en este nuevo transitar: «Te dejo a todos estos ángeles a tu lado para que te acompañen y ayuden en esta nueva etapa de tu alma donde evolucionarás aún más».

Desde ese momento supe que debía empezar a vivir y a experimentar nuevas maneras de amar en el espacio terrenal. Mi misión era ver y sentir el amor en mí y en todo lo que me rodeaba, siempre dar lo mejor y ayudar a millares de almas en su despertar espiritual.

Lo que más claro recuerdo de aquella tarde es que, de pronto, el cuarto que continuaba en tonalidades de blanco y negro se empezó a iluminar de múltiples esferas de colores y se fueron acomodando miles de ángeles y arcángeles a mi alrededor. La luz del maestro Jesús se elevó y se desvaneció, dando paso a todos los seres alados para acompañarme y cuidarme.

El primero en presentarse se formó de una luz azul índigo muy intensa, y con una mirada profunda y de gran poderío me dijo:

> —Yo soy el arcángel Miguel. El Creador me ha enviado para acompañarte en esta nueva aventura. Siempre te protegeré y te acompañaré en el camino, iluminándote para que sepas hacia dónde ir. Solo clama mi nombre y ahí estaré. No temas de la adversidad y de los humanos que no te entiendan, yo te libraré de cualquier malestar y limpiaré la energía que no te ayude en tu cuerpo y en tu caminar.

Sentí cómo se acercó y me puso una espada de luz en la cabeza, llenándome de su radiante índigo, dándome fortaleza. Después puso una armadura en mi corazón que me hizo sentir viva y segura por primera vez.

Más sobre el arcángel Miguel:

- ✦ El título *arcángel* significa «jefe de los ángeles». Los arcángeles son protectores de la humanidad y tienen funciones específicas que ayudan al espíritu colectivo y universal de la raza humana
- ✦ El nombre del arcángel Miguel significa «Quién como Dios». En las escrituras de las religiones abrahámicas, el arcángel Miguel es conocido como el «Líder de los Ejércitos de Ángeles». Es el «Jefe de los Ejércitos de Dios» en las religiones judía, islámica y cristiana
- ✦ Nos da protección, liderazgo y fortaleza
- ✦ Sana miedos, nerviosismo y limpia energía
- ✦ Nos ayuda a conocer nuestra misión de vida y a resolver problemas legales y de justicia. Nos apoya alejando la negatividad

Cuando te sientas en peligro físico o frente a la presencia de entidades desconocidas, invócalo. Cuando invocas su presencia estás invitando a los milagros para que entren en tu vida.

El segundo arcángel en llegar aquella tarde en la que nací, lo hizo rodeado de un verde esmeralda. A él, con ternura e inocencia, le pregunté:

—¿Quién eres tú? Me gusta tu color y tus alas. Tu brillo del pecho es hermoso y tiene el color de los ojos de mi nuevo papá.

Mientras todo mi ser brillaba en un color glauco, el arcángel se acercó a mí y me puso el dedo en la frente. Al hacerlo, dejó una corona de luz en mi cabeza y una esmeralda en el medio de mis ojos. Luego, tocó mi corazón, haciéndome sentir llena de confianza y de una felicidad que subía y bajaba por todo mi cuerpo. Con una voz suave y amorosa me dijo:

> —Hola, Shiram, soy el arcángel Rafael y estaré contigo siempre para recordarte el amor y sonreír siempre. También para ayudarte a sanar. Por medio de mí, tendrás el don de no solo acercarte energéticamente a las personas, sino también a los animales. Conmigo a tu lado podrás dormir en paz, el día que no puedas conciliar el sueño, búscame, llámame y te ayudaré a lograrlo. Shiram, quiero que sepas que aquí en la tierra tendrás que aprender a perdonar, ya que lo necesitarás hacer mucho durante tu vida, pero siempre te ayudaré a sanar cada herida del corazón y limpiaré tus lágrimas de cada desilusión, traición o sentimientos de dolor. Tu vida será un ejemplo si aprendes a dominar tus emociones y la mente; yo estaré mostrándote la manera y siempre recuerda sonreír, puesto que al hacerlo activarás tu corona de luz, la que te ayudará a encontrar, de nuevo, el camino a la paz.

Sentí un gran alivio al ver a este hermoso arcángel a mi lado, pero había miles de dudas en mí y muchos sentimientos extraños que no alcanzaba a reconocer. De pronto, sentí que tocaron mi mano y, al voltear, era una luz violeta que llenaba toda mi habitación.

Me dijo con certeza y amor:

> —Soy el arcángel que te ayudará a regresar a tu centro, una y otra vez. Mi nombre es Zadquiel y yo transmutaré

todas las emociones negativas en tu corazón, cambiaré tristeza por alegría, aclararé tus dudas, te daré seguridad para que nunca olvides a qué has venido a esta vida una vez más. Te ayudaré a entrar en tu centro y a encontrar el equilibrio en tu vida, para que domines la luz y la oscuridad dentro de ti y permitas que todas tus células y tu campo energético estén siempre vibrando en la frecuencia del amor. Conmigo junto a ti, te alejarás de los apegos negativos, muy comunes en los humanos, ya que estos usualmente están contaminados por el miedo. Este se expresa, principalmente, como retraimiento en la relación con otros o emociones confusas, de dependencia y rechazo. Trabajaré con la energía de sanación en mente, alma, cuerpo y espíritu. Limpiaré tu cuerpo y te ayudaré a regresar a la esencia del amor.

—Pero ¿qué es lo que tengo que hacer? —pregunté al arcángel.

—Lo descubrirás con el paso del tiempo, aunque llegará un momento en que ya no estaremos en tu memoria —me dijo con seguridad.

—Pero no quiero olvidarlos —dije con firmeza—. Por favor, no lo permitas —supliqué.

—Tranquila, Shiram, todo estará bien, es necesario que así suceda para que sanes. En su momento, recordarás todo de nuevo y sabrás con certeza y claridad cuándo nos volverás a encontrar.

Di un respiro que expandió mis pulmones y me hizo sentir humano, experimentando una calma divina. La luz violeta empezó a recorrerme como un remolino que subía y bajaba, logrando limpiar un miedo que, quizá, todos sienten al nacer. ¿Cómo hacer todo aquello que me habían encomendado? ¿Por qué mi familia de luz me había dejado? Todo era diferente. Nuevos padres, nuevo cuerpo y tantas emociones con dudas sin resolver.

Fue ahí cuando la luz dorada iluminó mi habitación.

—¿Quién eres tú? —pregunté emocionada.

Poniendo su dedo en mi cabeza y llenándome de su luz, respondió:

> —Hola, hermosa criatura. Vengo a recordarte que eres perfecta porque has sido creada por la máxima creación. El Todopoderoso ha puesto su luz en ti para que tu alma siempre brille. Tendrás que recordar muchas cosas de tus vidas pasadas pero, con esta luz, siempre sabrás qué hacer. No olvides que tu sabiduría proviene de Dios. Mi nombre es Jofiel y soy quien te ayudará a brillar en todo momento, retirando el exceso de pensamientos y regresando tu mente a la claridad. Yo te acercaré a las lenguas especiales para que en un futuro puedas comunicarte con nosotros mucho más fácilmente. Hasta en los instantes muy difíciles estaré a tu lado para recordarte lo necesario, pero lo más importante en tu vida será el amor. Es la clave para brillar constantemente. Ama y sonríe porque tu luz es infinita y proviene de tu Creador. Te ayudaré a recordar toda la información del Universo de otras dimensiones. Te guiaré por el camino del estudio en la tierra. Te ayudaré a guiar a otros en el camino espiritual, alejando el miedo que tengas sobre cualquier otra cosa.

De esta forma, comencé a vivir esta encarnación; con ellos a mi lado me sentía segura, protegida y en una calma infinita. El lugar geográfico en la tierra al que fui enviada se llama Los Mochis, una ciudad plana, al noroeste del estado Sinaloa, en México, con canales que desembocan en el mar de Cortés. Se considera uno de los emporios agrícolas más grandes del país. Agua y cultivo, curiosos simbolismos: el agua fundamentalmente representa la vida. En la mayoría de los mitos de la creación del mundo, el agua es vista como la fuente de vida y de energía divina de la fecundidad de la tierra y de los seres vivos. El elemento agua está presente santificando, sacralizando, interiorizando credos y culturas ancestrales. La tierra fértil, por otro lado, simboliza continuidad y consistencia. Ahí llegó mi cuerpo físico y ahí se comenzó a formar esta poderosa historia que hoy decido contarte.

Al pasar los meses, de vez en cuando recordaba a mi familia de luz por medio de sueños, sintiéndome en compañía de mi esencia divina. Poco a poco solté esa magia y sin temor me entregué a las voces de mamá y papá, mientras mi mente, mi cuerpo y mi corazón, en unión holística, estaban plenos porque sentía mucho amor a mi alrededor.

Para romper las creencias religiosas, quiero compartirte, de forma breve, las características de los ángeles según los avances en la religión y su evolución.

ÁNGELES Y RELIGIÓN

LOS ÁNGELES EN EL ZOROASTRISMO

Las primeras menciones históricas de seres alados se encuentran en el zoroastrismo, una antigua religión monoteísta que se piensa dio origen al concepto de un solo dios bondadoso. El zoroastrismo menciona siete seres buenos que ejercen la misma función que los ángeles, y siete seres malos que coinciden con el concepto judío de los ángeles caídos. En el zoroastrismo también existe el concepto de veinte emanaciones del espíritu que, con el tiempo, se reflejan en la literatura zoroástrica como arcángeles de Dios.

EN LA RELIGIÓN SUMERIA

La religión sumeria no tuvo un concepto de ángeles, pero incluía la idea de que cada ser humano tenía un espíritu. Este espíritu se representaba como un humano con alas, comparable al ángel de la guarda. Se piensa que la noción de los espíritus acompañantes de las almas en la religión sumeria influyó en el desarrollo del concepto de los ángeles en la religión judía.

EN LA RELIGIÓN EGIPCIA

La religión egipcia tampoco tenía ángeles como se conocen hoy, pero tenía diosas aladas. Las diosas Nut e Isis aparecen en los antiguos relieves, pinturas y otras expresiones artísticas egipcias como seres alados. Nut se podría comparar al ángel de la muerte. A ella se le invocaba para que protegiera a la persona muerta y la llevara al cielo. Isis, con sus alas, devolvió la vida al dios Osiris.

EN LAS RELIGIONES GRIEGA Y ROMANA

Los griegos tuvieron a la diosa alada Niké y su hijo Eros. Eros se convirtió en Cupido para los romanos. Más tarde, este dios fue el prototipo para las representaciones visuales de los ángeles en el cristianismo y otras sendas espirituales contemporáneas, en particular, para la representación del ángel del amor.

EN EL BUDISMO

El budismo contiene el concepto de los *bodhisattvas* o «seres iluminados» que han pospuesto su entrada al nirvana para ayudar a otras personas a lograr la iluminación. Al igual que los ángeles, a veces los bodhisattvas se les presentan a las personas como seres de luz durante la meditación.

EN EL HINDUISMO

El hinduismo tiene unos tres mil años de existencia. Su panteón contiene a los *gandharvas* y los *devas*, que son seres muy similares a los ángeles. Los gandharvas son representados con alas y son musicales como los ángeles de los coros celestiales en el cristianismo. Los devas son seres luminosos que ayudan a los humanos en sus búsquedas espirituales.

EN LA RELIGIÓN CELTA

La religión celta de los habitantes del norte de Europa surgió durante los tiempos previos a la llegada del Imperio romano. Los ángeles celtas, o *anamchara*, eran parte de la vida diaria para esta cultura antigua. Su papel era ayudar a las personas a desarrollarse espiritualmente. Eran guardianes o acompañantes, así como el ángel de la guarda.

Los ángeles celtas aún son apreciados por los seguidores de religiones modernas que cultivan la tradición celta como, por ejemplo, el paganismo. Hay ángeles celtas de distintos rangos. Los más altos están en constante comunión con la divinidad. En el próximo nivel están los ángeles que se encuentran ascendiendo hacia la divinidad y, por último, existen los ángeles que están en el mundo físico como las cuevas, los ríos y los bosques. Las hadas son un ejemplo de los ángeles celtas.

EN LA RELIGIÓN JUDÍA, CRISTIANA E ISLÁMICA

El judaísmo, el cristianismo y el islam son religiones que tienen conceptos parecidos de los ángeles como mensajeros de Dios. Los ángeles en el judaísmo aparecen en la biblia judía. La Kabbala medieval es una de las más ricas fuentes de la angelología. Los ángeles cristianos provienen de las mismas ideas del judaísmo, plasmadas en la Biblia, pero aparecen también en el Nuevo Testamento en cada evento de la vida de Jesucristo. En el cristianismo, los ángeles son intermediarios importantes entre Dios y el ser humano. El islam tiene la creencia en los ángeles dentro de sus seis pilares. El ángel más importante del islam es Jibra'il, o Gabriel. Jibra'il le reveló el Corán al profeta Mahoma.

LAS RELIGIONES MODERNAS Y LOS ÁNGELES

Religiones como el mormonismo y creencias como las de la Nueva Era asignan un papel importante a los ángeles dentro de sus respectivas filosofías. Sus concepciones de los ángeles están basadas en los conceptos judeo-cristianos o en una combinación de los conceptos históricos de los seres angélicos como en el caso de la Nueva Era, que puede integrar las ideas de todas las religiones mencionadas. Hoy en día, los ángeles siguen teniendo —y al parecer siempre tendrán— un lugar privilegiado en el corazón espiritual del ser humano.

Para mí, el arcángel Miguel ha sido uno de los más cercanos e importantes en este proceso de vida que elegí tener al bajar a la tierra. Quiero que juntos lo lleguemos a querer tanto que se convierta en tu compañero. Que confíes en él tanto como un hijo confía en su padre.

> DESEO REGALARTE SU FUERZA
> Y CAPACIDAD DE AYUDARTE
> A SANAR, PARA CONQUISTAR CADA
> UNO DE LOS SUEÑOS Y METAS
> QUE TENGAS EN TU VIDA.

CAPÍTULO 3
INTEGRACIÓN
Y PACTOS FAMILIARES

ARCANGEL MIGUEL

Crecí llena de grandes experiencias y sentimientos enriquecedores por parte de mamá y de papá. Fui una niña completamente amada, admirando la belleza de mi madre y la protección de mi padre. A la edad de tres años se apareció mi ángel guardián, Pedro, que acarició mi cabello, tocó mis mejillas y me dijo:

>—Ahora todo será mejor porque compartirás tu vida con otra alma divina aquí en la tierra. Está por llegar un ser lleno de luz que alegrará cada segundo de tu camino. A partir de ahora, será parte de tu familia, la primera de tus compañeras de aprendizaje. Tendrás que compartir el tiempo, la atención, los abrazos y los besos de tus padres, además de cuidarla y llenarla de amor y alegría. Ella es tu hermana, la recordarás en el primer instante que la veas porque hicieron grandes pactos de acompañamiento y aprendizaje que irás reconociendo a lo largo de tu vida.

Al momento de presentarse, Pedro me indicó que cada vez que yo viera mariposas blancas, sería él recordándome su presencia, y eso sería desde el principio de la existencia de mi alma. Su presencia siempre me acompañaría.

Comprendí por qué mi madre, durante meses, algunas noches sentía emoción y otras tristeza, y por qué yo dependía tanto de los estados de ánimo de ella. Estaba esperando un nuevo bebé. Sonreí con gran ilusión al saber que tendría una hermana, su nombre era Anabela. Esa vocecita que escuchaba desde el vientre de mi madre estaba por llegar a casa y yo aguardaba con ansias poder besarla. Empezaríamos juntas una gran aventura.

Anabela nació para ser un humano sensible y bondadoso, honesto y con una risa cautivadora. Su belleza era casi perfecta, su cara similar a la de una muñeca de esas que son de colección, pero lejos de dar miedo, daba arraigo a una niñez inolvidable. Tenía dos ojos verdes gigantes, quizá más grandes de lo normal. Su llanto era ensordecedor, uno que vino a cambiar la vida y la atención de mi madre, porque ahora ella se dividía entre las dos. Nos vestía como sus juguetes más preciados —eso lo recuerdo claramente—, siempre idénticas como si fuésemos gemelas, incluyendo el peinado. Nuestros cumpleaños eran festejos en donde nada faltaba; sobraba el amor. Cuando se fue convirtiendo en una bebé que convivía más con todos en la familia, pudimos apreciar su sabiduría. Desde chica fue un remanso de paz para todos, dándose tiempos para conectar energéticamente con cada uno de nosotros.

Pasó muy poco tiempo cuando los cambios de humor de mamá empezaron de nuevo, pero esta vez eran más recurrentes, empezaba a llorar de la nada, sentía miedo y constantemente se encontraba muy cansada. Yo solo quería hacerla sentir bien con juegos, risas y besos que la calmaran, pero era tan solo una bebé en un mundo de adultos preocupados. Mamá estaba embarazada de nuevo.

Al pasar los meses empecé a escuchar la vocecita dentro del vientre de mi madre, era otro ser de luz que estaba a punto de nacer. Mi hermana Anabela solo tenía once meses de nacida, cuando se presentó de nuevo mi ángel guardián en mis sueños diciendo:

>—Ahora conocerás a la nueva integrante de tu familia: tu hermana, la más pequeña. Las tres estarán unidas fuertemente y vivirán experiencias importantes que les harán crecer y evolucionar. En poco tiempo sucederá un evento que cambiará tu vida —continuó—, así que nunca olvides que parte de tu misión es darles alegría y amor porque tú eres la mayor y tendrás que enseñarles el amor de Dios.

Sentí un gran miedo, un bebé más en la familia. Cómo iba a hacer yo para dividir mi amor entre dos, además de las palabras tan contundentes de mi ángel guardián, que me causaron dudas y ansiedad.

Por fin llegó el día que mamá y papá entraron por esa puerta y vimos esa cabecita amarilla y llena de brillo. Era mi hermana pequeña, nos llenamos de felicidad, estaba segura de que ahora éramos tres hermanas y estábamos unidas para ser una bella familia.

Eran muchas las cosas que pasaban por mi cabeza y hoy sé que también por la de Anabela. No sabíamos cómo iba funcionar ahora la familia, solo que habría alguien más con quien jugar y convivir. Me alegró que nuestra nueva hermanita era, en realidad, muy silenciosa, casi no lloraba y se mostraba muy observadora. Analizaba todo. Cuando fue creciendo se fue incorporando bellamente a todos nosotros. Yo siempre las cuidé por igual, siempre. Hasta el día de hoy he sentido una responsabilidad muy grande de que ellas estén bien.

Crecimos, ahora un grupo de tres muñecas, vestidas siempre de una forma perfecta, con la madre más hermosa, pero, sobre todo, con una mirada poderosa que todo lo podía. Mi madre se sentía feliz de tener a sus tres princesas ocupadas en pintura, ballet, hawaiano, piano y todo aquello que nos estimulara para bien.

Papá y mamá eran tan populares que llegaron a ser presidentes del club deportivo en el que participaba el colegio de monjas, al que asistíamos, y donde las tres destacábamos por ser amigables. Anabela era más introvertida, pero, al mismo tiempo, le agradaba platicar con los que encontraba interesantes. Ana Lucía —nombre que le dieron a mi segunda hermana— era muchísimo más seria.

Mi padre siempre ha sido un hombre entregado al hogar. Para él, cualquier trabajo de la casa no significa ayuda, sino labor que se logra en conjunto. Desde el comienzo, ha estado presente en cada evento importante de nuestra historia. La escuela, vacaciones en la playa, días de doctor… Éramos, en verdad, una familia muy unida y feliz. Es indescriptible el haber crecido en un lugar donde fuimos protegidas y cuidadas al máximo como si lo nuestro fuera una bella historia de muchas vidas.

Entre mi padre y yo siempre ha existido una conexión distinta, entrañable y, aunque yo he sido la más rebelde, aventada, despreocupada y libre de las tres, él se ha mantenido inspirado por la forma en la que conduzco mi vida. La primera vez que lo llamaron del colegio fue cuando yo estaba apenas en quinto de primaria y pregunté a la monja, en clase de religión, la forma en la cual se creó el mundo y cómo era ese Dios que nadie veía. Yo tenía claro que no nos decían o simplemente no tenían el conocimiento que yo sabía intuitivamente. Los maestros de la escuela sabían que no era normal hacer preguntas tan elevadas para una niña de esa edad. Por desgracia, mamá solo me regañó y me dijo que acatara las reglas del colegio, que por algo estaba en una institución religiosa.

Los años pasaron y mis hermanas y yo crecimos con cuidados meticulosos por parte de nuestros padres. Yo siempre supe que las tres éramos muy diferentes, pero algo que nos hacía similares era que nos unía el gran amor de papá y mamá. Vivíamos muy felices, nuestras actividades de tocar piano y clases de hawaiano nos mantenían ocupadas todo el día. Una de mis hermanas gozaba el ballet.

Mi admiración por mi madre es profunda. Cuando yo era muy niña nunca descansaba, corría de un lado a otro cumpliendo a la perfección todo lo que se proponía. Mi madre fue una figura divina, de gran altura, radiante en todo sentido, pues siempre se veía hermosa y feliz todos los días. Sumamente dedicada, responsable y entregada. En todo momento encontraba la manera de hacerme sentir su amor y su protección, así como su cuidado. Para mí era la mujer y madre perfecta, no pude nacer de alguien mejor que ella. Se preocupaba por cada detalle; en toda nuestra ropa marcaba nuestros nombres con listones y los cosía a mano.

Papá, por su lado, un hombre guapo, sabio, amoroso y trabajador. Es un gran sentimiento pensar que tu padre es el mejor padre en la tierra y el mejor maestro en el Universo. Sus ojos verdes irradian siempre confianza y una paz infinita que se expande en todo el corazón. Su amor por Dios y su forma de transmitirlo, a través de sus palabras y la paz que proyecta, no hizo más que hacerme sentir segura para vivir esta vida terrenal.

Mi padre trabajaba mucho, lo veíamos poco, pero esos momentos a su lado eran increíbles. Le encantaba jugar con nosotras y siempre nos observaba con atención plena, expresándonos su amor por medio de su mirada. A todo nos decía que sí, apoyaba nuestras locuras y se reía de las travesuras. Siempre estaba ideando actividades para divertirnos.

Mis padres siempre hicieron una gran pareja, hasta que un día todo cambió... mi familia se desmoronó.

CAPÍTULO 4
DUELO Y ABANDONO

ARCÁNGEL RAFAEL

Si bien la vida parece ser a veces demasiado dura y cruel, ten en cuenta que el sufrimiento es, de cierto modo, necesario para que el ser humano desarrolle su fuerza interior y valore lo realmente importante en la vida.

Era un día de clases como cualquier otro. Mamá nos llevó a la escuela peinadas perfectamente y nuestros uniformes lucían impecables. Esa mañana la noté un poco extraña, su semblante estaba apagado, no era la mamá feliz de siempre, se veía cansada y con mucho dolor. Le pregunté cómo se sentía y me dijo que bien, que tan solo le dolía la cabeza.

—No te preocupes, Cynthia, solo me duele un poco la cabeza —me aseguró.

Llegamos al colegio, nos dio la bendición, un beso en la frente —como acostumbraba— y con una sonrisa se marchó. Yo estaba segura de que algo no andaba bien, sentía un nudo en la garganta y una opresión en el pecho, presentí que aquello de lo que tanto me habían hablado mis ángeles estaba por suceder. No pude contenerme y las lágrimas salieron de mis ojos, volteé a ver a mis hermanas, las tomé de la mano y entramos al colegio.

Después de dejarlas en su salón, corrí a la capilla de la escuela; allí me hinqué ante el Santísimo y le pregunté qué sucedía. Me dolía el corazón y, sin saber explicarlo, supliqué que me guiara para saber cómo manejar mis sentimientos. Tenía miedo y rogué a Dios que no me abandonara.

Me solté a llorar desconsoladamente mientras una luz iluminaba todo el lugar.

—Soy el arcángel Rafael, no temas, vengo a sanar y a hacer fortalecer tu corazón.

Debido a las lágrimas que corrían por mis ojos, yo no alcanzaba a distinguir su semblante, pero escuché claramente su voz.

—Shiram, tienes que ser fuerte, lo que viene no es sencillo, sentirás mucho dolor y tristeza, pero recuerda que tus ángeles estamos aquí para ti y para tus hermanas. Nunca te dejaremos sola, tendrás que tener fe, confianza, paciencia y, sobre todo, sabiduría para manejar la situación. Te entrego esta corona para que recuerdes la fuerza interna que ya te caracteriza; este es el principio de tu despertar espiritual.

El arcángel Rafael me colocó una corona de hermosos cristales y en medio una esmeralda verde que iluminaba el resto de mi cuerpo. Me sentí aliviada porque sabía que estaba acompañada, pero la sensación de incertidumbre no se quitaba de mi corazón, que continuaba apachurrado y oprimido.

El colegio no tuvo sentido aquel día, yo intentaba distraerme para no pensar. A la hora de la salida, corrí a la puerta a encontrarme con mis hermanas y esperar la llegada de mi madre. Era tarde y ella siempre era muy puntual. Nena, una de mis tías, fue quien pasó por nosotras. En ese momento supe que algo no andaba bien; tomé de las manos a mis hermanas, subimos al auto y se prolongó un gran silencio. Mi tía no hallaba la forma de explicarnos lo que había sucedido.

—¿Mamá está bien? —me atreví a romper el silencio.

—No te preocupes —dijo mi tía Nena—. Tú y tus hermanas estarán bien. Tu mamá está en el hospital, sufrió un percance, pero yo estoy aquí para ustedes.

Yo sabía que el percance del que ella hablaba no era cosa común. Presentí de inmediato que algo muy grave había pasado. El silencio en el coche se apoderó de nosotras. Algunas lloramos, otras nos tomamos de la mano y apretamos tan fuerte como pudimos. Mi tía Nena nos llevó a casa; allí nos pidió que tomáramos nuestra ropa, útiles y los juguetes que más nos gustaban.

Ninguna entendió realmente qué sucedía, hicimos lo que nos pidió y empacamos nuestras maletas. Antes de salir de casa, recuerdo que entramos a la habitación de nuestros padres y notamos que se encontraba desordenada y con una atmósfera fría y melancólica. Nos abrazamos muy fuerte y lloramos. Yo sujeté a mis hermanas con firmeza y les pedí que no perdiésemos la fe.

Camino a lo que sería nuestro nuevo hogar temporal, nos explicaron que a mamá la habían tenido que trasladar a otra ciudad porque estaba muy enferma y la iban a operar de emergencia. Nos pidieron rezar por su vida. Esa fue la primera vez que experimenté el abandono en mi vida. Cada una de las tres hermanas lo vivió diferente; yo sentí que aquella familia unida —y a mis ojos perfecta— se había desmoronado. Tuve momentos de mucha soledad, de meditación y de internalización profunda.

Perdí el modelo de esa madre incondicional y mi mente solo pudo entender que nada sería igual a partir de ese momento. Además, mi caso era distinto porque en mí cayó la gran responsabilidad de cuidar y proteger a mis hermanas. No sabía cómo hacerlo ya que solo era una niña de diez años que lloraba todo el tiempo por vivir esa situación. Pasamos de ser risas y plenitud, a lágrimas que podían llenar habitaciones enteras. El dolor se convirtió en una especie de personaje que nos tomaba de la mano continuamente. No solo mamá, sino papá también se había ido sin despedirse, realmente sin explicación alguna.

Recuerdo que la noche de aquel día lloré y recé hasta quedar profundamente dormida, abrazando con cada brazo a mis hermanas. En la madrugada desperté de forma incierta y sentí la presencia de Jesús que me decía:

—Todo va a estar bien, sé que no lo entiendes, pero es parte de tu misión en esta vida.

Al día siguiente recibimos la llamada de mi padre que, con una voz triste y a punto de quebrarse, nos explicó lo sucedido. Él no estaba bien, su energía era dispersa y sus palabras, por momentos, no tenían sentido. Mamá estaba gravemente enferma, había sufrido un derrame cerebral y tenían que operarla. Recuerdo su insistencia en lo necesario que sería, desde ese momento en adelante, refugiarnos en la fe y orar mucho para que se salvara.

Las palabras de mi padre resuenan en mi interior vívidamente, rogando que permaneciéramos lo más tranquilas posible y que disfrutáramos con nuestros tíos y primos. Sentí un gran alivio al escuchar a papá, pero el problema fue que pasaron varios meses hasta que lo volvimos a ver, ya que mamá seguía en el hospital internada y en terapia intensiva. Ella no sería la misma, pero lo importante es que seguía con vida.

En menos de una semana ya vivíamos en Los Mochis, hogar de tíos y primos, donde todos fuimos tratados por igual. Cenábamos muy temprano. Teníamos que empezar la rutina de baño y tareas cuanto antes, pues ahora la familia sumaba seis niños en total. Compartíamos una sola habitación donde había tres camas. Aunque los momentos de convivencia eran divertidos y existía gran empatía y amor, recuerdo algunos lapsos como un lago de tristeza en donde constantemente su profundidad me hacía sentir ahogada.

La mayoría del tiempo intenté regalar mi mejor cara, comprendiendo que vivíamos esa circunstancia para recibir crecimiento y valor. Igualmente, mi nueva familia hacía lo mejor que podía para que nosotras nos sintiéramos acompañadas. Hoy comprendo que para ellos también debió haber sido un gran reto el que nosotras llegáramos a su espacio, pues tuvieron que establecer reglas claras y estrictas; horarios de comidas, de aseo personal, de juegos y de tareas. Por razones muy lógicas y debido al tema económico, nuestras actividades extras terminaron y ahora partíamos directo del colegio a la casa. Mis tíos hicieron todo lo posible para que estuviéramos bien, nos dieron un amor inmesurable que ayudó muchísimo a superar el dolor que sentíamos por la ausencia de nuestros padres.

Los Mochis es de clima cálido la mayoría del año, por lo que vivimos muchas experiencias al aire libre. Creo que eso me formó, regalándome el gran amor que hoy tengo por la naturaleza y mi inclinación a sanar por medio de ella. Mientras yo vivía nuevas experiencias y me adaptaba, mi madre permaneció hospitalizada en Tucson, un lugar frío. Allí estuvo un total de ocho meses y solamente pudimos verla esa Navidad. En aquel entonces, la tecnología no estaba tan avanzada y no existían las videollamadas; nuestra imaginación y telefonazos casuales nos mantuvieron comunicados.

Mis dos hermanas y yo una vez comentamos que cuando entramos al cuarto ese día de invierno, ver su cara y su silueta tan delgada fue realmente impactante, sentí más tristeza que emoción de estar ahí, después de ocho meses desde su operación. Es por eso que quizá relaciono el clima frío con dolor. Me cuesta viajar al norte de América y ver nevar porque se activa, al instante, un engrama que no me permite avanzar.

Un par de meses después de esa visita, los doctores decidieron trasladarla a la ciudad de Guadalajara. Mis padres hicieron una escala por Los Mochis para que nosotros pudiésemos volver a verla. Se encontraba un poco más recuperada, sin embargo, seguía sin ser ella; solo estuvimos a su lado unos diez minutos. Le entregamos flores, unas cartas y le dimos un beso volviendo de nuevo a casa de mis tíos.

Mi impacto al verla fue tan grande que un dolor muy fuerte recorrió el centro de mi cuerpo, tanto que me hizo sentir mareada. Ahí, justo donde nace la intuición, terminó el remolino de emociones, haciéndome sentir aún peor. Ella no era mamá, era otra persona, su físico era completamente distinto, estaba muy delgada y demacrada, lo único que pude reconocer fue el brillo en sus ojos. Antes de irme, me acerqué, la tomé de la mano y le dije «te amo». Las lágrimas corrieron por sus mejillas y esa fue la respuesta más dulce de su corazón hacia mí. Sabía que ella continuaba ahí dentro, atrapada por un cuerpo que funcionaba a la mitad. Mi madre sentía el mismo amor por mí. Cerré mis ojos y la guardé en mi memoria con la imagen de ese último día que nos llevó al colegio.

Mi madre ingresó a un hospital en Guadalajara, donde seguía recuperándose. Por ser el mismo país, estábamos más cerca y podíamos verla más seguido, sobre todo cuando teníamos vacaciones. Ahí duró casi tres meses y luego se trasladó a la casa de su hermano donde la cuidaron mi padre y el resto de la familia durante un año más.

Mis hermanas y yo seguimos nuestra vida con los tíos que, por un buen tiempo, se convirtieron en nuestros padres. Mi sensación de abandono fue tan grande que empecé a enojarme con la vida. Me volví rebelde, eran pocos los momentos de alegría, lloraba en cada rincón de la escuela y nada me hacía feliz. Los recuerdo como tiempos muy duros que transformaron la dulzura —con la cual yo había llegado a la tierra— en amargura y coraje indescriptibles. Meses después de haber visto a mi madre tan mal, dejé de escuchar a los seres de luz, de sentir la paz en mi corazón, solo había enojo, ira y resentimiento por la situación que estábamos viviendo. Fueron momentos oscuros que curiosamente ahora agradezco; bendigo siempre la vida de mi madre y la de mi padre, sé que todo tenía un motivo y una razón.

El tipo de eventos como el que vivimos mis hermanas y yo es un ejercicio interno del que podemos cansarnos o fortalecernos. Todo depende de la forma en la que se realice el esfuerzo. Vivir en consciencia puede ser doloroso, es estar a flor de piel, es vivir con los ojos abiertos y desear asimilarlo todo sin miedo. Pero ese miedo se presenta al ver a tu madre perder su magia y su personalidad para convertirse en una imagen prácticamente estática y lejana. Fueron dos años y medio sin mi familia, años en los que tuve mucha introspección... tanta que me perdí ahí dentro. Salía cada vez menos y no experimenté lo que sucede en la vida de un niño de esa edad. Podría resumir ese lapso con la palabra *limbo*.

Después de estar fuera, mis padres regresaron a la casa de Los Mochis y nosotras junto con ellos. Empezamos a adaptarnos a la nueva forma de vivir, a la nueva mamá que había llegado a nuestras vidas, sin caminar y sin hablar. El papel se había invertido, forzándonos a cuidar de ella. Cambiaron muchas cosas en nuestra rutina, pero creo que las tres lo aceptamos positivamente.

Cada una adoptó una nueva personalidad, probablemente desarrollada por la forma cómo le afectó el suceso de nuestra madre. Anabela, mi hermana del medio, tuvo tres hijas de una personalidad maravillosa y se casó con un hombre que la ha amado y respetado de una forma muy bella. Siempre ha destacado en la cocina, creo que ahí fue donde manifestó su sanación y su evolución. Cada platillo que cocina es una declaración de amor para con la vida. Muchas veces asemejo su vivencia con la novela *Como agua para chocolate*. Ella siempre tiene palabras y detalles para sus hijas, que hoy en día son un gran regalo del Universo para mí. Lilian, su hija mayor, es la más creativa de las tres y sus sueños son tan grandes como sus metas. Su corazón no solo está repleto de amor, sino también de un genuino interés por lo que hago profesionalmente. Tiene miles de preguntas que me hace todo el tiempo y siempre quiere colaborar para crear un mundo mejor.

¿QUÉ ES EL PERDÓN?

El perdón es la fuerza sanadora más poderosa del Universo, además de ser la puerta hacia la libertad. Pues solo perdonando a los demás y a ti mismo podrás sentirte libre interiormente. A veces tenemos ciertas resistencias a perdonar. Pensamos que si perdonamos a alguien le estaremos quitando importancia a lo sucedido. Pero, en realidad, no se trata de perdonar lo que otro hizo o hicimos nosotros, se trata de perdonar el motivo por el cual actuamos de determinado modo.

Si abres tu corazón a alguien, por ejemplo, y esa persona te traiciona, puede que te resulte difícil perdonarle, pues tu mente te dirá que lo que ha hecho es injusto y cruel. A fin de cuentas, tú le entregaste lo mejor de ti y le amaste de verdad. Pero si luego de la ira o el dolor, te sientas a meditar acerca de todas las lecciones que esa experiencia te trajo y las integras, el perdón llegará de un modo fácil, sin esfuerzo. No se trata de perdonar la traición en sí misma, sino los motivos que llevaron a esa persona a actuar de aquel modo. Tal vez haya sido el miedo a estar vulnerable y abrirse de verdad. O quizá la persona no se sentía merecedora de tu amor, pues se sentía culpable de sus «errores» pasados, o simplemente no se amaba a sí misma lo suficiente. Entonces puedes ponerte en su lugar y así lograr comprender sus limitaciones. Se torna más fácil perdonarle si conoces los motivos. La persona estaba, sencillamente, asustada y herida.

Otra resistencia a perdonar proviene del miedo a que uno se vea en la obligación de reconciliarse con el otro. Pero esto no es necesario si no lo sientes, o no es lo adecuado para ti y tu crecimiento.

Asimismo, muchas veces nos resulta más fácil perdonar al otro que a nosotros mismos. Si fuiste tú quien traicionó, incluso, a ti mismo, perdonarte puede resultar muy difícil, pero debes hacerlo, nadie es perfecto y los errores son parte del aprendizaje.

> RECUERDA QUE LA FUNCIÓN DEL PERDÓN ES LIBERARTE.
> TE PERDONAS Y PERDONAS AL OTRO PARA RECUPERAR LA LIBERTAD DE TU ALMA.

CAPÍTULO 5
MIEDO Y NEGACIÓN

ARCÁNGEL JOFIEL

Al regresar a casa y volver a ser una familia de cinco, empezamos a cooperar como grupo en las actividades del hogar. Los cuidados de mamá estaban a cargo de una enfermera que estaba pendiente de sus necesidades. Un transporte escolar nos llevaba al colegio. Papá vivía dedicado a su trabajo; debía sustentar los gastos que aumentaron por la constante rehabilitación de mi madre para mejorar su habla y su caminar.

Esta realidad entró por la puerta sin ni siquiera tocar, y las cosas no mejoraron. Cada uno tuvo que tomar las riendas de la casa y crear tareas diarias para que todo aquello funcionara. Los momentos de estar juntos eran a las horas de comer; la verdad, la convivencia constaba de miradas que viajaban en forma circular. Mi mamá siempre sentada en una silla de ruedas o en su sillón, y por medio de órdenes hacía todo por tener listas las mejores comidas.

La cocina es una de sus principales virtudes y hasta la fecha sigue regalándonos festines con gran amor. A mí siempre me pareció un gran acto de cariño el que a ella le siguiera importando su aspecto personal, nunca dejó de arreglarse, así lo hiciera con mucho trabajo y con la única mano que le funcionaba, la izquierda. La parte derecha de su cuerpo quedó inmovilizada. Recuerdo que nos visitaron un par de ingenieros para adaptar la casa, y que así mamá pudiera trasladarse y moverse con un poco más de facilidad. Con los arreglos que hicieron lograba llegar de la habitación a la cocina y de ahí al baño. Únicamente visitaba tres lugares y salía muy poco a la calle, todo lo hacíamos nosotras con papá y ella siempre estaba esperando inquieta a que llegáramos.

Pasaron varios años y me acostumbré a esta nueva manera de vivir. Todo era normal ahora, cada día que pasaba admiraba más a mi padre por su amor y su devoción; nunca nos descuidó a nosotras, estuvo siempre pendiente de todo lo que necesitábamos. Hoy que he estudiado y me he adentrado en temas terapéuticos angelicales, sé que él es un ser de luz divino, un gran maestro y ejemplo de vida.

A los trece años ya había experimentado abandono y una gama de sentimientos realmente confrontadores. Eran tantas mis emociones que no sabía cómo manejarlas, las había dejado de escuchar y de sentir, es decir, no las procesaba correctamente. El enojo era ya parte de mi mirada, atiborrada de melancolía por aquello que no fue. Perdí la habilidad de sonreír, la espalda me era pesada porque cargaba odio ante la situación que me había tocado vivir.

En un silencio profundo fue donde encontré un espacio en mi corazón, lugar en el que existía una gran ilusión de amar y de sentir. Mi primer amor llegó en la forma de un joven con ojos profundos en los que habitaba una paz que yo hacía tiempo no vivía, de esa que emana desde el interior. Encontré compañía a su lado y me aferré a estar con él, a pesar de que, en realidad, aún era pequeña. Me hacía sentir importante y, sobre todo, feliz. Por varios años vivimos un amor infantil, puro y desinteresado, que me ayudó a descubrir la paz y la alegría de nuevo. Él me acompañaba en mis tristezas, limpiaba mis lágrimas y me recordaba que al final todo estaría bien. Su compañía fue muy importante para mí, aunque yo misma estaba consciente de que me había enamorado muy rápido y a muy corta edad. Mis padres, mis abuelos, los amigos, todos decían que era un capricho solamente, que yo era rebelde y que no sabía lo que era el amor. Pero la verdad es que para mí ese momento fue divino, largas pláticas, compañías, juegos y una paz que no conocía; él me recordaba, de cierta manera, que la vida continuaba valiendo la pena.

El abandono volvió a mi vida cuando nos separamos y tomamos caminos distintos. Entré a la adolescencia y continué sin él. Eso sí, sin olvidarlo nunca. Ahora sé que ese amor quedó grabado en mi alma. Antes de separarnos, mi familia me hizo una gran fiesta de 15 años, rodeada de muchas amistades, familiares y este amor que me acompañaba. Fue un baile donde me sentía la más importante en la tierra. Esa fue la última vez que convivimos, pero quedó un recuerdo divino en mí y en él, ya que me enseñó a sonreír de nuevo y a saber que siempre habrá alguien junto a nosotros para escucharnos en el momento que nuestro corazón lo necesite.

Al empezar la preparatoria conocí gente nueva y fue un año en el que estuve rodeada de grandes personas que apreciaban en mí lo que yo aún no alcanzaba a ver. Me sentí muy querida y aceptada; aprendí a valorar las verdaderas amistades, disfruté un año maravilloso, inolvidable, y la ilusión de volver a enamorarme estaba presente en mí. Intuía la razón por la cual tenía toda esa necesidad de amar y de ser amada. Sobre todo, estaba segura de que el profundo dolor de mi corazón seguía sin sanar. Por momentos sentía una gran rabia, vergüenza, enojo, coraje por lo que me había tocado vivir. Yo veía cómo mis compañeras siempre iban acompañadas de sus mamás a todos lados, en todo momento, y yo siempre sola. Pero también entendí que debía ver siempre lo bueno en todo lo que me rodeaba. Decidí ocultar el dolor en mi corazón, hasta que llegó un momento que no pude más, era demasiado el dolor que había en él y se paralizó.

ABANDONO EN LA INFANCIA DEJA SECUELAS

La falta de presencia adulta en la infancia es considerada, por muchos expertos, como el origen de los problemas que se pueden presentar en los niños y posteriormente en la edad adulta. De hecho, una vez escuché que los cachorros abandonados tienen mayores problemas para socializar y adaptarse nuevamente a una manada. Son muchos los aspectos de interés que giran en torno a este tema, por ejemplo, las consecuencias que genera el abandono en la evolución de los niños, en especial, aquellos que pasan por un proceso de adaptación en nuevos hogares y nuevas familias.

CAPÍTULO 6
LA MUERTE Y EL RENACER

ARCÁNGEL AZRAEL

A mis dieciséis años, durante un día de verano, cenaba con un grupo de amigos, entre ellos, un niño que me ilusionaba y además me daba amor; era un gran amigo con quien yo quería construir una historia, pero no sabía cómo hacerlo ni cómo convencerlo de que se fijara en mí. Era tanta mi necesidad de atención que duré todo el año escolar intentando que él viera en mí algo más que una amistad.

Estábamos en el postre cuando, de pronto, mi voz empezó a aletargarse, mi lengua se hizo tan pesada que apenas podía expresarme. Pensando que yo jugaba, los que estaban allí presentes empezaron a burlarse de mí. En realidad, yo estaba muy asustada porque no podía expresar lo que quería con palabras, mi voz fue desapareciendo y mi mente entró en gran confusión. Cuando todos vieron que lo que sucedía era cosa seria, se asustaron bastante, pagaron la cuenta y caminamos juntos a casa. Mis pasos se hicieron lentos, mis piernas empezaron a dejar de responder a los comandos de mi mente; entré en un pánico que recuerdo como el más violento hasta el día de hoy. Llegué a casa sostenida por tres de mis amigos. Al vernos llegar, mi padre, sin siquiera pensarlo, me metió al coche con la ayuda de ellos y manejó apresuradamente a urgencias del hospital. Estuve un buen rato en observación, y al cabo de varias horas me ordenaron que volviera a casa, donde todo comenzó a regresar a la normalidad.

Durante toda esa noche sufrí escalofríos y momentos de ansiedad. Cerca de las tres de la mañana comencé a sentir que me acompañaban seres con una vibración muy alta. De repente, fueron llegando uno tras otro, en mis sueños, a decirme que «el momento había llegado». Al día siguiente, aunque yo continué con dolores de cabeza, todo volvió a ser casi normal. Sin embargo, en la tarde, al querer levantarme después de estar jugando un buen rato con mis hermanas, mis piernas, una vez más, dejaron de responder. Me fue imposible caminar, mi padre se percató y corrimos de nuevo al hospital. Esta vez ya no me dejaron salir porque en urgencias empecé a convulsionar. Mi cuerpo empezó a sentirse débil y mi mente se puso completamente en blanco. Entré en un sueño profundo, un coma que duró más de tres semanas; tiempo que dejé de percibir porque tuve un encuentro con mi familia angelical.

El ambiente nublado se sentía húmedo y áspero. Una luz intensa empezó a surgir en el medio de la nada. Ahí estaba yo. Empezaron a llegar ángeles a mi alrededor que me hicieron sentir tranquila y en paz, mientras miles de colores me rodeaban; esferas lumínicas de energía que empezaban a hacerme sentir segura y feliz. Estaba de nuevo en mi hogar, en ese espacio divino de donde yo provenía. Me volví a encontrar con mis hermanos angélicos, con mi padre, con mi madre de luz, todo era perfecto una vez más. Todo era correcto y como tenía que ser. Comprendí profundamente por qué había regresado y, sobre todo, por qué lo había hecho tan pronto. La incertidumbre me invadió porque sentí que no había cumplido la misión que me habían encomendado. Se acercó mi madre Shekinah y me dijo:

—Hija mía, en la tierra has olvidado quién eres, por momentos has sentido que estás sola. Era necesario traerte de nuevo para volverte a iluminar y recordarte lo que tú eres, un ser de luz en la tierra, un ángel encarnado, pero, de ahora en adelante, lo vivirás diferente y empezarás a cumplir tu misión. Esto no es un castigo. El que estés aquí es un gran regalo para ti porque te estamos dando de nuevo las herramientas para que recuerdes a qué has ido a la tierra. Sé que tu misión comenzó a ser difícil, tus vivencias muy complicadas, pero era necesario que vivieras el dolor, la tristeza, el sufrimiento, el abandono, el rechazo y la soledad de esa manera tan profunda, para que pudieras comprender la vida y a los seres humanos. Más cosas te faltarán por vivir, con la diferencia de que ahora sabrás que siempre estamos a tu lado porque tu mente ha evolucionado, porque tu corazón se llenará de amor y porque, a partir de hoy, sentirás mi voz en tu corazón cada vez que lo necesites. No solo escucharás mi voz, querida Shiram, también la de todos los seres lumínicos que están aquí el día de hoy.

El arcángel Miguel se acercó, proyectando la luz del creador; es el más parecido a Dios, ese es el significado de su nombre.

—Recuerda, Shiram, que yo estoy siempre a tu lado, ahora te entrego mi espada y mi escudo para que te sientas protegida ante cualquier peligro o adversidad. El camino seguirá sinuoso y a veces oscuro, pero recuerda que la luz está ahí siempre, solo cierra tus ojos y encuentra de nuevo la paz en tu corazón. Yo te acompañaré, te guiaré y te cuidaré siempre. Me sentirás en cada momento y mi voz llegará a tu mente de una manera incuestionable, fuerte y profunda, y a través de tu boca expresarás mi mensaje y sentirás que todo lo puedes lograr.

Casi de inmediato, el arcángel Rafael se acercó y tocó de nuevo mi frente. Se volvió a encender aquella corona que Jofiel me puso y que había estado apagada durante muchos años por tanto odio, enojo y resentimiento en mi corazón. El arcángel Rafael empezó a susurrarme al oído:

—Tu energía es única. Aprenderás a utilizarla, sabrás qué hacer y cómo sanar, pero primero sanarás tú. El perdón te hará libre, hija mía. Recuerda que yo estoy aquí para trabajar en tu corazón. Es momento de soltar el dolor, el resentimiento, el enojo que solo te han hecho olvidar quién eres realmente. Así como tú sanarás, ayudarás a otros a sanar, lo irás descubriendo en el camino, solo recuerda que tú eres un ser de luz sanador, que tú tienes toda la sabiduría, y la energía te permitirá conectar con miles de almas, las cuales, así como tú, empezarán a sanar. Tendrás una vida increíble, no lo dudes. Son muchas las experiencias que te faltan por vivir y muchas las almas que tendrás que dirigir, ahora toma tu poder y recuerda que todo está aquí en tu corazón.

En ese momento me sentí llena de poder, completamente sana, miles de costales que estaban en mi espalda cayeron en ese momento, ya no había más dolor porque tenía mucho tiempo sintiendo un profundo malestar en la espalda siempre que pensaba en la situación que me había tocado vivir. En ese momento, el arcángel Rafael, con sus palabras de perdón, me hizo compenetrarme a la vida de una manera diferente. Pensé: «todo estará bien, todo pasará y yo tendré que perdonar». Era un proceso que iba a aprender, pero ahora sabía perfectamente qué era lo que tenía que hacer para sanar mi corazón.

El arcángel Chamuel se acercó en ese instante y un rayo divino de color rosa empezó a rodearme por completo. Sentí la paz y la tranquilidad en todo el lugar, era un amor indescriptible.

—Recuerda, Shiram, que el amor es la clave de todo. Tendrás que conocerlo, experimentarlo, para poder darlo y expandir en la tierra a los humanos, pero aprenderás a amarte tan profundamente que cambiarás tu vida y la de muchos allá, solo recuerda que el camino tendrá baches, vivirás desamores uno tras otro, aun así recuerda que la llama está en ti, nunca perderás la ilusión de encontrar a tu verdadero amor. Yo te acompañaré y sanaré tu alma de cada desilusión, el amor te constituye porque Dios vive en ti. Nunca olvides que por más difícil que se vea la situación, tú eres la llave de todo. Para solucionar cualquier problema recuerda ir dentro de ti, tocar esta llave y recordar que el amor de Dios ya vive en ti.

Quisiera hacer una pequeña pausa y platicarte del arcángel Chamuel, y decido hacerlo ahora porque, al escribir sobre su aparición en aquel momento de mucha incertidumbre en mi vida, siento cómo mi alma se estremece al saber que él estuvo presente. Sus virtudes son el amor incondicional, la compasión, la misericordia, el perdón, la sinceridad, la dedicación y el servicio a los demás. Este es el arcángel que te ayudará a sanar la ansiedad y te impulsará a regresar a tu estado de paz. Él está presente al decidir encontrar un nuevo amor, nuevos amigos, trabajo u objetos perdidos.

Gracias a su aparición y sus palabras, sentí que se recargaban mis pilas, que reiniciaba mi mente. Él me recordó, con una paciencia sublime, todo lo que yo ya había aprendido y que, por alguna razón, había olvidado. Fui consciente de que tenía una nueva oportunidad. Al estar rodeada de todos mis seres angélicos me encontraba en un lugar muy reconfortante.

Mientras consolidaba estos sentimientos, un gran estruendo llegó a mi cuerpo, empecé a sentir una gran ansiedad, mis ojos se abrieron y aparecí de nuevo en el hospital, esta vez ya no en emergencias, sino en una habitación. A lo lejos alcancé a escuchar las voces de mi madre, mi padre y de una de mis hermanas. No sabía si estaba despierta o dormida, viva o muerta, solo que las palabras de mi mamá habían tocado la fibra más profunda de mi corazón, al escucharla decir: «¿Por qué morirá ella y no yo?».

En ese momento entendí cuál era gran parte de mi misión: disfrutar y hacerlo mejor, vivir por ella, hacerlo por ella y demostrarle que todo aquello había valido la pena. Un amor profundo me motivó a querer regresar. Cuando volteé, a mi lado derecho se encontraba un hombre con una cruz en una mano y el agua bendita en la otra. Me daba los santos óleos y preparaba todo para que mi cuerpo muriera y mi mente y mi alma trascendieran.

Regresé de nuevo a mi lugar divino, acompañada de los seres de luz con los que crecí. Se acercó mi Joshua y me preguntó:

—Hija mía, querida Shiram, mi ángel más amado, ¿estás lista para quedarte de nuevo aquí con nosotros?

Yo contesté que no, pedí otra oportunidad, prometí no olvidar mi tarea en la tierra y hacerlo mejor esta vez. Sabía que eran cientos de cosas las que tenía que vivir en el mundo terrenal y había aún muchas personas a las cuales ayudar. Supliqué con todo mi amor y toda mi humildad una nueva oportunidad de vivir.

Joshua tocó de nuevo mi frente al mismo tiempo que mi corazón. Tomé un aliento y empecé a sentir que mi cuerpo funcionaba de nuevo. Las lágrimas rodaron por mis mejillas, mi cuerpo comenzó a reaccionar después de tres semanas de estar desconectada de la tierra. Muchos oraban, velaban afuera de mi habitación. Mis amigos, mi familia y todos los que me querían no dejaban de mandar amor y de estar pendientes de la situación. A través de ese estado de coma, cientos se unieron en luz de oración y hoy sé que por ello Dios me daba esa nueva oportunidad. Ahí renací.

Seguí en el hospital un par de semanas más y, poco a poco, empecé a recobrar el habla, empecé a caminar y a recuperar mi fuerza. Fue un volver a nacer, rodeada de personas que me amaban y que nunca me dejaron sola. Sabía que grandes cosas vendrían, mi cuerpo y mi mente se recuperaron por completo.

Un mes después pudimos hacer un gran festejo en mi casa, que, desde ese entonces, siempre estuvo llena de visitas, de amigos que me hacían sentir acompañada y feliz. Mis padres se sentían plenos, mis hermanas felices y yo simplemente sentía que había despertado de un sueño. Nadie hablaba de lo sucedido, se convirtió en un tabú, era tanto el dolor que se había sentido en mi familia y a mi alrededor que lo dejaron bloqueado, y yo opté por hacer lo mismo.

Luego de ese tiempo de recuperación, todo regresó a la normalidad. Estaba rodeada de mis seres queridos en casa y disfrutaba su compañía; veíamos películas, reíamos y ya era costumbre hacer actividades diferentes los fines de semana. Recuerdo que un sábado me encontraba con cuatro amigas en las albercas con toboganes, cerca de donde vivía. Pasábamos una tarde maravillosa, cuando sucedió algo diferente: una de mis amigas, Luisa, se había golpeado la cabeza en el tobogán. Nos empezó a decir que se sentía mal, sin embargo, no le dimos mucha importancia, ya que ella tampoco lo hizo. Luego las invité a dormir en mi casa, pero primero fuimos a la de Luisa, ella pidió permiso, se despidió de sus papás y nos fuimos a pasar una hermosa velada. A las nueve y media de la noche, ella empezó a convulsionar y sus ojos se pusieron en blanco, su cuerpo empezó a temblar. Yo solo la vi y recordé esos momentos en los que yo me encontré igual, con muchas convulsiones, cuando estuve en el hospital.

Corrí a decirle a mi papá que algo sucedía con Luisa. Ellos llamaron a la ambulancia y yo me quedé a su lado, lo único que se me ocurrió hacer fue orar, pedirles a todas que rezáramos para que estuviera bien, mientras un profundo dolor me inundó. La presencia del arcángel Azrael estaba ahí, susurrando a mi oído:

—Es su momento, prepárate y ayuda a preparar a todos, porque ella ya está con Dios.

Sus ojos se cerraron, la ambulancia llegó, se la llevaron, pero ya no pudieron hacer nada. Ella, en realidad, murió en mi habitación. El arcángel Azrael me abrazó fuertemente y me dijo:

> —Ahora has entendido lo que es trascender. Se cumplió su tiempo, tú has tenido una nueva oportunidad, aprovéchala porque mucho tendrás que ayudar.

Los días después de la muerte de Luisa los viví con una tristeza muy profunda. Muchas veces me cuestioné el porqué me había tocado vivir algo así. Había pasado tan solo un mes después de mi evento y, una vez más, me encontraba viviendo el dolor, la tristeza, pero, sobre todo, una profunda culpa por no haber podido hacer algo más por ella. Yo sabía que ella estaba bien, porque las voces habían regresado a mi mente y los ángeles me hacían sentir que se había ido a una vida de profunda paz.

Lo que más hice fue orar. Me volví a comunicar con mi ser interior, con mi padre amado, y le hablé pidiendo que me explicara lo que sucedía.

> —Hija mía, lo que experimentaste fue algo que tenías que vivir para así perder el miedo y aprender a ayudar a muchos otros. Faltan pocas cosas por asimilar y, sobre todo, recordar. Ver la muerte de cerca ha despertado en ti el saber de qué se trata vivir en un cuerpo físico, te ha hecho saber qué es el trascender. Estoy seguro de que ayudarás a miles de almas a llegar a mí en su momento. No olvides seguir tu camino de luz para evolucionar; ahora empieza a vivir, empieza a observar la vida diferente, quiero que te prepares, que leas y que estudies. Siempre estaré en tu corazón.

CAPÍTULO 7
REENCUENTROS
DE VIDAS PASADAS

ARCÁNGEL METATRÓN

¿TE HAS PREGUNTADO SI VIENES DE UN MÁS ALLÁ?

Cuando desperté del coma las cosas fueron diferentes porque ahora, además de recordar mi pasado en la quinta dimensión, escuchaba también lo que iba suceder en un futuro. Existían voces que me hablaban internamente como si en mi cabeza tuviera un ordenador encendido informando sin pausa.

Mi mirada se tornó perdida porque comencé a habitar junto a los seres de luz que me develaban información de una forma telepática; datos exactos que yo tendría que dar a personas específicas. Sin embargo, mi sabiduría era bisoña, todavía no me era claro el cómo expresarla y me daba mucho miedo ser criticada al compartir la sabiduría. Podía escuchar lo que ciertas personas tenían que saber, pero también podía ver claramente que otras vidas venían con tan solo fijar la profundidad de mi mirada en la de ellos.

No me pasaba con todos, únicamente con ciertas personas, sobre todo en las que existía mucha tristeza o ansiedad: sentimientos con los que yo ya me identificaba bien. Estos eventos no ocurrían todos los días, eran lapsos selectivos, sucedían de vez en cuando mediante escalofríos que recorrían el interior de mi cuerpo, aunados a un palpitar acelerado en mi corazón. Si tuviese que calificarlo le llamaría miedo. Uno que se apoderaba de mí al no entender, de una forma correcta, por qué escuchaba, veía, sentía y sabía lo que los otros estaban a punto de vivir.

Mi mente, más humana que nunca, trataba de estar lo más posible en el estado terrenal, sin embargo, durante sueños realizaba viajes astrales en los que revivía eventos junto a personas con las que yo me relacionaba en la actualidad.

Ahora te platicaré un poco sobre lo que ha sido para mí recordar mis vidas pasadas con las personas que marcaron mi destino; muchos que han llegado a esta vida presente y siguen acompañándome.

Cada evento evolutivo en el camino de vida que me ha tocado experimentar, marca pauta con un acercamiento de los arcángeles. Ellos generalmente llegan cuando estoy tranquila, en espacios meditativos o cuando yo decido, de manera intencional, establecer una unión energética que se siente como un radio pequeño a mi alrededor. La vibración de cada ángel es distinta, pero la de todos es cálida, la voz es muy clara y mi corazón se llena de amor al hacer contacto con su luz.

El día que recibí el mensaje exacto de quién era yo en la tierra, el arcángel Metatrón se acercó a mí diciendo:

>—Las cosas serán diferentes porque ahora tienes la posibilidad de viajar entre tiempos, escuchando y reconociendo aquellos instantes divinos que, poco a poco, aclararán tu mente.

Le pedí me aclarara la razón por la cual venía de la quinta dimensión, pero tenía recuerdos de vidas pasadas, y ahí fue cuando lo comencé a recordar todo. Él me dijo:

>—No es la primera vida que transitas, solo que hasta ahora es que tu alma está recordando quién es y de dónde viene. Las vidas pasadas son parte de ti y empezarás a comprender por qué viviste lo anterior para así poder sanar el presente. Muchos se han cruzado en tu camino para seguir caminando de la mano contigo, para ayudarte a encontrar la luz. De la misma forma que nosotros continuamos a tu lado, otros han regresado para estar contigo en esta vida. Recordarás poco a poco todo lo que sea importante. Solucionarás lo que dejaste inconcluso para que tu alma evolucione y que la historia sea mejor de ahora en adelante.

LINAJE

Hago un inciso para contarte lo que yo más tarde no solo investigué, sino que comencé a aplicar en la vida de otros y en la mía.

El estudio transgeneracional es un trabajo de toma de consciencia que nos permite comprender los elementos del pasado que han contribuido a nuestro desarrollo y formación, así como al establecimiento de nuestro sistema de creencias.

Ya desde la década de los setenta, los terapeutas comenzaron a interesarse por la influencia que el linaje tiene sobre el individuo. Profesionales como Anne Schützenberger, Mária Török, redescubrieron algo que muchas otras culturas jamás olvidaron: el inconsciente familiar interactúa con el inconsciente personal.

Con el fin de comprender los fundamentos del estudio transgeneracional es indispensable que revisemos nuestra concepción lineal del tiempo y nos deshagamos de los conceptos propios del pasado, el presente y el futuro. Para el inconsciente únicamente existe el presente, el ahora; todo sucede en un eterno ahora. El estudio de nuestro árbol genealógico nos ayuda a entender la naturaleza familiar o ancestral de nuestras relaciones. Nos lleva a descubrir las dinámicas y patrones que generan identificaciones e implicaciones de una generación a la siguiente y que repercuten de forma adversa sobre nuestra vida. La observación y análisis de nuestras raíces es un ejercicio verdaderamente sanador.

Este estudio parte de la premisa de que ciertos patrones de conducta inconscientes se transmiten de generación en generación, lo que en muchas ocasiones constituye un enorme obstáculo en el proceso de autorrealización de una persona. De ahí que sea indispensable el estudio del árbol genealógico si deseamos tomar consciencia de nuestra herencia inconsciente.

La física cuántica nos proporciona la prueba definitiva de que es posible modificar la información contenida en la mente inconsciente. El entrelazamiento cuántico ignora el espacio-tiempo, por lo que los conceptos de pasado, presente y futuro son constructos puramente mentales. En realidad, la información se encuentra en un presente, en un eterno ahora, y se manifiesta por medio del subconsciente en el presente. Así, la información grabada en la mente inconsciente referente a los traumas de la infancia, las vivencias experimentadas durante el embarazo y las experiencias vitales de nuestros ancestros están vivas en nosotros en un eterno presente. Es por eso que hemos de trasladarnos a ese teórico pasado del que continuamente emana información para transformarla. No somos víctimas de nuestra herencia ni de nuestras experiencias: tenemos un papel activo en la construcción de nuestra realidad.

Una de las principales bases científicas del estudio transgeneracional es la epigenética conductual. Esta disciplina postula que las experiencias de las personas no desaparecen, sino que se adhieren a ellas bajo la forma de un residuo molecular que se fija al material genético. Esto no significa que el ADN se modifique, sino que los aspectos psicológicos y conductuales de una persona —los que están sujetos a una regulación química como en el caso de la depresión, que produce el desequilibrio de determinados neurotransmisores— pueden ser traspasados a la descendencia. Estos residuos moleculares son, entre otros, los *grupos metilo*, los cuales pueden llegar a replicarse junto con el ADN durante numerosas generaciones. De acuerdo con la epigenética conductual, las experiencias traumáticas vividas en el pasado, o las de nuestros antepasados recientes, dejan marcadores moleculares que se fijan al ADN.

¿Por qué te comparto esto? Porque es justo mi legado de vida. Ayudar a otros a viajar a su pasado o a otras vidas para entender la epigenética conductual en sus genes. Y, en mi caso específico como terapeuta, en las almas. El inconsciente es increíblemente creativo y absolutamente simbólico, por lo que, gracias a terapias como las constelaciones familiares podemos reparar herencias emocionales del pasado.

Por ejemplo, si tengo un paciente que continuamente tiene que lavarse las manos, lo más seguro es que ese paciente haya sufrido o haya ejecutado conductas relacionadas con asuntos considerados «sucios»: tocamientos, incestos o violaciones. Si el trauma sucedió en esta vida, pertenece a mi paciente; si sucedió en otras vidas, ya se trata un tema transgeneracional. Esto ocurre en el momento de la concepción, donde la persona seguramente tuvo una resonancia mórfica con el campo que contiene la información familiar y recibe un bagaje (un «paquete de información») que aporta soluciones de supervivencia, programas que lo acompañan y lo guían de un modo inconsciente durante toda su existencia en este mundo. Curioso, ¿verdad?

Como individuos recién nacidos quizá no seamos responsables del drama transgeneracional que han vivido nuestros familiares y nuestros antepasados, pero sí somos responsables de las decisiones y experiencias que vivimos, y que finalmente incorporamos al campo morfogenético de nuestro sistema familiar. Este, ineludiblemente, configurará el bagaje que dejamos a las generaciones que nos siguen.

Los patrones de pensamiento son emociones instaladas en el alma de cualquier individuo y se generan por cosas vividas en su familia o en cualquier parte de su historia transgeneracional. Es decir, frases escuchadas por sus ancestros, padres, amigos, comunidad o sociedad. Como ya sabemos, la mente es un aparato muy poderoso y cuando se centra en lo que está instalado en el subconsciente o inconsciente, actúa de una forma que puede ser considerada negativa o en contra de sí mismo. Un ejemplo es cuando te programan y te dicen frases como «el dinero no cae de los árboles y hay que trabajar muy duro para ganarlo». Ahí tu mente se activa y creces pensando que hay que trabajar duro para ganar dinero, cuando realmente el ganar dinero debe ser un proceso no solo placentero, sino también divertido. Es necesario romper patrones y detectar si existen votos o karmas que impidan avanzar a la persona. Frases con connotación negativa dejan instalados pensamientos erróneos creando un impacto en nuestro actuar. Debemos ayudar a la mente-alma-espíritu y cuerpo físico a cambiar estos patrones negativos en células y ADN de manera correcta, para poder transformar nuestras vidas de forma positiva.

AFIRMACIONES PARA ELIMINAR VOTOS DE VIDAS PASADAS

* Hoy doy mi permiso para eliminar todos los votos de pobreza que haya hecho en mis vidas pasadas, y pido que los efectos de esos votos sean eliminados en todas las direcciones del tiempo.

* Hoy doy mi permiso para eliminar todos los votos de sufrimiento que haya hecho en mis vidas pasadas, y pido que los efectos de esos votos sean eliminados en todas las direcciones del tiempo.

* Hoy doy mi permiso para eliminar todos los votos de castidad que haya hecho en mis vidas pasadas, y pido que los efectos de esos votos sean eliminados en todas las direcciones del tiempo.

También es válido acotar que existe un miedo a ser poderoso. Este se da cuando hemos abusado del poder en alguna vida pasada, haciendo daño a otras personas, la naturaleza o los animales. Por eso puede pasar que, de alguna manera, hoy tengamos miedo, terror o angustia con solo imaginar que podamos tener un cargo que implique una mayor jerarquía social.

De ahí mi tarea y misión de ayudar a sanar a las personas que se acercan a mí con necesidad de conocer sus vidas pasadas o temas atrapados por generaciones.

Por lo que te comento en los renglones de arriba, me sentí sumamente agradecida por la presencia del arcángel Metatrón, mientras el brillo en sus ojos me hacía sentir cálida e iluminada. El nombre de este arcángel significa «misericordia de Dios». También significa: «cercano al trono de Dios». Lo representan todos los colores del arcoíris. Es el guardián del árbol de la vida. Se piensa que antes de ser elevado a lo divino, era el profeta, por este motivo, se considera que Metatrón está en lo más alto del diagrama del árbol de la vida en el Kabbala. Es el jefe del Universo y de todos los ángeles y arcángeles. Sus virtudes son la geometría sagrada, la sabiduría divina y los niños índigo. De hecho, es quien inspiró la geometría sagrada que identifica y relaciona las figuras que Dios utilizó para crear el Universo. Es el guardián de los registros akáshicos (registros del alma y de todas nuestras vidas). Tiene acceso a la sabiduría divina para ayudarnos en nuestra evolución. Él nos da la guía espiritual a través de los sueños. Además, comunica mensajes esperanzadores de Dios a las personas que están desanimadas o preocupadas. A veces la gente pide su ayuda para evaluar sus vidas y averiguar qué es lo que Dios quiere que cambien para cumplir mejor con sus propósitos, aprender de sus errores, buscar nuevas direcciones, resolver problemas, buscar sanación y encontrar aliento.

Después de mi encuentro con él, ya no tenía duda de que lo que escuchaba y lo que sentía eran eventos verdaderos; cada día iba encontrando más respuestas por medio de su compañía. Se aclaraba mi *yo interior*; sabía que faltaba mucho camino por recorrer, pero la seguridad en mi corazón me hacía saber que todo lo podía lograr. La vida empezó de una manera distinta desde aquel momento en que mi alma regresó al cuerpo, tenía que recordar de dónde venía y todo lo que había por hacer en un futuro. Descubrí que en mi corazón habitaba empatía, compasión, benevolencia, sabiduría y, sobre todo, intención.

Un sábado, cuando participaba en un retiro espiritual en el colegio, una de las personas que dirigía el evento se acercó a mí y tocó mi cabeza diciéndome que el Espíritu Santo entraría en mí. Ahora, este momento lo viven muchos en la Iglesia o en el mundo espiritual, pero las palabras de aquella persona eran profundas y estaban mucho más compenetradas conmigo. Sus ojos vieron lo que otros no. Su alma se conectó con la mía.

Ese instante me hizo sentir una paz infinita, volviendo a un estado casi onírico pero perfecto. Fue como retornar a ese encuentro divino con mis maestros y mis guías, con toda mi familia angelical en la presencia de Dios. Ese día vi un sendero, lo transité hasta llegar a una puerta principal que se abrió casi por sí sola, revelando la magia que habitaba dentro y que se develaba ante mí. El arcángel Jofiel estaba sentado en el centro y me invitó a tomar una de las sillas junto a él. Sus palabras fueron claras como las del resto de los ángeles y me dejó saber que, desde ese momento, yo tendría el don de lenguas para agilizar mi comunicación con cada uno de los ángeles. Me aseguró que sabría las respuestas, que mi oído se agudizaría. Me dejó claro que yo sabría que ellos eran los que hablaban de una forma telepática dentro de mi cabeza y que empezaría a distinguir, poco a poco, sus voces.

Ahora sería una especie de guía, mi camino había comenzado. Con el don de lenguas y clariaudiencia empezaría a ayudar a muchos y de forma elevada, a diferencia de cómo lo había hecho hasta entonces. Mis compañeros cuentan que empecé a hablar en un idioma muy extraño; de hecho, hasta me grabaron, lo cual me causó gran asombro porque ni siquiera yo sabía qué decía. Lo que sí comprendí fue que estaba mucho más conectada y presentía las cosas que iban a suceder; mis noches estaban repletas de sueños premonitorios en los que mi cerebro trabajaba sobre una idea y, al cabo de pocos días, se materializaba en la vida real. Con este don, me volví más susceptible a sucesos inexplicables, fui mucho más intuitiva y mi mente se tornó más abierta. Comencé a remontarme a vidas pasadas, aquellas en las que nunca realmente creí o siquiera pensé. Momentos realmente vividos que a continuación te platicaré.

Comienzo con esta historia porque es la que me llega de pronto y es una que guardo dentro como entrañable. En mi grupo de amigos siempre tuve dos muy cercanos desde la primaria y hasta la fecha siguen siendo los mismos. Uno de ellos es una hermosa niña con la que crecí. Ella y yo siempre hemos tenido una conexión especial, su nombre es Vilma. Empezamos a vivir experiencias maravillosas siendo muy pequeñas y hemos sido cómplices en vivencias fuertes y muy similares; cada vez que pasaba algo en su vida o en la mía, nos hacía recordar que éramos hermanas en alguna vida anterior. La hermandad que teníamos se sentía de otra vida. En algún momento llegamos a separarnos, pero siempre anduvimos con las ganas de volver a reunirnos, así que, aunque su camino y el mío se iban distanciando cada día, yo sabía que no sería para toda la vida, que mi misión con ella era acompañarla en las buenas y en las malas, y estar ahí en los momentos más difíciles.

Vilma y yo compartimos muchas aventuras, pero, sobre todo, en su vida y en la mía existieron un sinnúmero de similitudes; cuando era muy pequeña, ella perdió a sus padres biológicos y fue criada, junto con sus hermanos, por una de sus tías. Eso nos unió mucho por la experiencia que yo acababa de vivir en mi infancia, y me parecía que justamente esa semejanza le daba sentido a la forma cómo nos entendíamos en las emociones y en las situaciones. También me tocó acompañarla en muchos eventos complicados en su vida: las dos perdimos a un bebé y también ella se acercó de una manera muy espiritual a Dios y a la Madre María, siempre dejándome ver que era lo principal para ella. En otras palabras, Vilma es muy religiosa y yo muy espiritual.

Sin importar la distancia, siempre nos apoyamos en aquellos momentos complicados de nuestra juventud. A través de los sueños, yo sentía cuando ella me necesitaba, lo mismo ella conmigo, así que nunca hemos perdido contacto. Sin embargo, al recordar una de nuestras vidas comprendí que yo fui su hermana mayor, y eso es justo lo que siento hoy: esa protección ante ella en todo momento.

Luego de escribir este apartado, lo dejé reposar una noche, y al día siguiente pensé que sería mejor compartirte, con mucho amor, un fragmento desde el punto de vista de Vilma:

La conocí por un vecino que teníamos en común, Carlos Padilla. A los diez años, él me la presentó y ahí empezó todo. Por un instante pensé que era presumida porque una amiga de momento me dijo que era así. En realidad no, ella es la persona más sencilla que conozco. Era del colegio Monserrat y yo del colegio Sor Juana. Nos empezamos a llevar mucho, ella, todos los vecinos y yo éramos amigos; jugábamos y salíamos por las tardes. Siempre nos marcábamos. Cynthia me decía «te veo en casa de Joan» y afuera pasábamos las vacaciones jugando. Eran momentos mágicos, se nos iban los días realmente divirtiéndonos, riéndonos a carcajadas, disfrutando el momento. Hacíamos mucho ejercicio, nos poníamos de acuerdo y nos íbamos a subir el cerro todos los días.

En las mañanas llegábamos a desayunar (o en las tardes a cenar) quesadillas con licuado a su casa, siempre bien recibidos por su papá. Pasó la niñez y nos convertimos en adolescentes juntas. No había mucha diferencia entre las etapas, solo que mis mejores amigos se gustaban: Carlos y Cynthia. Ellos se pusieron de novios y, en realidad, para mí nada cambió, ya que los dos me querían mucho. El tema era que si se enojaban, pues yo no sabía qué decirles, solo la escuchaba. Ese fue su primer amor de adolescentes y yo me convertí en su cómplice, no solo para su noviazgo, sino para pedir permisos de salidas. Seguimos con nuestra amistad, seguimos creciendo. Ella era muy popular, todos querían ser su amiga o amigo. Las reuniones que hacía en su casa siempre se llenaban; era el paño de lágrimas de muchos, ya que ella se sabía los secretos de todos, quienes podíamos contar con ella en el momento en que lo necesitáramos. Conocí bastantes amigos que hasta el momento conservo gracias a ella.

Siempre hemos sido inseparables, siempre juntas para todos lados, hasta para ir por las tortillas todas las mañanas, siempre felices gozando el momento. Pasó el tiempo y nada nos perturbaba. De pronto, ella se sintió mal por un dolor de cabeza que tuvo que ser hospitalizada y por el que cayó en un coma severo durante veinte días. Yo entré en shock al enterarme, no sabíamos qué le había ocurrido, y sufrí. Fue un momento en el que pensaba y sentía que era una pesadilla. Íbamos a visitarla al hospital, nos poníamos de acuerdo para ir a verla juntos. Ella dormida y yo sintiéndome mal al ver que mi mejor amiga estaba tendida en la cama de un hospital. Cuando Cynthia cayó enferma fue una especie de pesadilla encarnada. Recuerdo pedir a Dios por la salud de mi mejor amiga. Una tarde, recibí una llamada, era de Carlos diciéndome que Cynthia había despertado. Fui a verla muy feliz y contenta; era un milagro y recuerdo que desde afuera del cuarto la vi sonriendo mientras movía sus manos para saludarme. Le dieron de alta y pasaron los días. Pero desde que despertó, ella no volvió a ser la misma. Si antes se interesaba por mis temas, ahora todo se había intensificado y ella se convirtió en una especie de guardián en mi camino.

Después de su enfermedad, Cynthia fue adivina, vidente, intuitiva, fue como ver a mi amiga renacer: nunca se cansaba, o sea, de dónde sacaba tanta energía es algo que siempre me preguntaba. No se rendía para nada, siempre positiva, nunca se expresaba mal de nadie ni criticaba. Constantemente sacando algo bueno de lo malo. Me llamaba la atención que con frecuencia me decía «te soñé o soñé justo esto» y por alguna extraña razón sucedía en tiempo real. El día que ella despertó de su coma nada fue igual. Un día, tristemente me dijo que había decidido irse a estudiar a Guadalajara. Los Mochis era pequeño para sus sueños. Me dijo que no nos preocupáramos, ya que durante las vacaciones siempre nos veríamos. Y sí, ella vino a Los Mochis cada vez que tuvo vacaciones y era cuando nos veíamos y aprovechábamos para ponernos al corriente con nuestras cosas como si el tiempo o la distancia no hubiesen pasado.

Siempre hemos estado unidas. Ella ha estado presente en todo y me ha aceptado con mis defectos como lo hace una verdadera hermana. Aprovecho para pedirte perdón si alguna vez has sentido que te he fallado, o si alguna vez no estuve cuando me necesitaste. Te quiero con todo mi corazón y gracias por ser mi gran amiga. Todo lo que estás haciendo, todo lo que estás viviendo, lo celebro contigo porque te miro plena y feliz ayudando, y eso me llena de felicidad a mí también.

Vilma

FAMILIAS DE ALMAS

Recuerdo el día que conocí a aquel niño —que en la preparatoria era el más pequeño del salón—. Su nombre: Martín. Pronto se convirtió en el hermano que nunca tuve, siempre cuidaba de mí, éramos una especie de pareja perfecta sin serlo. Mi hermano de alma más bien; alguien que se sentía como si siempre hubiese estado ahí. Otro con el que estoy conectada de vidas pasadas, y quien fue mi hermano mayor, mi guardián y mi guía. Incluso en esta tierra seguía siéndolo. Existía una gran lealtad entre nosotros, una complicidad para comunicarnos todo. La realidad parecía ser diferente cuando estábamos juntos, nuestras pláticas eran eternas y no había nadie que me comprendiera más que él. En los momentos de más tristeza en mi vida, siempre estuvo ahí. Los *déjà vu* eran usuales, sentía como si varios de esos momentos ya los hubiera vivido antes. Recuerdo el día que vívidamente experimenté estar con él en otra etapa, en otro tiempo semejante a los años 1800, cuando alguien importante en mi vida me abandonó y él me resguardó en su hogar y con su familia. La misma sensación de hermano mayor, solo que en vidas diferentes y en etapas distintas. Martín fue mi paño de lágrimas, mi confidente y lo más bello; hasta hoy lo sigue siendo. Sé que estaremos juntos en la vida siguiente y en la que seguirá, Martín.

Otra de mi colección entrañable de historias hermosas de vidas pasadas es la que recuerdo con mi amiga de la primaria y secundaria, Silvia. Intrépida, alma vieja igual que yo, divertida. Increíble la forma en la cual nuestras vidas están unidas y separadas a la vez. Éramos poderosas y siempre supe que debíamos juntar ese don, pero, sobre todo, trabajar juntas para ayudar a las personas. Ella viene de 1500, cuando vivimos cosas muy complicadas: una sacrificó su vida por la otra.

Hoy tengo amigos que cuento con los dedos, pero soy muy afortunada al saber, a ciencia cierta y sin temor a equivocarme, que damos la vida los unos por los otros.

He aprendido a vivir con mi verdad y con quien soy. He tomado malas decisiones que se han convertido en buenas con el tiempo; lecciones inigualables que, una vez añejadas, fueron acertadas. Mis ángeles cada vez están más presentes. Hoy sé que esa voz interna que me hablaba antes, con total seguridad, eran mis ángeles guardianes.

Mis grandes amigos buscan aquella vocecita interna en mi consejo, eso los hace sentir mejor y yo lo disfruto mucho. Desde preparatoria he servido de alguna u otra forma.

Cuando el colegio terminó, tomé una gran decisión: irme a estudiar fuera de mi país. Era el momento perfecto para huir de casa, salir corriendo de lo que aún no podía superar, de aquellas emociones y sentimientos, y de ver a mi madre sufrir, ya que aquello me causaba un gran conflicto en mi corazón.

No me lo tomes a mal, mi madre siempre estuvo ahí, acompañándome en las ocasiones importantes como mi graduación o cumpleaños. Sin embargo, estaba ausente, sin poder comunicarse. Yo cuidé y di lo mejor a mis hermanas en todo momento como una figura materna, por eso, cuando llegó el tiempo de tomar esa decisión, para mí fue realmente complicado. Mi padre sintió que perdía una hija y, sin dejar de apoyarme, sufrió en silencio, porque todo cambió por completo a partir de mi salida del país.

Me fui con Karina, una de mis grandes amigas, a estudiar a Estados Unidos. Mi padre y mi tío nos llevaron hasta Los Ángeles. Yo tomé un autobús que me llevó a San Francisco y ella tomó otro hasta la ciudad de Nueva York.

En aquel entonces no existía otra mejor manera de comunicarnos que por medio de cartas, así que acordamos hacerlo por ese medio. Recuerdo aquellos momentos complicados, de desapego, en los que sentí una gran soledad al no conocer absolutamente a nadie. Fue una etapa de gran reto para mí, pero mi carácter me ayudaba, ya que me era muy fácil comunicarme y hacer amigos. Siempre fui de encajar de inmediato en lugares nuevos, es algo que nunca me costó, sin embargo, era muy duro sentirme sola y tener que volver a empezar.

Llegué a un lugar desconocido, sin hablar el idioma, sin conocer absolutamente a nadie; un miedo profundo que debía superar. Me sentía muy acompañada por la presencia de Jesús que, en momentos meditativos, me decía: «Tu vida continúa ahora, grandes decisiones tomarás, regresarás triunfante a hacer mucho por los demás, prepara tu camino y tu vida que te estaremos acompañando siempre». Esa voz calmaba mi mente, porque me hacía sentir que la decisión de dejar mi casa sí había sido la correcta.

Llegué a San Francisco donde me recibieron con las manos abiertas. Algunas noches las pasaba en llanto porque extrañaba muchísimo a mi familia y a mis amigos. Tenía tan solo diecisiete años cuando dejé mi casa, en México, para llegar a un hogar con costumbres distintas. Me trataban muy bien, una joven de Japón y yo compartíamos habitación. Tuve que aprender a entender su manera de vivir, porque durante un año convivimos en un espacio pequeño que nos forzó a ser tolerantes y compasivas. Su nombre es Tomico. Ella era mucho mayor que yo, por lo que, en realidad, hice una gran amistad con otra estudiante de intercambio que venía de Noruega y que cursaba mi año escolar. Una amiga entrañable que me hizo vivir uno de los mejores años de mi vida, cuando hice amigos de todo el mundo. Aprendí mucho, sobre todo, de lo que es una amistad maravillosa para toda la vida. Su nombre es Gunn. Un ser lumínico con el cabello rubio y grandes ojos azules. Empezamos una amistad de inmediato, compartimos los mejores trescientos días de nuestra juventud; hazañas, risas, viajes, llantos, experiencias, vivencias y, sobre todo, un gran amor. También con ella recordé una de mis vidas pasadas, cuando su misión fue salvarme de una gran batalla. En esa vida éramos hombres, y yo veía cómo él peleaba arduamente por mí, me salvaba una y otra vez hasta perder su propia vida. Lo que es este plano y esta vida... que años después sucedió justo así.

Conocí a muchísimas jóvenes de todas partes del mundo, ya que todos nos reuníamos en un aula especial para aprender el idioma inglés. El colegio era realmente hermoso, rodeado de naturaleza con grandes actividades. Los fines de semana eran inolvidables porque los destinábamos a viajar por los alrededores. Innumerable cantidad de veces fuimos al mar a compartir, y a pesar de que todos no hablábamos el mismo idioma, llegamos a entendernos de una u otra manera. Gunn y yo nos volvimos inseparables, estábamos siempre juntas, nos hacían broma de que parecíamos siamesas.

En todo momento y en todo lugar nuestras pláticas eran largas. Por ella aprendí el idioma —no tanto por la escuela— ya que no existía otra forma de comunicarnos más que en inglés, y ella ya lo sabía muy bien. Fue mi mejor maestra en el idioma y en muchas cosas de la vida. Cantaba de una manera hermosa, su voz era angelical, bailaba casi de forma profesional, era el centro de atención y yo gozaba cada minuto a su lado. Nuestra amistad fue entrañable, y a pesar de que solo vivimos diez meses de hermosa confraternidad, la aventura fue inolvidable en cada uno de esos días.

Un día cualquiera, caminábamos distraídas por la calle y yo no me percaté de que, al intentar cruzar al otro lado de la acera, un auto venía a toda velocidad. Gunn me aventó hasta el otro extremo y me salvó de ser atropellada. De inmediato, recordé mi vida pasada con ella cuando me defendió incansablemente. Hubo más percances de este tipo, de los que comenzamos a reír sin remedio y comprendimos que estábamos destinadas a ayudarnos.

Al despedirnos, después de la graduación, ella volvió a Noruega y yo a México; sabíamos que sería muy complicado volvernos a ver. Así pasaron los años y nunca más volvimos a compartir juntas físicamente, sin embargo, nuestra comunicación nunca se perdió por cartas y llamadas. Ella tenía contacto conmigo y yo con ella en cada uno de nuestros cumpleaños, que, por cierto, eran muy cercanos, solo tres días de diferencia. Por esta razón, éramos muy similares en situaciones emocionales y álmicas. En el año 2020 fue cuando más estuvimos en comunicación. Sentí que la tenía más cerca que nunca. Planeábamos volver a encontrarnos, porque uno de mis más grandes sueños era estar con ella, esta vez viendo las auroras boreales en su tierra natal, Noruega. Sin embargo, un día desperté y vi un mensaje en el celular que me condujo a un gran vacío. Era su mamá diciéndome que había ido a dormir y no había despertado. Tenía tan solo cuarenta años... Y fue ahí cuando asimilé, una vez más, que no podía salvarla y que así era como nos tocaba vivir. Estoy segura de que ella regresará algún día para regalarnos la oportunidad de volver a convivir.

La forma como lo veo es que su alma partió, dejó su cuerpo y regresó con Dios. Mi dolor fue tan grande, mis lágrimas no dejaban de salir; era su momento, solo que no sabía por qué había sido tan rápido y a tan corta edad. Ahí supe que la vida hay que disfrutarla como ella lo hizo y agradecer por todo lo que somos y por cada una de las personas que marcan y dejan huella en nuestras vidas. Con seguridad, ella lo hizo en la mía.

Al regresar de ese año fuera de México, me sentí fuera de lugar. Supe que no era donde tenía que estar, mi mente quería volar, mi alma quería partir, no deseaba estar en ese sitio que me causaba tristeza y, sobre todo, enojo. Busqué calmar mi corazón por muchos medios: en muchas amistades, haciendo miles de actividades, hasta que un día decidí volver a irme y vivir en la ciudad donde había nacido. Resolví irme a casa de mi abuela.

En cuestión de meses, ella se convirtió en la figura materna que yo tanto había buscado. Llegué a la edad de diecinueve años; y con ella viví seis años increíbles y maravillosos. Era una abuela alegre, feliz y amigable, pero eso sí, muy estricta. Me tomó de la mano y me llevó siempre por el camino correcto; aguantó miles de mis locuras, de mis aventuras, de mis travesuras y todo lo que me pasaba en plena juventud, momento en el que yo, únicamente, quería experimentar.

Mi abuela todo lo aguantaba, su amor lo permitía. Era algo inexplicable, una conexión divina, con la que me di cuenta de que el amor que mi mamá no podía expresar, lo expresaba su madre. En esa época viví muchas etapas de mi vida y una de ellas fue encontrar al que después se convertiría en mi esposo, y esa historia se las contaré en el siguiente capítulo.

CAPÍTULO 8
INTERIOR
EVOLUTIVO

MAESTRO JESÚS

Les empezaré a platicar un poco sobre mi historia en la ciudad de Guadalajara, lugar en el que ahora habito. Cuando mi camino de interminable búsqueda inició —ese de desear conectar de nuevo con los seres de luz y el de ayudar a otros— comencé a percibir un vacío muy profundo en mi corazón. Algo que nadie llenaba. Ni todo el amor de amistades, ni el amor de mi familia; era una especie de hueco que no había forma de llenar. La vida fue transcurriendo y yo terminé la universidad. Disfruté mucho mi juventud, la llegué a creer interminable y traté de comerme los días, de hacer todo lo que otros hacían en meses, pero en cuestión de días. La vida en casa de mi abuela era una repleta de paz, aunque debo reconocer que yo siempre hacía de las mías y ella siempre con el pie en el cañón, aguantando cada una de mis travesuras. Mi abuela entendió que la amistad era algo importante para mí, por eso siempre me apoyó.

Uno de esos días de diabluras mías, me relacioné con una persona especial, que ahora es mi compañero de vida. Era amigo de uno de mis primos, tenía muchos años de conocerlo, pero siempre mirándonos como amigos. En un viaje a la playa convivimos aún más y ahí empezó nuestro romance que, después de varios meses de noviazgo, se convirtió en algo más. El día que cambió todo fue cuando me enteré de que energéticamente algo estaba cambiando en mí pues estaba embarazada. Solo había pasado una semana desde que habíamos estado juntos compartiendo nuestro amor, cuando el arcángel Chamuel apareció en mis sueños y me dijo:

—Conocerás al amor más grande de tu vida.

Su presencia fue muy real, yo no entendía el porqué, pero al día siguiente mi corazón comenzó a comunicarse de forma distinta conmigo. Me hacía advertir entre el miedo más grande y el más profundo amor. Es difícil explicar todo lo que pasaba por mi mente porque predominaba la emoción. No sabía cómo, lo que tanto había temido hasta ese día, estaba sucediendo, ya que desde muy pequeña el arcángel Gabriel me había dicho que sería una madre joven, pero que todo estaría bien y que no temiera.

Ese día, al despertar del sueño después del mensaje del arcángel Chamuel, entré en temor, sabía que estaba embarazada, que el día había llegado, pero estaba completamente segura de que no estaba sola en este andar. No sabía bien cómo manejar la situación. Quería convencerme de que tan solo estaba pasando por un mal sueño, pero no, en el fondo yo sabía la verdad, así que esa misma tarde hablé con Violeta, una amiga, y le dije: «Creo que estoy embarazada».

Todas mis amigas sabían que yo siempre tenía las respuestas a todo. Era la famosa brujita de la oficina, de la escuela, de la universidad, y cuando alguien tenía una duda acudía a mí. Entonces, cuando la de la duda fui yo, las cosas se tornaron interesantes, ya que la mayoría de los ojos del grupo estaban pendientes de mí. Tenía la seguridad de que lo que estaba sintiendo era completamente real. Me hice una prueba de embarazo acompañada de mis amigas que me decían que estaba loca, porque aún faltaba una semana para que llegara mi periodo. La prueba salió negativa. Sin embargo, yo estaba muy segura de que algo crecía en mí, que un hermoso bebé estaba en mi vientre. De hecho, al hacerme el estudio una vez más, dos semanas después, efectivamente confirmé lo que el arcángel Gabriel hacía ya muchos años me había dicho.

No sabía cómo decirle a mis padres, eso sería una decepción más para ellos. Entré en pánico y lo único que pensé fue *sea lo que sea tendrá que ser para bien*. Una tarde, acostada en mi cama viendo cómo en el techo se pintaban infinidad de preguntas, se presentó el arcángel Rafael y me dijo:

>—No temas, todo estará perfectamente bien, estoy yo aquí contigo y te acompañaré en todo este camino. Las cosas quizá serán complicadas, mucho más por su naturaleza, pero nunca estarás sola, ese bebé crecerá y tú saldrás adelante, no dejaré que nada le pase a ninguno de los dos. Por más difícil que veas tu entorno, recuerda que estás caminando junto conmigo y todos los que estamos aquí, tus seres de luz. La prueba ha llegado, esta es la cuarta prueba, la más complicada para ti hasta el día de hoy. Yo sé que a tu corta edad te atemoriza esta situación, pero también recuerda que tu sabiduría es infinita y que nada podrás dejar de hacer cuando realmente confíes en ti, no te olvides de tu gran maestría, de lo que has venido a hacer y sigue adelante porque tu camino apenas comienza.

Ahí sentí un gran alivio que me armó de valor. Hablé con mi padre. Tenía miedo por lo que pudiese decirme, de afrontar mi realidad con él. La actitud de mi padre me sorprendió. Su respuesta se convirtió en un gran abrazo y en un profundo consuelo.

>—Hija mía, yo estoy aquí para ti, para lo que necesites. Recuerda que no estás sola, caminaré a tu lado en las buenas y en las malas. Saldrás adelante con mi apoyo, pase lo que pase, estarás bien y ese bebé también.

Los meses transcurrieron en una tristeza profunda, ya que mi relación con el padre de mi hija no era del todo perfecta. Él era muy joven, al igual que yo, apenas veintiún años. Apuesto, inteligente, deportista y, sobre todo, detallista y amoroso. Me cuidaba y me protegía, pero eran muchos sus miedos, más que los míos. Padecimos mucha inseguridad, no sabíamos cómo manejar la situación, pero, aun así, él siempre estuvo presente desde el día que yo le comenté que íbamos a ser padres. Me aseguró que estaría a mi lado, a pesar de que no estábamos juntos físicamente, debido a la insistencia de sus padres de que no lo hiciera.

Recuerdo que constantemente lloraba por el miedo de criar a un bebé yo sola. Aunque mis padres estaban de mi lado y sentía todo su apoyo, no sabía cómo lo iba a hacer. Por momentos, no me daba cuenta de que no estaba realmente sola, los seres de luz me ayudarían siempre. En ese pesar busqué ayuda y ahí fue cuando llegué a mi primer terapeuta. Era una mujer, Norma. Ella me habló de los ángeles, de la misma manera que yo los veía y de la misma forma que yo los escuchaba. Recuerdo haber llegado ahí por una recomendación, para que ella me ayudara a calmar mi ansiedad. Una compañera del trabajo la conocía, así que atendí al llamado que mi corazón me dio. Estar ahí era lo correcto, pues comenzó mi búsqueda para llenar el hueco interno, aquel que ahora era aún más grande, con llanto, dolor e incertidumbre.

Al llegar al consultorio de Norma, experimenté una paz como nunca la había vivido antes, un sentimiento interminable e increíblemente nuevo en el recuerdo de sensaciones curativas. Su sitio de trabajo era un lugar donde podía pasar horas porque sabía que estaba segura. La presencia angelical que en otros lugares yo sentía, solo por instantes, ahí la sentía en todo momento. La primera vez que la vi, ella me aseguró que todo estaría bien y que mi bebé y yo íbamos a estar muy bien. «Esa niña crecerá y su padre no se irá», me dijo mientras acariciaba mi cabello. Yo aún no le había dicho que estaba embarazada, así que sus palabras me sorprendieron mucho. Desde ese momento, además de convertirse en mi terapeuta, se convirtió en mi guía, porque ella escuchaba a los ángeles al igual que yo.

La visité con regularidad durante los meses de mi embarazo. Lógicamente, y por la naturaleza de mi edad, muchas veces caí hasta el fondo y sentía que no podía salir de ahí. Decidimos tener una boda y mi padre nos ayudó a montar nuestro departamento juntos. Compré un vestido blanco que me quedaba muy ajustado, pero se veía bien. Tenía encaje en la parte de abajo y en la espalda la costurera había tejido una especie de alas que yo nunca solicité. Detalle que me pareció curioso —por ello conservo el vestido hasta hoy—. Pero evidentemente nada fue sencillo, Luis tenía mucho miedo y no se sentía seguro de comprometerse a tan tremendo plan de vida. Ya con todo montado y a semanas de la boda me dijo que no podía casarse conmigo. Su madre aún no sabía que yo estaba embarazada. Dos días después me entregó una carta diciéndome que no podía con todo aquello, me pidió perdón y se alejó de nosotras.

Fueron días en los que lo único que pude hacer fue mantenerme viva con mi respiración. Quedé completamente derrotada, con todas mis ilusiones en puerta, cancelé el departamento sin poder más, realmente pensé que estaba sola.

El arcángel Gabriel, el que generalmente me ayudaba en momentos así de complicados, habló una noche a mi oído y me dijo:

—Mi niña, recuerda que no estás sola, estoy aquí para ti. A partir de este momento te acompañaré siempre guiándote por el camino de la luz. Por más difícil que veas lo que está sucediendo, es necesario que entiendas lo que es el desapego, lo que es el perdón, pero, sobre todo, que conectes con la gran fuerza que hay en ti. Aprenderás mucho de esta situación y luego podrás ayudar a otros. Es necesario que no pierdas tu fe, que tu mirada la tengas siempre hacia el cielo, y busca en tu corazón que encontrarás a tu verdadero Dios. Yo estaré aquí siempre para guiarte en tu nuevo papel de madre y para cuidar a tu hija, yo soy el arcángel Gabriel, aquel que te avisó, tiempo atrás, que esto sucedería. El momento está por llegar, tu niña está por nacer, cambiará tu vida, pero para bien.

La tristeza y el dolor de no tener al hombre que tanto amaba a mi lado era insoportable. Para mí fue revivir el abandono que esta vez inundaba no solo a mi ser, sino al de mi hija. El recuerdo de la llegada de la enfermedad de mi madre regresaba constantemente; ese sentimiento que no sanaba, el desamor, y ahora aunado todo a una responsabilidad que, en realidad, no sabía cómo la iba a sustentar. El miedo de cualquier madre soltera es indescriptible, te quedas sin aliento, pierdes la esperanza y la lucha de seguir es, a veces, nula. Decidí regresar a casa de mi abuela porque con ella era distinto, a su lado todo era mucho más armónico, además, su experiencia y tiempo de vida en la tierra me ayudaron a ver la luz al final del túnel con mucha más claridad.

Yo tendría ocho meses de embarazo cuando en mis sueños se presentó el arcángel Rafael. Supe que era él con tan solo ver el distintivo color verde que siempre lo caracterizó. Me tomó de la mano y me llevó a un lugar etéreo y paradisiaco. Perfectamente me di cuenta de cómo mi alma dejaba mi cuerpo, me llené de paz y tranquilidad, porque sabía que él me acompañaba en todo momento. Llegamos a una playa de un azul muy oscuro, donde se reflejaban los colores del cielo y cada una de sus olas tenía personalidad; algunas rompían tan fuerte como guerreros de Esparta, mientras que otras llegaban en silencio a la orilla. Su color era transparente, haciendo un contraste brutal con el resto del agua.

El arcángel Rafael y yo descendimos a la playa donde me dijo con tranquilidad.

> —Así como la profundidad del mar y la grandeza del cielo es el amor de Dios por ti, Shiram, las posibilidades son para tu futuro que paradójicamente ya está escrito, pero, a su vez, lo escribirás tú misma. Tú lo crearás de acuerdo a lo que quieras aprender, por lo que hoy, mi adorada Shiram, deseo que aprendas que el perdón es la llave de la felicidad, y solo lo encontrarás en ti. Deja de

ver únicamente el dolor. Estás creando tu historia llena de dolor y como víctima del mal. Observa la inmensidad del mar, así de vasto como lo ves son tus posibilidades de ser feliz. Por lo tanto, perdona, esa es la clave de tu situación.

Me tomó poco tiempo asimilar el consejo. En cuestión de semanas, mi actitud ante la vida transmutó y comencé a sentir más agradecimiento. Mi corazón se fue llenando de gozo y la calma, poco a poco, floreció en mí. El descanso arribó. La agonía exterior continuaba porque pasé más de un mes sin saber de Luis, el padre de mi hija. En ese entonces, la comunicación no era tan efectiva y no existían los celulares para utilizar texto, las llamadas se debían hacer por teléfonos fijos de pared y la suya nunca llegó. Él no aparecía. La ansiedad y el miedo estaban constantemente presentes, pero recordaba las palabras de mi arcángel; afirmaciones que me repetía sabiendo, en el fondo, que Luis nunca se desentendería de nuestra hija porque tenía un corazón lleno de amor. Tenía veintiún años, estaba en la plena juventud, apenas sus sueños iniciaban, no tenía trabajo y en unos meses terminaría la universidad. Para mí su actitud fue un tanto justificable.

Un par de semanas antes de recibir a mi hija, fui al centro de la ciudad a comprar lo que me hacía falta para su gran llegada. Sin saber que mi rumbo estaba a punto de cambiar ese día, salí con mucha seguridad y emoción. Al entrar a la calle que desemboca al Palacio Nacional, me chocaron por detrás, un golpe destrozó la parte trasera de mi coche. Fue tan fuerte que me quedé acariciando mi cuello por un lapso alargado mientras la vista se me nublaba lentamente. Mi vientre comenzó a dolerme, y el susto fue tal que empecé a desmayarme. Como en todos los momentos complicados de mi vida, el arcángel Miguel apareció para decirme al oído que estaba presente y aconsejarme que llamara al padre de mi hija. La sirena de la ambulancia se hizo cada vez más evidente, hasta convertirse en la voz de dos enfermeros que abrieron mi puerta y, con preguntas exactas de manual, cuidadosamente me sacaron de ahí. Mareada, sentí mucha angustia por mi niña, era pronto para que ella naciera.

La llegada a urgencias fue terrorífica. No soy buena cerca de mucho sufrimiento porque desde niña padezco de exceso de empatía. Hoy puedo controlarla mucho mejor y la utilizo como herramienta con mis pacientes, pero ese día me entorpeció. Una vez dentro de mi pequeña habitación, donde me suministraron suero y algunos medicamentos, pedí utilizar el teléfono. Debía llamar a Luis.

El teléfono no timbró más de dos veces cuando él contestó.

> —¿Estás bien, Cynthia? —me preguntó una voz del otro lado del auricular. Era Luis, el padre de una hija que aún no nacía. Preocupado y quizá más desolado que yo.

Había pasado un mes desde la última vez que nos vimos. Al estar junto a él me di cuenta de lo cerca que aún permanecíamos. Era como si nunca nos hubiésemos separado. Tal vez, el simple hecho de verlo me regresó la seguridad y protección que yo necesitaba. Me tomó de la mano y me dijo que todo estaría bien. Y así fue, ya que después de un día de observación me dejaron ir a casa, convencidos de que nada malo le pasaría a nuestra bebé.

Desde ese día, empezamos a hablar de nuevo, él ya le había contado a su familia sobre nuestro embarazo y hasta me llevó a conocerlos. Al principio fue incómodo, pero en un par de semanas comenzaron a emocionarse mucho por el nacimiento de la niña.

Todo se tornó distinto, después del accidente comencé a vivir otra realidad. El arcángel Rafael tuvo razón, la realidad la creamos nosotros, y al perdonar llega la felicidad.

Ya había pasado las cuarenta semanas de embarazo y a la bebé no le daban ganas de nacer. Yo le pedí a Luis que estuviera presente el día del parto. Mientras eso sucedía, él siempre estuvo alerta y esperando ansioso el día de la llegada. Continué viviendo con mi abuela y él en casa de sus padres, asistiendo a la universidad sin dejar de atender sus estudios. A cuatro meses de terminar la carrera le ofrecieron un buen trabajo en una compañía muy importante. Se sentía seguro. Lo que tanto necesitaba, Dios se encargaba de mandarlo, todo era perfecto hasta ese momento.

Mi deseo siempre fue que nuestra hija naciera de forma natural, pero escogí el día 20 de noviembre, por si aquello terminaba en cesárea. Para nuestra sorpresa, eran las tres de la mañana de ese número en el calendario justamente, cuando mi fuente se rompió y yo con calma hablé al doctor, le avisé a mi hermana —que se encontraba en el otro cuarto—, llamé a Luis y en cuestión de minutos llegó por mí. Fuimos al hospital con emoción y miedo como el resto de las mujeres en mi estado. Sabía que quería un parto natural, pero mi intuición se encargó de hacerme saber que eso no sería posible. Llegué inquieta y aunque no sentía tanto dolor, siempre me vi en el quirófano. Sentí un gran temor sabiendo perfectamente la razón. Al llegar al hospital me enteré de que el médico que me había atendido durante los nueve meses anteriores estaba de vacaciones y que me atendería otro de su misma práctica.

En el hospital, estábamos la familia de Luis, una de mis hermanas y mi primo Carlos. Esperamos ansiosos el momento en que ella naciera; estaba monitoreada todo el tiempo, con un dispositivo con el que se escuchaban los latidos de su corazón. Todo parecía marchar de forma perfecta cuando, de pronto, después de tres horas de trabajo de parto, los doctores detectaron problemas de respiración, tenía el cordón con tres vueltas en su cuello. Tuvieron que hacerme una cesárea de emergencia porque el corazón de nuestra hija estaba perdiendo ritmo cardiaco. En cuestión de quince minutos, María Sofía, nuestra primera hija, había llegado a este mundo. Luis no pudo entrar al quirófano ni nadie más de la familia por temas de esterilización.

La anestesia aún no me había hecho el efecto completo cuando abrieron mi vientre para sacar a mi niña que, por alguna razón, no quería llegar a este mundo. Al salir, tardó en llorar, situación que me estresó mucho, pero después de menos de un minuto comenzó a gritar. El oxígeno expandió sus pulmones dándole la bienvenida a su nueva forma de vida. Gracias a Dios, y a la rapidez de los doctores, ella nació bien. Nos dimos cuenta que mi líquido amniótico había escaseado muy rápidamente y tenerla por cesárea fue la mejor opción. Tenían que revisarla, cualquier parto de emergencia requiere de un meticuloso análisis, por lo que solo me la enseñaron sin ponerla en mi pecho. No me fue posible, siquiera, sentir su corazón. Yo había perdido sangre y no tenía casi fuerzas, cerré los ojos y entré en un sueño profundo. Regresé, una vez más, a mi hogar de paz, donde estaban todos mis seres de luz. Shekhina, Joshua, mis maestros, mis guías, corrí a ellos en un fuerte abrazo y les dije:

> —No sé qué voy hacer ahora, cómo voy a ser una buena madre, no tengo idea de cómo educar a una niña si ni siquiera sé cómo llenar mi propio corazón.

Shekhina fue la que me habló al mirarme a los ojos.

—Mi niña, has llegado muy lejos, esta prueba también es muy fuerte para ti, pero será la que más satisfacción te dejará porque ahora entenderás realmente cuál es tu misión en la vida, el camino lo has liberado, yo te guiaré, momento a momento, nunca te olvides de la Madre de Dios, porque aquí estaré para ti siempre que tú me necesites. Ahora vuelve y ve a abrazar a tu hija que llegó a bendecir tu vida. Esto es un gran regalo del cielo.

Un gran respiro hizo que abriera los ojos, sentí como si mi alma volviera al cuerpo en un momento. Tenía a muchos doctores a mi alrededor. Me había desvanecido durante más de cinco minutos por la cantidad de sangre que había perdido. Estuve en recuperación y en observación hasta el día siguiente, que fue cuando pude ver a mi hija. La niña que cambió mi vida y la de Luis.

Las cosas empezaron a desenvolverse de una manera inesperada, yo regresé a mi casa de Los Mochis con mamá, papá y mis dos hermanas. Todos me recibieron con gran amor, con una habitación llena de globos y con mucho cariño para dar. Mi vida con Luis todavía era inestable, ya que éramos solamente novios con una bebé y sin saber qué hacer. Viví meses en Los Mochis, volví a conectarme con mis amigos de la preparatoria, los que siempre habían estado ahí para mí. Fue fascinante volver a sentirme amada. Me acerqué a Dios más que nunca durante los siguientes tres meses y le pedí a la Madre María, a Shekhina, a la diosa, que estuviera ahí para mí, y así fue.

A los tres meses de vida de María Sofía, yo deseaba estar al lado de su papá, no sabía cómo hacerlo, ya que para mí lo correcto era casarme y formar una familia como fue la mía al nacer y además como la sociedad lo dicta. Lo sentí obligatorio, pero nada de eso me sucedía. Después de muchas pláticas con Luis, llegó el momento en que tomamos la decisión de intentarlo y vivir juntos, sin casarnos, solo juntarnos. Yo sabía que era algo fuera de lo normal para la Iglesia, la familia y la sociedad, pero sabía que era lo correcto. No supe cómo darle la noticia a mi familia. Ellos estaban encariñados con Sofía, así que recurrí a mis seres de luz para tomar consejos. Un día antes de dormir hice la pregunta y les pedí que me ayudaran a ver la respuesta en mis sueños, cuando, de repente, me encontré en una sala llena de personas. Todos me veían y juzgaban, me sentía muy atacada e insegura, pero el arcángel Jofiel se acercó a mí.

>—Shiram, todos los que están aquí son las personas que te rodean, algunos te han apoyado y amado, otros te han juzgado, criticado y llenado tu cabeza de dudas. Deja de verlos a ellos, ahí no están las respuestas. La única guía es tu corazón; ahí es donde se encuentra el amor de Dios. En tu corazón encontrarás tu respuesta.
>
>—Pero ¿cómo hago eso? —pregunté.

Ellos contestaron:

>—En el momento que la duda llegue a ti, cierra tus ojos a lo externo y entra en tu lugar de seguridad que es el centro de tu corazón. Allí te encontrarás con tu esencia lumínica que es Dios en ti. Siempre recuerda que si lo que estás decidiendo te da paz, es lo correcto; si te da ansiedad, no lo es. Esa es la clave para tomar decisiones desde el amor.

Entonces cerré mis ojos y pedí estar en el centro de mi corazón, en presencia de Dios. Luego pregunté si era lo correcto irme a vivir con él.

—Hija mía —continuó el arcángel Jofiel— no hay pecado en ti. El amor lo sana todo y lo que estás haciendo es por amor, así que anda y vive tu vida sin que te importe lo que los demás opinen, esta es tu vida y no la de ellos, solo hazlo todo siempre de mi mano y con amor.

Desperté y tomé la decisión más importante para mí. Compré un boleto de autobús, les dije a mis padres que me iba a Culiacán y de ahí volaría a Guadalajara, que era lo que necesitaba en ese momento: estar de nuevo con el padre de mi hija en el día de su graduación de la universidad.

Le dimos la sorpresa cuando aterrizamos y fue feliz al aeropuerto. Regresé a casa de mi abuela mientras buscábamos departamento a un costo accesible. Toda la familia cooperó para que lo amuebláramos y, en menos de un mes, nuestra casa estaba formada y la familia junta.

Acoplarnos no fue nada sencillo. Intentar una vida entre los dos, criando a nuestra niña, fue complicado y difícil, pero, al mismo tiempo, hermoso. Nos conocimos aún más, nos fuimos complementando y nos dimos cuenta de que ninguno de los dos éramos perfectos y que teníamos mucho que aprender, mucho que vivir, mucho que experimentar. Lo hicimos juntos llevando a nuestra hija por el camino de la luz, dándole todo nuestro amor y nuestro cariño. La protección nunca le faltó, y el amor ni se diga, ya que fue la primera nieta de las dos familias.

María Sofía fue una niña amada por todos, ya que vino a cambiar y a revolucionar la vida de cada uno de nosotros. De bebé, tenía unos ojos tan grandes que podías verlos desde el otro lado del salón, expresaban todo el amor que yo había sentido de los ángeles y de aquel lugar de donde yo vengo. Sabía que, como la mayoría de los hijos a sus padres, ella había venido a cambiar nuestras vidas. Su inteligencia era la de un alma vieja, y de ella, hasta el día de hoy, no dejamos de aprender. Aprendemos de sus palabras, sus acciones y, sobre todo, de su amor. Era una niña intrépida, alegre, sabia, observadora y bella. Hasta ese momento era lo más importante en nuestras vidas.

EJERCICIO DE CIERRE DE CICLOS para sanar el corazón con la ayuda del arcángel Rafael y del arcángel Zadquiel.

Escribir una carta a la persona con la cual sientes resentimiento, odio o dolor. También, cuando quieras cerrar un ciclo porque es necesario soltar a través del agradecimiento. Todo es perfecto cuando lo haces desde el amor. Conecta con tu alma y permítete soltar todo lo que creas que sea necesario.

PASO 1: escribe la carta de la siguiente manera

Yo_____ (pones tu nombre) te perdono a ti_____ (y pones el nombre de la persona con la que trabajarás el perdón o el cierre de ciclos), y empiezas a escribir todo lo que quieras perdonarle, empezando siempre cada frase de la siguiente manera:

PASO 2: enuncia

Yo te perdono por_____.

Y así consecutivamente hasta liberar tu corazón por completo de todo lo que hayas experimentado con esa situación-persona en cualquier momento de tu vida. Al terminar escribe tres veces la frase tan poderosa del *Hoponopono:*

Lo siento, perdón, gracias, te amo.

PASO 3: lee la carta tres veces en voz alta. Es muy importante que actives todos tus sentidos mientras lo haces. Pide la ayuda del arcángel Rafael para sanar tu corazón, a través del perdón y desde el alma. Con la presencia del arcángel Zadquiel podrás transmutar todas las emociones negativas.

Enciende una vela de color blanco, disfruta este momento de lectura y al terminar quema tu carta dejando ir todo lo que te estaba dañando. Permite que tu alma se restaure agradeciendo cada momento vivido, porque gracias a todo lo que viviste eres ahora un alma más lumínica y evolucionada. Reconoce y agradece para que ya no repitas la misma situación, cualquier sentimiento que estés liberando será restaurado con la energía angelical.

> *El perdón te da la libertad de ser feliz desde el espíritu. Perdona y perdónate, y verás que la vida es más ligera y fácil de transitar.*
>
> *Tú eres el creador de tus sentimientos, no dejes que el dolor de tu corazón quite el brillo de tu alma. El perdón te hará libre, nunca lo olvides...*
>
> **Arcángel Rafael**

CAPÍTULO 9
TRANSFORMACIÓN INTERNA

ARCÁNGEL NATANIEL

Como sucede con todas las parejas, Luis y yo tuvimos días buenos y otros malos, pues debí complementar todo lo que me hacía falta para poder dárselo a mi razón de vivir, a mi hija, María Sofía. Tener un matrimonio legal como el resto de las familias se convirtió en una obsesión. Seguí asistiendo a mis terapias con Norma, las cuales me aclaraban mucho la mente y limpiaban mi energía divinamente. También empecé a estudiar y a leer todo sobre los ángeles; cualquier cosa que se ponía enfrente de mí quería devorarla para saber más y así continuar aclarando la incertidumbre. Tuve amargura y tristeza en momentos, porque embarazarse sin seguir protocolo era muy complicado en este país.

Durante una mañana al despertar sentí un gran vacío en forma de intuición; una incertidumbre muy similar a la que tuve momentos antes de descubrir que estaba embarazada. Entró un miedo profundo en mí, María Sofía tenía muchas ganas de tener un hermano, pero no estábamos listos aún. Si la primera ocasión no fue la correcta, ahora lo era menos, porque teníamos compromisos económicos y muchos problemas entre nosotros como pareja.

Era correcto, yo estaba embarazada. Iba a tener otro bebé. La voz del arcángel Chamuel de inmediato apareció, de hecho, segundos después de leer la prueba, me dijo:

—No todo es lo que parece, otra prueba vendrá, pero tú la vas a superar. Sin duda, tendrás que encontrar la manera de salir adelante y de resolver.

Sus palabras calaron hasta mis huesos, sabía que algo iba a perder y no sabía qué era, sin embargo, continué el proceso de informarle a mi pareja que íbamos a ser papás de nuevo. Aquello era muy extraño porque yo me cuidaba con anticonceptivos fijos, los dos nos cuestionamos el suceso y fuimos juntos a hacernos la prueba. Me acompañó, pero en un gran silencio. Las lágrimas no dejaban de salir de mis ojos porque yo sabía que algo no estaba bien, a pesar de la ilusión de tener al bebé, sabía que no era correcto, presentía que algo iba a suceder, pero todavía no sabía interpretar mis pensamientos o las ideas como lo hago hoy en día. Mi hija también lo sentía, y, sobre todo, lo presentía, por lo que me preguntaba constantemente: «Mamá, ¿estás bien?».

Luis y yo no quisimos comentarle aún que quizá tendría un hermanito, porque no queríamos que su ilusión fuera grande cuando todavía la duda era demasiada. Así fue. Confirmamos nuestras sospechas... y ¿cuál fue mi sorpresa? Pues ocurrió lo contrario a la primera vez, en lugar de que todo el mundo se alegrara por la llegada del bebé, muchos me criticaron, me juzgaron diciendo que no era el momento correcto, que las cosas eran complicadas entre mi pareja y yo. De aquellos que esperé más apoyo no lo tuve, y mi tristeza fue muy profunda. Lógicamente, los problemas aumentaron entre la familia. Sin embargo, yo lo único que hacía era repetirle a mi bebé, una y otra vez, que todo iba a estar bien.

La familia siempre ha sido mi salvación y aquella no fue la última vez. Una prima muy querida, al verme en tal desesperación, me llevó a su iglesia cristiana. Ese lugar, con miles de cantos hacia el Señor, alegró mi corazón haciéndome sentir una paz profunda. Ahí llegué a mi refugio, donde me sostuvieron y donde encontré la presencia de Dios. Justo en ese lugar comprendí que Dios era todo para mí, que había vuelto al lugar en la tierra en el que me sentía más cerca del cielo. Allí los cantos salían de mi boca, aunque nunca los había escuchado en el mundo terrenal. Hoy sé que siempre los supe. En el momento cuando impusieron manos en mi cabeza para recibir el Espíritu de Dios, como aquel día en la preparatoria cuando hablé lenguas, me desvanecí de tanta luz, de tanto amor, recibiendo el Espíritu de nuevo en mi corazón. Por primera vez sentí que una parte de ese hueco del corazón se llenaba, que era Dios quien lo sanaba, que era Él quien entraba en mí. Me rodeaban seres de luz y fueron minutos los que pasé en contemplación, en alabanza. Por fin volví a hablar en lenguas, después de superar —gracias a la ayuda del arcángel Miguel— una lucha en mi cabeza por momentos de ira, tristeza y miedo. No había vuelto a suceder hasta ese día, años y años después, es por eso que mi corazón se llenó de un gozo que no podía explicar.

Nadie entendía por qué yo iba a ese lugar, ya que no era la religión en la que yo había crecido, pero lo único que yo buscaba era a Dios en mi corazón y ahí lo encontré. Muchos me juzgaron por querer encontrar el camino en otra religión, pero para mí fue un momento de sabiduría divina, mis dones empezaron a potencializarse, mi clariaudiencia cada día era más sagaz y mi clariconocimiento más amplio. Al escuchar la palabra de Dios, había momentos en los que yo me sentía en esos escritos como si entrara en un estado de hipnosis y me transportara al tiempo de Jesús, no sé cómo explicarlo, solo sentía que mi alma tenía todo lo que necesitaba. Nuevamente esa conexión inexplicable con Joshua, mi gran maestro.

Quiero platicarte un poco de la *mediumnidad*. Esta facultad es la que nos capacita para entrar en contacto con el mundo espiritual. Es una «vía» que canaliza el otro plano de existencia, esa dimensión que es el mundo originario y natural del espíritu humano. La mediumnidad angelical es segura y, sobre todo, sanadora. En ningún momento de este trabajo un paciente experimenta miedo o peligro. Al trabajar directamente con los ángeles, tienes la confianza de que estarás amparado por un escudo de protección durante todo el proceso. Ya sea que te veas como un médium o no, si trabajas con los ángeles es casi inevitable que un ser querido fallecido, o un guía espiritual, pueda llegar en algún momento. Al realizar la mediumnidad el ángel terapeuta realiza cambios en las personas, trayendo paz y calma a sus corazones. El médium es un trabajador de luz, cumpliendo honestamente con su misión. Misión en la que no vinimos solos, siempre estamos acompañados de ángeles, guías y protectores del mundo espiritual. Formamos parte de un equipo donde somos la parte visible, pero detrás de nosotros hay mucho más que es positivo y verdadero. Los médiums sabemos que todos somos seres eternos, que no morimos junto con nuestro cuerpo físico, sino que sobrevivimos a la muerte.

Comprendemos que somos intermediarios entre los dos planos. Y yo soy esa intermediaria hoy.

Una tarde estando en oración me habló el arcángel Gabriel y me dijo:

—Tienes que transmitir la palabra que llegue a ti.

Ese día supe que era el momento de empezar a canalizar a otros lo que yo escuchaba. Así que al dejar de cantar las alabanzas, volteé hacia mi prima que me acompañaba y sentí la necesidad de decirle:

—Estás embarazada. Todo estará bien. No temas, Dios está contigo.

Volteó a verme con cara de sorpresa y me preguntó que cómo lo sabía si ella nunca me había dicho nada. Yo le comenté que no lo entendería con palabras, pero que lo que podía decirle es que el arcángel Gabriel me había pedido que se lo dijera. Sentí un gozo en mi corazón al poder confirmarle tan hermosa noticia y al ver su cara de sorpresa. Era el principio de un camino de luz en presencia y bendición de Dios.

Cuando cumplí tres meses de embarazo acudimos a una revisión mensual con el médico, me recosté y empezaron a realizar el eco. La cara de la doctora no me gustó. Hasta ese momento el embarazo iba bien, pero ese día ella nos comentó:

—Su corazón ha dejado de latir, su bebé ya no crece, él ha decidido dejar de existir.

Mis lágrimas corrieron por mis ojos, sabía que el momento que siempre presentí —desde el primer día que me enteré de que estaba embarazada nuevamente— había llegado; la pérdida, el duelo, la muerte, pero ahora de un hijo. Como siempre, yo aparenté ser fuerte, imaginando que todo estaba bien y que nada iba a pasar.

Luis simplemente guardó silencio, nunca se alejó de mi lado. Supe que compartíamos el mismo sentimiento, veía la tristeza y confusión en sus ojos. Era de pocas palabras, pero lo conocía bastante bien. Pasaron algunas horas hasta que llegamos a aquel hospital donde me intervinieron para el legrado. Mis lágrimas no dejaban de salir, pero tenía un gozo en el corazón porque sabía que ese bebé había llegado a cumplir lo que realmente necesitaba: hacerme entender que lo único que podía llenar el vacío de mi corazón era DIOS. Él me acerco al Creador en los momentos de miedo e incertidumbre; sabía que algo sucedería, pero estaba sostenida de la mano de Jesús. Ese bebé cumplió su misión de acercarme de nuevo a la divinidad, al gozo y a la paz.

Al salir del hospital, confirmé que era un niño... siempre lo presentí, pero ahí me lo confirmaron. Al día siguiente, los que me rodeaban me veían con preguntas en su cara: «¿no va a sufrir? ¿No va a llorar? ¿No va a entrar en depresión?». El gozo en mi corazón era tanto que yo sabía que ese bebé era un ángel que había regresado al cielo y que había cumplido con su misión. Ese tipo de almas son las que solamente duran poco tiempo, pero que vienen a cambiar vidas. Agradecí con mucha fuerza esos meses de aprendizaje y ahora más que nunca me sentía completa, nadie podía entender por qué me recuperé tan pronto de la pérdida, sin depresión ni angustia, y es que yo sabía que así correspondía y que era lo que mi bebé había decidido como misión de vida.

Otro gran regalo fue el darme cuenta, con mucha certeza, de que mi hija era sabia. Ella sintió mi energía después de lo sucedido. Me decía:

—Dios está aquí —y tocaba mi corazón— y yo veo tu ojo —y tocaba mi frente—. Mamá, este ojo que tienes aquí te hará ver la verdad, no temas, no llores, todo estará bien.

¿Cómo podía una niña de tres años hablar de un tercer ojo? ¿Qué era eso para ella? ¿De dónde sacaba tanta sabiduría? Yo sabía que era una niña muy especial porque sus palabras cambiaron mi estado de humor, ella siempre decía lo correcto cuando más lo necesitaba.

La vida empezó a caminar como si nada, yo cada día más cerca de Joshua y de los seres que nunca me abandonan. María Sofía me acompañaba siempre a todos lados, a pesar de su corta edad era tranquila y muy observadora. Una de las actividades que disfrutaba mucho era ir a comer a casa de mi abuela, porque aunque ya no vivíamos con ella, la seguíamos visitando.

El estado de salud de mi abuela era muy delicado, pues había tenido una operación de cadera. Yo no podía estar con ella todo el día, ya que trabajaba y tenía mis labores del hogar, pero trataba de compartir con ella a la hora de la comida. Eran momentos mágicos para María Sofía y para mí porque, pese a su edad y su salud, siempre tenía un plato de comida listo para nosotras y la sillita de María Sofía preparada. Nos esperaba con ansias porque eran sus instantes de felicidad. De verdad mi hija le alegró los últimos días de su existencia en la tierra.

Una mañana, al acercarme a mi abuela, escuché vívida la voz del arcángel Azrael que me dijo:

> *Hija, aquí estaré siempre contigo. Cada vez que me necesites me sentirás y yo seguiré guiando tu vida, si tú me lo permites. Pronto tendrás un niño que cambiará y alegrará de nuevo tu vida.*

—Prepárate, el momento llegará.

Yo tenía casi un año yendo a la iglesia, donde me hablaban de ese Dios único y poderoso, el que había dado la vida por mí. La imagen de alguien que, lejos de castigarnos, nos perdona a todos los humanos. Yo había aprendido a conocer a un Dios todopoderoso que habitaba en mi corazón, que estaba siempre a mi lado. Sentí su presencia más que nunca y empecé a hacer una oración que calmó el corazón de mi abuela, quien durante muchos años había ocupado el lugar de mi madre, porque aprendí de ella todos los consejos y los valores que una madre le podía dar a una hija. Éramos inseparables, una comunicación increíble, una compañía, pero, sobre todo, un gran respeto. Mis oraciones fueron para que su alma descansara, para que ella no sufriera. Fue tanto mi amor y mi devoción ante Dios y ante ella en ese momento, que sentimos su presencia. Escribí una carta con lo que ella me dijo:

Me lo dijo con una seguridad y certeza que lo creí por completo, sabía que ella estaba más conectada, en ese momento, al plano celestial que al terrenal, porque su semblante de paz lo expresaba. Solo escuché sus palabras y las acepté en todo mi ser: mi abuela siempre estaría para mí, y pronto tendría un niño en mi vientre.

Así fue, esa noche me hablaron para confirmarme lo que el arcángel Azrael me había dicho; una llamada me despertó y mi llanto fue profundo, era un dolor inexplicable, ahora sí había conocido lo que era realmente perder a un ser querido con el que había convivido tantos años y tantos momentos importantes de mi evolución terrenal. Mi vacío volvió, el hueco de mi corazón se abrió de nuevo, pero yo ya tenía la respuesta: ese Dios, ese único y poderoso Dios que todo lo podía, de ahí me agarré y no me solté.

Luis y yo llegamos a su casa, justo en el instante cuando se estaban llevando su cuerpo, fue difícil ver su cuerpo frío; alcancé a despedirme en esa oportunidad, volví a agradecerle a ella y a cada rincón de esa casa donde yo había vivido, donde había estado con ella compartiendo tantos años de mi vida. Mis tías, que se encontraban ahí en ese momento, empezaron a sacar las joyas y el dinero que tenía guardado para que no se perdiera. Yo intuí algo fuerte en mi estómago, pero estaba aturdida, se me hacía algo absurdo en ese momento, y más porque preguntaban, una y otra vez, por unas pulseras tipo semanario que ella siempre tenía puestas. Yo solo dije que no sabía dónde estaban y que no tenía idea de dónde podrían estar. Decidimos retirarnos y Luis me dejó en casa para arreglarme e irnos a la funeraria. Mi familia ya venía volando desde Los Mochis para estar en ese último adiós de mi abuela, María Luisa.

A mi hija la habíamos dejado en casa de su abuela paterna, ya que vivía muy cerca de nosotros, para que no le tocara ver todo mi dolor y esa situación tan complicada para una niña de solo tres años. Al llegar a casa fui directo a la habitación de María Sofía, allí abracé un perro de peluche que mi abuela le había dado el día que nació, lo contuve fuertemente y me tiré a llorar de una forma desconsolada. En eso sentí una gran brisa en la alcoba, todo mi cuerpo se erizó, yo no podía abrir mis ojos de tanta luz que había a mi alrededor, el arcángel Gabriel me dijo:

—Disfruta este momento y despídete del alma de tu abuela, tu amiga, tu cómplice, que está aquí ante ti.

Sentí un escalofrío por todo mi cuerpo y una paz indescriptible, ya que en realidad la vi: era ella a mi lado, no sabía cómo había sucedido eso, solo no quería que acabara nunca. Lloré de emoción al sentir su abrazo y su amor. Con una voz firme y clara habló:

—Mi hija amada, aquí estaré siempre para ti, he decidido ser tu guía espiritual y me lo han permitido todos los seres de luz. De hoy en adelante te acompañaré en tu camino, me verás en tus sueños y sabrás qué pasará en el futuro, no temas que ahí estaré siempre.

Yo no podía con un adiós más, así que insistí diciendo:

—No me dejes, no te vayas, por favor, no puedo con este dolor, no me abandones.

Una vez más, ese sentimiento de abandono, tristeza y dolor se había despertado en mí, aunque tenía más fortaleza seguía doliendo igual.

—No lo haré, Shiram —me dijo mi abuela con voz firme— aquí estaré siempre para ti.

Me despedí de ella repitiendo en voz alta «te amo» una y otra vez, perdí la noción del tiempo. Al abrir mis ojos, algo inexplicable había sucedido, pues no había razón terrenal para entenderlo... aquel semanario, esas pulseras de oro que mi abuela siempre utilizaba —que estaban llenas de su energía y que eran tan importantes para ella— aparecieron justo en mi mano izquierda, era la manifestación perfecta de su amor. ¿Cómo había sucedido? No lo sé, ese semanario, que tenía más de cuarenta años, nunca se lo quitaba, siempre lo traía, y con este me decía que estaría conmigo siempre, los siete días de la semana. No sabía cómo sucedería, pero sabía que así sería a partir de ese instante, sin poder verla físicamente, pero sintiéndola en mi corazón.

Esas pulseras están conmigo hoy en día y me acompañan siempre. Ella está a mi lado como mi guía espiritual. Sus mensajes siguen latentes en cada uno de mis sueños, cada vez que va a suceder algo o me quiere alertar de algo, llega y me lo dice con sueños premonitorios. La veo perfectamente, hacemos viajes juntas, esos viajes astrales que hacen que mi alma salga del cuerpo y me transporto con ella a lugares divinos, sigo teniendo sus consejos y su compañía; es algo inexplicable, algo donde su alma y la mía están conectadas.

El arcángel Azrael me acompañó en todo momento durante los días después de su partida consolando mi alma. Mi ángel, que siempre está para consolar a los que nos quedamos afligidos, me abrazó fuertemente en todo momento y me hizo sentir que ella seguía a mi lado, aun estando en el cielo. Los momentos de lágrimas continuaron pasando, pero el extrañamiento cesó, porque sabía que ella estaba en un lugar mejor, acompañándome siempre. Lo que sucedió con las pulseras fue inexplicable, muchos lo creyeron, pero solo mi alma y la de ella sabían, junto con todos los ángeles que en ese momento estaban presentes, lo que realmente había sucedido con ese hermoso regalo que ella decidió dejarme.

Con el tiempo mi consciencia fue asimilando el porqué de mi relación con el alma de mi abuela, ahora mi guía espiritual. Su compañía y la de muchos seres queridos estaba cada vez más presente al momento de dormir, no sabía cómo explicarlo, pero me daba mucha paz seguir en contacto con ella y entender qué había más allá de la vida.

¿QUÉ ES MEDIUMNIDAD ANGELICAL?

Médium es toda aquella persona que está capacitada para servir de puente canalizador o intermediario entre el mundo material y el espiritual. Eres médium cuando conectas con la energía que no está dentro de un cuerpo físico, sino que es un alma, y canalizas la información. La razón de ser del médium es transmitir lo más fiel y perfectamente posible aquello que recibe del plano espiritual. Para esto es preciso tener ese canal bien limpio de intenciones propias, afán de protagonismo, egoísmo, etc. Somos un canal, nuestra misión consiste en no deformar, añadir o quitar nada de la información que desea transmitir el plano espiritual; al hacerlo, pasaríamos a ser parte en la transmisión y esta no sería ni fiel ni perfecta.

MÉTODOS DE PROTECCIÓN

Es muy importante distinguir si la energía con la que conectas es la de un alma trascendida o angelical. Es fácil sentir la diferencia, ya que la energía de las almas trascendidas comparadas con las de los arcángeles o ángeles es de más baja densidad. Estas energías pueden ser buenas o malas y es importante diferenciarlas.

Las almas buenas o malas debes tratarlas de la misma manera que cuando estaban con vida. Es decir, si es una energía negativa, tienes todo el derecho de decirles que no quieres trabajar con ellas. Cuando haces mediumnidad, esa energía del alma trascendida es más baja, se siente densa, pero es más alta que la de nosotros, se puede sentir la diferencia claramente. Si estás en una terapia y sientes esa energía, te encuentras en presencia de almas que se quieren comunicar. Es muy importante trabajar con ellas pasando los mensajes necesarios y recibir la gratificación de amor, ya que las ayudas a descansar y a llegar a la luz. Toma en cuenta que las almas tienen sentido del humor, emociones y hacen travesuras.

Los demonios y ángeles caídos son almas de baja vibración y eso se siente en el momento de conectar con ellas. Son almas que están alejadas de la luz, porque el miedo, enojo, resentimiento o mala vida les impide llegar a la luz. Entre más trabajas con ángeles, más te familiarizas con su vibración y puedes trabajar con las almas y distinguirlas.

Las almas no cambian, solo el cuerpo físico, todos somos energía en vida y en otros planos de existencia. Cuando ya no hay un cuerpo físico, siguen estando con nosotros. Estas pasan más tiempo fuera de un cuerpo físico que en él.

> DIOS ES EL TEMPLO DE LAS ALMAS
> Y ÉL QUIERE QUE HABLEMOS
> CON ELLAS, SIN DEJAR
> DE ESCUCHARLO A ÉL.

¿CÓMO CONECTAR CON LAS ALMAS A TRAVÉS DE LA AYUDA ANGELICAL?

ARCÁNGEL AZRAEL: este hermoso arcángel guía las almas a la luz y se encarga de avisarles cuando te quieres comunicar con ellas. Las llama para que vengan. También ayuda a todas aquellas que dejan el cuerpo físico y no pueden llegar a la luz. Son almas desengranadas y Azrael les ayuda a ir hacia la luz.

ARCÁNGEL MIGUEL: él te asiste como guardián en la mediumnidad, permitiendo que solo las almas de luz se comuniquen contigo. No permite que tengas experiencias de miedo y te cubre de la energía densa. Al llamarlo te protege en todo momento para que puedas ayudar en la canalización a tu cliente y al alma.

ARCÁNGEL RAFAEL: su rol es cooperar con la comunicación entre el alma y el canalizador. Él le dice al alma que estás ahí para ayudar y para que se sienta a salvo. Ayuda para que los mensajes que lleguen sean de amor, sanación y de perdón.

¿CÓMO HABLAR CON LAS ALMAS?
Pedir la protección del arcángel Miguel, la guía en el camino del arcángel Rafael y la ayuda del arcángel Azrael para contactar con el alma. Ejemplo: «Arcángel Azrael te pido traer aquí y ahora el alma de: _____» (decir el nombre tres veces).

¿CÓMO HABLAR CON LOS GUÍAS ESPIRITUALES?
Los guías espirituales son almas trascendidas que nos guían en la vida, nos ayudan a cumplir nuestra misión y nos mantienen en el camino de luz. Los guías espirituales solo pueden estar con una persona a la vez, y se quedan hasta que terminan de

guiarnos, para alcanzar alguna meta o llevarnos por el camino a nuestra misión.

DECRETO: *Ahora veo y hablo con el guía espiritual de:_____ _____.*

¿CÓMO HABLAR CON LOS ÁNGELES DE LA GUARDA?

Los ángeles de la guarda se encargan de acompañarnos durante toda nuestra vida. Ellos nos conocen más que nadie, ya que están siempre a nuestro lado, ayudándonos, protegiéndonos y guiándonos por el camino más sencillo. Todos tenemos un ángel guardián desde que nacemos.

DECRETO: *Ahora veo y hablo con los ángeles de la guarda de este momento.*

¿CÓMO HABLAR CON LOS MAESTROS ASCENDIDOS?

Los maestros ascendidos son seres iluminados con gran sabiduría infinita que han marcado la vida en el Universo. Estos siguen orientándonos como guías de vida y maestros de alma. Maestro Jesús, Kuan Yin, Buda, María Magdalena, Saint Germain, etc.

DECRETO: *Ahora veo y hablo con el maestro en este momento.*

Para el futuro cercano de las personas y poder alentarlos a hacer cambios o motivarlos.

DECRETO: *Ahora veo y hago una lectura del futuro cercano de _____(nombre). Porque_____.*

CAPÍTULO 10
MÁS ALLÁ
DE LA VIDA

ARCÁNGEL RAZIEL

En uno de mis sueños vívidos, mi alma salió del cuerpo y me llevó con mi abuela a un lugar muy familiar. Tenía un cielo lleno de espacios donde habitaba cada arcángel o maestro, guiando a varias almas para que no solo recordaran, sino también aprendieran y evolucionaran. Ahí mismo había lugares de trabajo en donde médicos, filósofos, maestros e intelectuales se dividían para discernir sobre la sabiduría que cada uno de ellos podía entregar.

Nuestra mente alberga recuerdos del presente, tal vez desde nuestra infancia estamos almacenando momentos importantes de nuestra vida. Sin embargo, más allá del recuerdo que tenemos del presente, hay recuerdos de otras vidas retenidos en nuestra memoria. A estos no tenemos acceso, excepto si se siguen ciertas técnicas especiales.

Los recuerdos de nuestras vidas pasadas explican los acontecimientos en nuestra vida actual. Esta es una de las principales razones por las cuales las personas están interesadas en recordar sus vidas pasadas. Para algunos, poder recordarlas es algo sencillo, pero, para la mayoría, resulta una tarea realmente difícil. Existen varias maneras para recordar aspectos importantes de nuestras vidas pasadas. Al final del capítulo mencionaré dos técnicas reconocidas universalmente: la hipnosis y la vivencia.

Volviendo a mi sueño, no fue un día común, ya que el arcángel Gabriel caminaba a mi lado dándome un paseo por el lugar. Sus palabras, mientras sostenían mi mano, fueron claras.

—Shiram, ahora que soy tu guía espiritual te quiero mostrar dónde me encuentro y qué tengo que hacer para seguir evolucionando. El trabajo que estoy haciendo de guiarte para que tu alma despierte y evolucione es parte de mi evolución a un nivel más entero y, por supuesto, mayor. En esta dimensión, esto se divide por sabiduría y evolución de acuerdo a lo que has vivido en la tierra. Las dimensiones son los diferentes estados de consciencia, estados de la existencia que experimentamos durante el camino hacia el Ser Único. Son los pasos evolutivos que el Ser decidió experimentar para regresar a la fuente divina. Todos los niveles dimensionales se encuentran en el aquí y el ahora. La diferencia es la longitud de su onda (frecuencia). Las dimensiones son frecuencias dentro de las cuales vibramos, algo parecido a las ondas de radio. Existen siete dimensiones perceptuales que van a la octava dimensional donde se encuentra la tierra en estos momentos. Asimismo, existen otras dimensiones que corresponden a otras octavas vibratorias que se encuentran actualmente fuera de nuestra comprensión humana. Cada dimensión está regida por un conjunto de leyes y principios específicos para funcionar en sintonía con la frecuencia de esa vibración. Cambiar de dimensión significa expandir nuestra consciencia (expandir nuestra forma de percibir la realidad). Ahora nos encontramos pasando a una realidad más energética. Se parece más al mundo de los sueños y la imaginación. Los seres humanos trascendidos pueden permanecer en varios estados o niveles de consciencia, en forma simultánea, pues todos somos seres multidimensionales. Ellos lo saben conscientemente, y lo utilizan como una labor de servicio para ayudar a trascender a otros seres. En realidad, seguimos aprendiendo y evolucionando, y no dejamos de estar en contacto con los seres de la tierra, pero cuando llegamos a un nivel mayor, los seres terrenales dejan de sentirnos tan cerca. Hoy que yo estoy en este nivel, puedo comunicarme contigo para guiarte y, al mismo tiempo, ayudarle a mi alma a continuar su infinita evolución. Por ejemplo, ahora que me encuentro en el quinto nivel con grandes maestros y seres de luz, puedo asegurarte que tu misión es grande y esto que estás viviendo más lo que falta te servirá para ayudar a muchas almas a despertar y, sobre todo, a continuar su camino con sabiduría e ímpetu. Yo te acompañaré hasta el momento que sea necesario porque sé que entenderás cuando ya no me necesites más. Tendré que avanzar, pero falta mucho para eso, ahora disfruta esta sabiduría y conocimiento que me están permitiendo compartirte.

Aún recuerdo sus palabras y, en especial, la energía que me transmitieron. Me aconsejó abrir bien los oídos de mi mente porque el momento había llegado, aquello que era mi camino y que estaba escrito para mí. Fue ahí cuando supe de la llegada de mi hijo:

—Un niño llegará a tu vida, no te dejes vencer por lo que escuches y mucho menos por lo que sientas, porque serás atacada por el mal, pero lo vencerás y seguirás adelante en tu embarazo y tu familia crecerá.

Al despertar de aquel desprendimiento de mi cuerpo material, una emoción llenó mi interior, había recibido mucho conocimiento en esa noche: sabiduría divina, viaje astral y, además, la noticia de un futuro embarazo que llegó al fondo de mi corazón. Un ser que llegaría a iluminar nuestras vidas, era muy diferente a la sensación que experimenté la última vez que supe que estaba embarazada, pues ahora únicamente existía paz, amor y tranquilidad, sabía que sería distinto, no sabía cuándo sería, pero estaba lista para cuando sucediera.

LO REAL ES LO QUE PIENSAS, LO FÍSICO ES ILUSIÓN. EL ALMA NUNCA MUERE, SOLO EVOLUCIONA. TUS MEJORES MOMENTOS SON REFLEJADOS, ASÍ COMO LOS APRENDIZAJES. LLEGAS A VER TU PROPIA PELÍCULA DE LA VIDA. VES LO QUE DESEAS VER. LAS ALMAS GEMELAS SE CONECTAN SIEMPRE A TRAVÉS DE LA ETERNIDAD.

En esta multidimensionalidad que el ser puede experimentar con su alma, el tiempo no existe, hay un *no-tiempo*.

Más detalles sobre esto:

✳ Existen niveles evolutivos en el cielo, tu cielo

✳ Puedes ir y venir, viajar y estar donde deseas

✳ Viajar entre mundos y entre tiempos

* Tienes trabajos para evolucionar
* Hay salvadores de almas perdidas
* Podrás apreciar el lugar de los niños, de las mascotas, de los médicos y, en sí, cualquier mundo que desees

Un día vas a estar listo para reencarnar, solo si así lo desea tu alma para continuar su evolución. Los mejores recuerdos y los más grandes deseos los puedes ver y realizar en esta dimensión. Desde cambiar tu imagen hasta cumplir tus más grandes sueños. El infierno es para los que no aceptan que están muertos, no aceptan lo que les pasó. Los suicidas llegan al nivel más bajo, al igual que los que en vida no se arrepintieron del mal hecho al prójimo.

Todos tenemos una guía natural en el viaje de la vida, si la transgredes, adelantando el tiempo, tienes que afrontarlo y regresar, porque sería violar las reglas del tiempo. El infierno es diferente para cada uno y entras a él en el momento en que tu vida se pierde en vida o en el más allá. El más grande amor hace que esas almas se salven por medio de la luz y la oración. Los salvadores de almas los llevan a la luz.

> VIVIR ES UN PROCESO ELECTIVO,
> Y CÓMO VIVIR ES TU CREACIÓN.

TÉCNICAS PARA PODER RECORDAR VIDAS PASADAS

Para mí, la *hipnoterapia* o hipnosis es el método más efectivo para lograr con éxito una regresión a vidas pasadas. Con la hipnoterapia es posible visualizar claramente situaciones y momentos de otras vidas. Se tiene la oportunidad de ver personas, lugares e incluso escuchar o hablar un idioma que no manejamos en la vida del presente.

Por su lado, la videncia es la capacidad de ver todo lo que está oculto. Las personas que tienen esta increíble facultad pueden observar imágenes que brindan datos precisos sobre el pasado o el futuro. Es por eso que un psíquico como yo puede ayudar a obtener información sobre vidas pasadas, obtener detalles de quiénes éramos y cómo era esa vida.

Es preciso señalar que la mera mención del concepto o idea de la existencia de vidas pasadas produce un rechazo instantáneo en algunas culturas y personas. Los preceptos religiosos y culturales nos marcan como sociedad y pueblo, y además generan condicionamientos realmente difíciles de eliminar en la consciencia del hombre. Ya se sabe que la Iglesia católica suprimió toda mención a la reencarnación en los libros oficiales (hace más de 1500 años). Después de eso, hubo un periodo de oscurantismo, en el cual, el planeta presenció con horror el advenimiento de la censura y las restricciones culturales y de investigación, lo que eventualmente llevó al empoderamiento de la temida inquisición. La «Santa Inquisición» buscó borrar, a través de la tortura y la muerte, todo lo que no encajase dentro de los rígidos dogmas de la Iglesia.

DESDE LA MIRADA CIENTÍFICA

La posibilidad de otras vidas en el pasado es algo que la ciencia todavía no puede explicar. Este enigma, de ninguna manera, es el único. De hecho, según la ciencia no se ha podido comprobar la existencia de extraterrestres con argumentos tangibles y medibles. Tampoco logran determinar qué rol juegan los sueños y cuál es su verdadero significado. Los científicos no encuentran una explicación convincente en relación con el papel de las huellas dactilares. Por otro lado, tampoco se sabe cómo la mente humana almacena los datos en la memoria.

CAPÍTULO 11
UN NUEVO AMANECER

ARCÁNGEL GABRIEL

Después de encontrar la paz que necesitaba, aclaré muchas de mis dudas. A través del estudio y la búsqueda de más respuestas en la espiritualidad, logré que Dios entrara aún más en mi corazón.

Y así llegó el día que tanto había esperado. Un 14 de febrero, aquel que era mi compañero y padre de María Sofía, formalmente me propuso matrimonio enfrente de mi hija. Fue una boda llena de detalles y, aunque tuvo sus contratiempos como cualquier evento de su naturaleza, en realidad la recuerdo como perfecta. El amor desbordado por todos lados, María Sofía —de seis años— fue nuestro paje y nos acompañó hasta el altar, disfrutando ese día con nosotros. Todo había valido la pena, sobre todo esperar, porque ahora convivía con el padre de mi hija y de mi futuro hijo. No sabía aún cuándo iba a pasar hasta que una Navidad, un año después de casarnos, en su carta al Niño Dios, María Sofía le pidió un hermanito. De hecho, especificó claramente «esta Navidad solo quiero un hermano». Al leer su carta me estremecí, no sabía cómo comentarlo con su papá, ya que era algo que yo deseaba profundamente, pero, que a la vez, me aterraba vivir de nuevo, porque no sabía cómo él reaccionaría ante tal petición.

Lo platicamos y acordamos que ese año intentaríamos quedar embarazados; era una sensación diferente porque la emoción era mutua, sí sentía temor, pero también felicidad. Con solo platicarlo, un mes después de esa carta que mi hija mandó al cielo, estaba embarazada, así de perfecto era el plan de Dios. No tuvimos que esperar, fue petición inmediata al Universo, de parte de María Sofía, y todo conspiró para que sucediera la magia.

Un día desperté y mi corazón lo sabía. Estaba embarazada. Me realicé la prueba sin comentar nada. Justo al confirmar mi sospecha, llamé a Luis por teléfono para darle la noticia. Me sorprendió su reacción. Él sintió que aún no era el momento correcto, que era muy pronto. A pesar de que ya lo habíamos platicado, su inseguridad y su temor salieron a flote en ese momento, de nuevo.

Yo, al contrario, ahora era más fuerte emocional y espiritualmente. Sentí que había un escudo en mí, que nada podía quitarme la felicidad. Me sentía segura y sabía lo que realmente quería. No había nada más importante en ese momento que el bienestar de ese bebé que crecía en mí. No dejé que nadie me atacara, que nadie me criticara, y a los que así lo hicieron, no permití que me afectara. Sabía que el control era mío, que mis emociones me correspondían, así que no permití que la tristeza y la preocupación llegaran a ese bebé.

En una oportunidad, Luis y yo estábamos discutiendo acaloradamente porque no sabíamos cómo íbamos a manejar la situación económica. Ese era su más grande miedo: no tener lo suficiente para darle todo lo necesario a dos hijos. Yo siempre supe que nada nos faltaría, los dos trabajábamos y cada día nos superábamos más. Yo ya había comprendido que el dinero es solo energía y que entre más confiada y tranquila esté con ese tema, más fluye y llega de manera perfecta y correcta. El Universo es un receptor de emociones y lo que tú hablas sucede, por lo tanto, yo trataba de estar, la mayoría del tiempo, con pensamientos positivos y en la más alta vibración ante la energía del dinero.

Él, lleno de enojo por sentir que una vez más yo controlaba su vida, empezó a decirme muchas cosas hirientes, pero, al ver sus ojos, sabía que no era él el que hablaba, sino el mal que lo estaba utilizando para crear, de nuevo, miedo y vacío en mi corazón. El ego se apoderaba de él con sentimientos negativos, haciéndolo reaccionar de manera impulsiva e hiriente.

Me retiré de casa, sabiamente decidí no discutir. Había entendido, a lo largo de los años, que había un punto en las discusiones en el que realmente nada se resolvía. Para discutir se necesitan dos almas, y la mía ya no estaba dispuesta a hacerlo. Me subí al auto y empecé a manejar sin rumbo. Sin pensarlo, pedí ayuda al arcángel Miguel. «Ven, sé que estás aquí, Dios te mandó para cuidarme en los momentos difíciles y este es uno de ellos. Te ruego, arcángel Miguel, no permitas que mi familia se separe y que vuelva a suceder. No puedo perder a este bebé. Ayúdame a vencer mis propios miedos y los de Luis». El arcángel Miguel me puso un escudo que me hizo sentir fuerte, invencible y segura.

Un gran poder empezó a recorrer mi cuerpo, una energía que me ayudó a pelear contra el mal, contra mi propia oscuridad. Mi voz interna me insistió para que dejara de pensar mal, dejara de querer controlar todo a mi alrededor y comenzara a confiar. En eso, sentí algo presente. No podía verlo, solo sentirlo. Era como si el demonio estuviera enfrente de mí diciéndome que no iba a salir adelante, pero yo, con gran fortaleza, con toda mi luz, invoqué al ejército de ángeles que sentía siempre a mi alrededor, y mi corazón se llenó de la luz de Dios. Sabía que nada malo podía pasar, así que simplemente ordené:

> —¡Por el poder de Dios que hay en mí, te ordeno que salgas de mi mente y de mi corazón, que no domines mis emociones. No te permitiré que ganes esta vez! Mi hijo nacerá y será un hijo amado, el mejor de los guerreros de Dios. Será mi compañero en la luz y tú no podrás evitarlo, esto está marcado por orden de Dios y así ya es. Te ordeno salir de mi mente, en el nombre poderoso de Jesús.

En ese instante sentí cómo mi cuerpo se erizó completamente y empecé a llorar muy fuerte. Sentía que algo salía de mi cuerpo, me debilité bastante como si mi corazón estuviera cansado de luchar, pero al sentir la presencia de Dios, mi llanto cesó, su voz se escuchó en mi alma y me dijo:

> —Shiram, ríndete ante mí, déjamelo a mí, yo me haré cargo de todo, verás qué diferente es tu historia cuando confías en dejar todo en mis manos.

En ese momento, en la presencia de Dios, sentí también a mi gran diosa, a mi gran maestra Shekhina que me dijo:

> —Aquí estoy para ti, siempre he estado contigo y hoy lo estaré más que nunca, todo saldrá a la perfección. Disfruta, mi niña, porque esto será muy distinto a lo anterior.

Shekhina representa la energía, luz y amor de María, la madre de Dios.

Esperé hasta que la calma llegó, regresé a mi casa más tranquila y segura que nunca. Al quitar mi temor, automáticamente el temor de mi esposo también se quitó, era como si él fuese mi espejo. Siempre lo he sabido. Mi esposo ha sido uno de los más grandes maestros de vida que tenido en la tierra. Hasta ese día me había enseñado a acercarme a Dios, a ser una mujer confiada, fuerte y segura de mí misma. Sabía que todo lo que había vivido con él tenía un **para qué**, pero ese día le agradecí, más que nunca, que fuera mi espejo y uno de mis más grandes maestros terrenales. Sin entender el porqué de mis palabras, me regaló una sonrisa, nos abrazamos y el amor de Dios se sintió entre nosotros.

Y así fue ese embarazo, nueve meses disfrutándolo y esperando, con gran emoción, el nacimiento de mi segundo hijo. Frank fue el nombre que María Sofía escogió para él desde el momento que fuimos a la segunda revisión médica. Estaban realizándome la ecografía para checar que todo estuviera bien con el bebé, y ella dijo:

—Es un niño.

Todos, llenos de emoción, le preguntamos:

—¿Y cómo quieres que se llame?

Y ella, entusiasmada, respondió:

—Frank.

Mi alma sabía que era un niño desde el instante en el que me enteré de mi embarazo, pero ella lo confirmó ese día, al mismo tiempo que el doctor.

Frank significa «hombre libre», y justo eso era lo que él me hacía sentir, la libertad de ser yo misma. Todo era perfecto y era un deseo hecho realidad.

Un viernes, 30 de enero de 2009, a las 6:45 a. m. se rompió mi fuente mientras yo me arreglaba para asistir a la graduación de mi amiga Silvana, que es como una hermana. Ese día fue doblemente especial, porque era su graduación y porque se festejó de la manera más increíble con el nacimiento de Frank. Sí, dejé de ir a ese gran evento que para ella era la culminación de su carrera de bióloga marina, su sueño.

Silvana y yo nos apoyamos mutuamente. Para que ella lograra finalizar sus estudios, tuvimos que hacer un pacto desde antes de nacer y así fue como empezó nuestra historia. Antes de empezar a platicar sobre lo que hizo Frank en mi vida, platicaré de lo que es adoptar, desde el amor, a alguien que no es tu sangre, pero sabes que lo es, porque venimos unidas en misión de vida desde hace muchas vidas. Silvana es mamá de Dany.

Daniela, a los tres meses de edad, fue compañera de María Sofía en la guardería. Empezaron a crecer juntas, a convivir día a día en el kínder y primaria; siempre juntas como hermanas, las dos hijas únicas hasta el momento. Fue algo increíble y maravilloso que se hayan encontrado porque su hermandad trasciende fronteras, a pesar de que no son hermanas de sangre, comparten cada día, cada experiencia, cada idea. Silvana, para estudiar, tenía que dejar a su hija pequeña en algún lugar, y ese lugar, el más seguro, era mi hogar. Así que me hice cargo de Daniela desde muy chiquita, con todo el amor del mundo. Hermosa criatura. Una niña de ojos inmensos con una gran sabiduría también. Sabía que María Sofía y Dany harían grandes cosas en esta tierra, y así ha sido hasta el día de hoy.

Compartieron cada cumpleaños, cada festival, cada clase, miles de aventuras. Era divino verlas jugar por las tardes. Inventaban juegos, peleaban también, pero eran pocos los momentos que pasaban en disgusto y más los que pasaban en risas, viviendo grandes experiencias.

Silvana y yo nos fuimos haciendo cada vez más y más amigas, era como mi hermana pequeña, ya que yo le llevo doce años de edad. Fue mamá a los dieciséis años de Daniela. Yo era un poco más grande, así que tenía toda la posibilidad de darle mi tiempo y mi amor a su hija para que ella realizara sus sueños.

Es una de las experiencias más divinas que he tenido, porque era darle una compañera a mi hija, alguien con quien compartir su infancia, una donde no creció sola. Así fue mucho más sencillo adaptarse a una vida sana. Daniela, hasta el día de hoy, es su hermana entrañable. Ya están en la universidad, cada una con caminos diferentes, sin embargo, siguen unidas. Su hermandad ha sido algo que me ha marcado para siempre.

> UNA BUENA FORMA DE SABER SI LOS PACTOS QUE TIENES CON ALGUIEN SON DE VIDAS PASADAS, ES RECONOCER CUANDO LA AMISTAD TRASCIENDE FRONTERAS.

Muchas veces no entendemos por qué tenemos que vivir ciertas situaciones o cumplir con ciertas expectativas. Para mí, ayudar a Silvana fue un regalo divino. Lo que ella veía que era difícil para mí, realmente era lo más sencillo del mundo. Compartir cada día con su hija y con la mía me llenaba el corazón de amor, era una manera de cubrir todos los huecos que tenía, de dar tanto amor que había en mí y de recibir amor también. Los pactos que se arrastran desde las vidas pasadas se refieren a acuerdos entre dos o más personas, los cuales se han hecho bajo una gran intensidad emocional y social. Estos pactos comprenden situaciones de patriotismo, guerra, amor, odio, justicia, familia, religión, honor, libertad, poder, riqueza, discriminación y muchas otras situaciones que implican algo por lo que vale la pena luchar y morir. Situaciones que van más allá del tiempo y de las condiciones de la vida pasada cuando se hicieron esos acuerdos.

Estos pactos pueden ser acordados en esta y en la otra dimensión, a través de nuestra serie de vidas pasadas. No están limitados a situaciones altruistas, ni egoístas, ni con una gran intensidad emocional y social, tampoco son solo aquellos por los que vale la pena luchar y morir. Algunos pactos, los que traspasan los límites de una vida pasada, sí suelen compartir esas características haciendo que la mente y espíritu de las personas proyecten su destino con base en una situación de juego imaginario, al cual hay que responder sin importar su costo. La fatalidad puede ser favorecida por los pactos debido a que la dirección de nuestra vida debe seguir la pauta implicada en los acuerdos y debe guardar consecuencia con la lealtad hacia las otras personas involucradas.

El arcángel Chamuel me ha demostrado, en todo momento, que el amor es la herramienta más poderosa para lidiar con emociones y pactos de vidas pasadas. Cuando venimos a este mundo a dar amor, el amor se multiplica. Tenemos que amarnos primero, amarnos de tal manera que nos pongamos siempre en primer lugar, sin olvidar a todos los que nos rodean.

AMOR PROPIO

Si recurrimos a la literatura clásica y actual sobre el tema, podemos encontrar múltiples conceptualizaciones y divagaciones al respecto. Voltaire, Nietzsche, Pascal, Rousseau, Espinosa, etc., son algunos de los muchos autores que han teorizado de diferentes maneras sobre el amor propio. En muchas de estas explicaciones suele diferenciarse entre dos formas de amor propio: una positiva que haría referencia a la estima de uno mismo como algo natural e intrínseco al ser humano, relacionado con su instinto de autorregulación y conservación; y otra negativa, que tendría que ver con la soberbia, el egoísmo y la vanidad. A mí me gustaría hacer referencia a las características de la vertiente positiva, a las ventajas que presenta sobre la salud del ser humano y a la necesidad de conservarla o trabajar por incorporarla/recuperarla para sanar heridas psicológicas y emocionales.

Chamuel, por su carácter amoroso, constantemente me recuerda que el amor de Dios nos rodea y nos acompaña en los momentos cuando el alma siente desánimo, dolor, soledad, angustia o tristeza. Si tú sientes esto recuerda que pondrá en tu camino la manera de hacerte recordar quién eres y el amor que hay en ti.

Eso fue Daniela para mí, ella llenaba muchos de los vacíos que había en mi corazón, incluso, sin ella saberlo. El sueño que tenía de ser madre, de tener más hijos, no se había cumplido aún, así que ella logró cubrir ese espacio.

Y luego llegó mi Frank, que les platicaré en el siguiente capítulo.

CAPÍTULO 12

TU HIJO
ES TU REFLEJO

ARCÁNGEL RAGUEL

Ese viernes, 30 de enero, corrimos al hospital a las 6:30 a. m., ya que la fuente se había reventado y las contracciones se empezaban a sentir al instante. Sabía que Frank estaba muy inquieto, él quería salir de inmediato. Yo tenía muy claro que su llegada iba a ser por medio de cesárea, ya que el parto anterior había sido de la misma manera, así que estaba mucho más tranquila con su llegada. Al entrar a la sala de operaciones, me acompañó mi esposo. Para mí era un sueño hecho realidad que él pudiera vivir ese momento tan especial, puesto que los dos lo esperábamos con ansias y con gran emoción. Rápidamente intervinieron los doctores y nació, sin ninguna complicación, un niño sano, grande, fuerte, con unos ojos verdes divinos; ese niño que vino a alumbrar mi vida y a ser mi gran maestro, mi gran reflejo.

Se me hicieron largos los minutos para poder tenerlo en mis brazos. Solo oía su llanto y al ponerlo en mi pecho algo se estremeció en mí, era como si por fin hubiera rellenado el hueco que faltaba. Aunque sentía que necesitaba sanar aún más, mi corazón estaba completo. Llegamos a la habitación y su hermana lo esperaba ansiosa, lo cargó, lo puso entre sus brazos y lo vio como su hermano pequeño, ese gran sueño, ese regalo del cielo que ella tanto quería. Nunca sintió celos, tampoco se sintió desplazada, para ella era una gran ilusión poder tener a alguien con quien compartir su vida. En ese momento no lo entendía, pero el tener un hermano es uno de los regalos más grandes de la vida porque podemos compartir, en todo momento, las experiencias de la evolución y del alma.

Así empezó la vida para Frank, llena de regalos, de visitas y, sobre todo, de la familia que con tanto gusto lo añoramos. Pasé unos días en descanso, completamente dedicada a él, pero mi recuperación fue rapidísima, en menos de diez días yo ya estaba trabajando de nuevo y con el niño lleno de salud. Frank era tranquilo, relajado, nunca se quejaba, lloraba muy poco, era un niño completamente tranquilo y feliz. Su hermana lo abrazaba todas las noches para dormirlo, lo agarraba como si fuera su muñeco, estaba completamente feliz, no había nada más importante para ella que su hermano. Cada vez que llegaba por ella al colegio deseaba que yo lo llevara y así fue durante mucho tiempo. Mi hijo fue creciendo sano, pero al cumplir un año de edad algo se comenzó a complicar. Su respiración no era normal, batallaba, así que le tuvimos que hacer varios estudios. Su garganta se le cerraba de repente, resultó que era alérgico al ambiente, al aire, a todo. Duró mucho tiempo en observación y con varios cuidados, no era nada grave, pero sí de mucha atención.

Un día estábamos en la habitación a punto de dormir y cuando fui a ver a Frank a su cuna —tenía solamente un año y seis meses de edad— me percaté de que estaba con mucha dificultad para respirar. Tenía días enfermo de sus alergias, como siempre, pero ese día fue el primero de muchos sustos que pasaríamos con él. Su respiración empezó a hacerse lenta, cada vez más y más lenta, así que corrimos al hospital y ahí estuvo dos días entubado, queriendo respirar.

Le hicieron estudios y varias observaciones, no entendíamos por qué había pasado eso, solamente nos decían que el niño tenía dificultad para tomar aire. Ahora entiendo perfectamente que el aire son las ganas de vivir. Estuvimos pendientes de él, pero cada cierto tiempo teníamos que regresar al hospital por la misma situación; fueron tres veces las que nos dio un gran susto.

Cerca de los tres años de edad, pensamos que todo sería diferente, ya que los pulmones de Frank estaban mucho más grandes y fuertes, y el medicamento le hacía efecto, así que cada vez eran menos los periodos que él pasaba con dificultad para respirar. Sin embargo, un gran temor yacía en mi corazón, cada vez que él dormía pedía a sus ángeles que lo cuidaran, que lo guiaran y que lo protegieran. Siempre supe que Frank era especial, no podía concebir mi vida sin él, solo de pensar en la posibilidad de perderlo se me paralizaba el corazón, así que todos los días pedía por mis hijos en mis oraciones. Pero cuando ves que la salud de tu hijo no es normal, tienes que indagar un poquito más, porque ellos pueden estar reflejando algo emocional que esté sucediendo en ti.

Me puse a investigar mucho sobre las emociones, sobre todo los casos de respiración, y también decidimos cambiarnos de casa. El lugar donde vivíamos hasta entonces estaba muy lejos, más de hora y media de camino para llevarlo a su escuela, y al salir tan temprano le hacía daño el aire frío que entraba en sus pulmones, así que optamos por cambiarnos a un lugar más cerca de su escuela. La mudanza nos benefició a todos, ya que era un lugar muy cómodo y acogedor. Esa casita donde comenzamos a crear una gran historia.

Ahora, es importante entender que, básicamente, desde los 0 hasta los 7 años construimos nuestra identidad. En este lapso de tiempo funcionamos como esponjas, absorbiendo todas las influencias del entorno en el que estamos inmersos, principalmente, la relación con nuestros padres. Durante este periodo no tenemos criterios de valoración, ni juicios, ni creencias... En síntesis, no tenemos desarrollada la capacidad de discernimiento para separar lo correcto de lo incorrecto, lo verdadero de lo falso y lo real de lo imaginario. No tenemos defensas psíquicas y, por lo tanto, asumimos el comportamiento de nuestros padres hacia nosotros como una verdad incuestionable, y ahí empezamos a juzgarnos. Más adelante, comienza a aparecer esa programación, plagada de creencias limitantes en las experiencias que nos presenta la vida, y esta se convierte en la proyección de la película que se formó en el inconsciente.

Resulta que nuestros padres también traían su sistema de creencias, que, a su vez, heredaron de sus padres y así se van perpetuando estas ideas en una cadena que puede abarcar varias generaciones. A estas memorias que se reproducen de forma automática de padres a hijos, y que alimentan una falsa noción de la realidad, se les llama: «memorias limitantes». Estas memorias son programas de supervivencia, aprendizajes que se generaron a partir de dramas, situaciones traumáticas, crisis, conflictos y circunstancias que llevaron a la persona más allá de sus límites, dejando una huella indeleble.

Podemos definir como «transgeneracional» al viaje de una memoria emocional que quedó plasmada no solo en la psiquis de los miembros de una familia, sino en sus genes, y fue transmitida a las generaciones siguientes. La solución a ese drama puede surgir en la tercera, cuarta y hasta séptima generación, y puede expresarse de muchas formas, una de ellas es la enfermedad. Una condición clínica puede manifestarse en varios miembros de una familia y seguirá repitiéndose hasta que alguien la resuelva y la gestione tomando consciencia; es por esto que, dentro de la «descodificación biológica», las personas que expresan con sus cuerpos algún tipo de desequilibrio son llamados «factores de consciencia». Estos factores de consciencia son los que tienen la misión de liberar al árbol familiar de una memoria limitante.

Es de vital importancia conocer y estudiar las historias del árbol genealógico. Ahora, ¿todas las enfermedades tienen su origen en el transgeneracional? No, algunas son contemporáneas, su causa está en un conflicto vivido por la persona que la está expresando; sin embargo, es posible afirmar que todas las enfermedades genéticas son transgeneracionales. Lo que no resuelven tus ancestros en su vida, lo venimos a sanar en la vida actual, muchos por medio de promesas, pactos o karmas que hicimos para liberar los miedos, enfermedades y limitaciones que ellos no resolvieron o sanaron. Muchas veces se repite tal cual la situación o enfermedad por lealtades generacionales. Por eso es tan importante acudir a terapia transgeneracional o constelar para ver de dónde viene y resolverlo. Los arcángeles Miguel, Gabriel, Rafael y Metatrón, son mis aliados en esta técnica terapéutica con los pacientes de hoy día.

Con tres años de edad, Frank tenía casa nueva y justo en su cumpleaños empezamos a ver que él estaba muchísimo mejor, ya que le gustaba bailar las canciones de Michael Jackson y las bailaba perfectamente. En su cumpleaños pidió disfrazarse de él, la piñata y todo era de este gran artista. No entendíamos por qué le gustaba tanto bailar, cantar y pasaba horas viendo, una y otra vez, el mismo video. La música era parte de su vida, al igual que de la mía; su creatividad era única, tenía miles de detalles todos los días para hacernos sentir especiales, siempre encontraba la manera de hacernos reír y cambiar nuestro estado de ánimo en segundos. En el kínder empezó a hacer obras teatrales, eran obras que sacaban lo mejor de él: un niño alegre, entusiasta, siempre lleno de amigos y rodeado de muchos que gozaban sus ocurrencias y creatividad. Así fue creciendo... divino y bello.

A los cinco años y medio, nos encontrábamos rumbo a su clase de karate. Mi hija María Sofía me acompañaba a todos lados y llevábamos a su hermano a estas clases, mientras que ella tomaba algunas otras. Fue un día que cambió todo, estábamos caminando en la plaza y, de repente, Frank se tropezó con unas rayitas del azulejo que estaban separadas, algo simple y sencillo, pero que cambió muchísimo mi sentir y su vida.

Al tropezar, se abrió la cabeza de una forma impresionante, eran puñados de sangre. Corrimos al baño a revisarle la cabeza y ponerle algo que detuviera el sangrado; en ese momento, al ver la sangre, me desmayé —desde siempre, ver la sangre me causaba desmayo, y la sangre representa a la familia. Ver la pérdida de sangre me recordaba, inconscientemente, la pérdida de mi familia. El inconsciente reacciona causando desmayo momentáneo para no vivir de nuevo la experiencia. Esta situación la tuve que trabajar mucho en terapia para sanar el vínculo y unión familiar—. Mi hija, María Sofía, de solo trece años de edad, se encargó de todo junto con la gente que llegó a ayudarnos. Los ángeles nos acompañaban, yo recobré el conocimiento minutos después y el niño ya estaba atendido y en brazos de alguien más. Mi hija ya le había hablado a su papá y una señora se ofreció a llevarnos al hospital. Llegamos a ese lugar y nos dijeron que lo tenían que intervenir para poder coser, ya que varias capas de su piel se habían abierto, le hicieron un estudio para checar que en su cabecita todo estuviera perfecto.

Era justo un día antes de mi cumpleaños y el accidente sucedió de manera repentina. A mí únicamente me importaba que mi hijo estuviera bien y mi gran deseo era que él tuviera todo perfecto en su cerebro. Fue una noche de ansiedad, de gran angustia. Mi llanto era interminable. Cuando nadie me vio, me desahogué con una de mis hermanas al hablarle por teléfono y contarle la situación, ellos en Los Mochis y yo en Guadalajara. Necesitaba que estuviera en esos momentos conmigo y no podía ser así. Mi esposo, mi hija, sus abuelos, todos estuvieron pendientes, sin embargo, yo volvía a sentir que lo podía perder. Era la segunda vez que sucedía algo complicado con él y no entendía por qué pasaban tantas situaciones que me hacían sentir perdida a su lado. Era como un sentimiento de autoprotección y por más que lo quería proteger y darle mi cariño, era todo lo contrario, cada vez me sentía más lejos de él. Nunca perdí la fe en que todo estaría bien. La fe es la creación de tu propia palabra, así que decreté, desde ese día y con una gran fe, lo que quería ver y crear.

No pasó a mayores, Frank se recuperó y siguió creciendo. Fue un niño rodeado de amor, de atenciones, de cariño y, sobre todo, de grandes experiencias en la vida. Muy inteligente, llamando siempre la atención en cada grado del colegio.

Las cosas fueron cambiando con Frank. Cada vez él se hacía más independiente, más serio, más tranquilo. Ese niño alegre, feliz, que todo el mundo añoraba fue cambiando. Era un enojo continuo hacia mí, no entendía el porqué. Yo me sentía frustrada en todo momento, con una sensación de no ser una buena madre para él, quería dar lo mejor en cada minuto y atender todas sus necesidades, sin embargo, nunca era suficiente. Yo lo sentía completamente enojado hacia mí, muy diferente a la relación que él tenía con su padre.

Uno de los grandes problemas que empezó a surgir fue en la alimentación. Desde su niñez, batallamos en ese sentido. Cuando era muy bebé lloraba en el momento en que le quitabas el alimento, no podías tocarle su plato —era algo que llamaba mucho la atención—. Si le servíamos algún alimento nadie podía acercarse ya que él lloraba, aventaba todo y no volvía a comer. Cuando creció fue diferente, batallamos para que pudiera alimentarse de manera correcta.

La alimentación tiene que ver con la madre, ahora lo entiendo todo. Cuando una persona deja de comer —más un niño— es porque tiene un gran rechazo y enojo ante la mamá, una seguridad que no tiene, que no siente. La frustración que había en mi corazón era indescriptible, cada día más enojado y más alejado de mí. Los pocos días en los que él se encontraba en su mejor momento, aprovechaba para amarlo, besarlo, jugar con él, mostrarle todo mi cariño de la mejor manera que yo podía. El caso es que pasó de ser el niño más noble con el corazón más hermoso, a ser un niño enojado ante la vida y no solo conmigo.

Después su enfado creció ante todos los que le rodeaban, vivía encerrado en su cuarto. A la edad de once años todo se intensificó, ya que era obligatorio que tuviéramos que estar en un lugar resguardado por todo lo que sucedía en el mundo en ese momento. Era muy notorio que él solamente hablaba y se relacionaba con sus amigos virtuales. No nos preocupaba tanto porque sabíamos que él estaba bien físicamente, pero su enojo, frustración, resentimiento, coraje y mala alimentación sí eran para alertarse. Empezó a vivir momentos complicados, difíciles, con regaños y castigos, pero siempre que quería conseguir algo para él, cambiaba por completo, se volvía obediente y cariñoso. Nos tenía tomada la medida a su papá y a mí, pero más a mí, ya que con tal de verlo contento, yo lo complacía en lo que me solicitara. No entendía por qué era tanto mi desespero y frustración ante él. Cada vez que le pedía que comiera, un gran enojo salía de mí. Terminaba levantándole la voz y muchas veces hasta llorando de frustración.

Un día, haciendo una investigación después de terminar el diplomado de *Anatomía Intuitiva*, encontré que la alimentación tenía que ver con el enojo hacia mamá. Me preguntaba a mí misma «¿Por qué?, ¿por qué yo si no le he hecho nada?». Cuando él y yo nos poníamos a discutir eran como pleitos entre dos niños pequeños, sin embargo, entendí que él estaba siendo mi reflejo, todo el enojo que yo tenía guardado por el abandono de mi madre, él lo estaba viviendo y me lo estaba reflejando para que yo lo trabajara, para que yo lo sanara. Lealtad generacional de ayudarme a sanar mi relación con mamá por medio de su actitud ante mí.

Sin embargo, fueron dos años los que pasaron para darnos cuenta de lo que realmente estaba sucediendo. Él padecía de fuertes dolores de cabeza, nos preocupaba mucho porque, en su encierro y en su enojo, vivía momentos muy complicados con dolores muy intensos que llegaban a durar hasta dos días enteros.

Sí, mi hijo es mi reflejo, mi espejo.

Y así fue como empecé a trabajar en mí. Me hice constelaciones familiares una y otra vez, biodescodificación, técnicas cuánticas de liberación, cortes energéticos, cortes karmáticos, promesas, compromisos... y me di cuenta de todo lo que se estaba generando a nivel familiar. Es importante reconocer las emociones que hay en nosotros, trabajarlas y sanarlas, porque si no lo hacemos, alguien más lo hará y duele mucho cuando son tus hijos.

Así fue mi relación con Frank hasta el día que entendí que yo seguía muy enojada con mamá por habernos dejado, por haberse enfermado. Y claro que no era su culpa, pero mi niña interior no lo entendía y el niño interior de Frank tampoco lo entendía. Fue muchísimo mi trabajo interno de sanación para poder liberar el enojo que él tenía. Los sentimientos no eran de él, eran míos. Todo lo que tenía que vivir era drenar mi enojo y frustración ante mi madre, perdonarla, liberarla y aceptarla para que él cambiara, y así fue.

Él estaba mostrándome la emoción contenida en mí, la que no alcanzaba a visualizar. Gracias a que él decidió ser mi maestro en esa área de mi vida, yo terminé de sanar la relación con mi madre y de recuperar el amor y atención a mi niña interior.

Después de meses de trabajo interno en mi corazón, conectando con mi esencia del alma y mi energía, mi hijo empezó a ser diferente, a comer mejor, a hacer ejercicio, a ser más alegre. Ese niño bello y hermoso que había nacido con una creatividad y una alegría inmensa empezó a volver. Él tendría que vivir su propia vida y yo le estaba dando el permiso. Lo liberé de la responsabilidad de sentir mis emociones, me hice responsable de mis miedos, limitaciones y situaciones con mamá, empecé a sanar los enojos guardados tan profundos en mi corazón, esos miedos internos y ese rechazo que sentía tan profundo hacia ella.

Cuando yo empecé a trabajar en mí, él comenzó a sanar. El árbol genealógico se acomodó a través de las terapias, constelaciones familiares y biodescodificación. Las constelaciones familiares tienen como objetivo liberar a las personas de sus «tensiones/conflictos» que suelen venir de las «generaciones pasadas» y tienen sus raíces en los acontecimientos de la historia de la familia, tales como conflictos bélicos, violencia familiar o doméstica, el fallecimiento prematuro de padres o de hijos, abortos, separaciones o violaciones. Esto puede manifestarse en el presente en forma de problemas tales como depresiones, psicosis, miedos, migrañas, cansancio crónico o problemas en las relaciones. En resumen, acontecimientos emocionalmente intensos (conflictos no resueltos) de nuestros antepasados familiares son transmitidos generación tras generación.

La biodescodificación es una medicina alternativa que intenta encontrar el origen metafísico, o un significado emocional, en las enfermedades para buscar así la forma de sanarlas. Por medio de la constelación pude darle a mi madre el lugar que le correspondía y me vi debajo de ella —como su hija—, la acepté tal y como era. Mi madre fue vista por su mamá, y yo le di a mi abuela el lugar que le correspondía, de abuela y no de madre, porque todo el tiempo la había visto como la madre que no había tenido, así es que todo se acomodó en mi linaje. Mamá arriba de mí, mi abuela arriba de mi madre y mi hijo debajo de mí. Es importante trabajar con tu árbol genealógico, cortar lealtades generacionales y karmas; liberarte de muchas situaciones y emociones que no te corresponden.

Mi hijo me mostró el gran enojo que todavía había en mi niña interior y descubrí que reconocer tus emociones es un trabajo diario, para saber de dónde vienen las frustraciones.

Mi relación con Frank mejoró bastante, empezamos a ser grandes amigos, un respeto entre madre e hijo. Todo mejoró, su salud era perfecta y empezó a crecer como un niño fuerte y sano, con un cuerpo saludable, con una mente completamente liberada, pero, sobre todo, sin las emociones de enojo ante mí porque yo ya no las tenía ante mi madre. Mi hijo ha sido mi gran maestro, mi gran reflejo. A pesar de que uno piensa que ha trabajado mucho, que ha ganado mucho y que ha perdonado todo, no es así, siempre habrá capas en el alma que opacan el brillo. Esos momentos de miedo, de abandono, de soledad surgían cada vez que a él le pasaba algo porque yo tenía miedo de perderlo. Cuando sané el sentimiento en él y en mí, todo fue distinto.

Ahora sé que es un niño independiente, que será un joven divino, un hombre de bien que vivirá sus propias experiencias, al igual que María Sofía, pero lo hará sin tener que estar enojado ante la vida. Yo estaba enojada con mi madre, pero todo ha sanado, todo ha cambiado y ahora es muchísimo mejor.

Bendigo la vida de mis hijos, porque ellos nos escogen a nosotros y nos dan grandes ejemplos. Ellos han sido grandes maestros y también grandes aliados. Tanto María Sofía como Frank han sido importantes para mí, me han hecho sentir lo que es la verdadera fuerza de una madre.

EJERCICIO PARA SANAR A NUESTRO NIÑO INTERIOR

Imagina tu etapa de la niñez. ¿Cómo eras aproximadamente a los ___ años? Trata de visualizar cómo eras físicamente y, si te cuesta trabajo, puedes mirar alguna foto para refrescarte la memoria y captar todos los máximos detalles posibles. Ahora, haz un ejercicio de visualización e imaginación. Visualiza tu yo *pequeño*, en tu habitación solo, ¿qué hacías cuando estabas en tu cuarto a solas? Imagina aquella etapa de la niñez, ve al pasado y recuerda cada detalle. Qué muebles había en tu cuarto, de qué colores, a qué jugabas, etc.

Lo siguiente: llega a ti mismo como eres ahora. Imagina que estás entrando a la habitación que tenías cuando eras pequeño, abres la puerta y ves a un niño triste e inseguro. Ese niño eres tú cuando eras pequeño. En la habitación estás tú, tal y como eres ahora, acompañando a un niño, que es el de la etapa de tu infancia. Acércate a ese niño herido, sensible, temeroso y pregúntale qué le pasa. Acércate a él, dile que lo sientes, pídele perdón, pregúntale qué necesita, dale protección, apoyo, comprensión y amor. Abrázalo fuerte y dile que, a partir de ahora, estará a salvo, que lo cuidarás y aceptarás como se merece.

Juega con él, diviértete, deja que salga su espontaneidad. Sigue imaginando y visualizando, pídele que se vaya contigo. Pregúntale qué quiere hacer, qué necesita para sentirse bien, feliz y completo. Ahora tú le puedes dar lo que desee. Cuando ya tu niño interior se sienta motivado y alegre, llévalo a que se quede en tu corazón. Déjalo allí a salvo y no te despidas de él. Solamente le dirás que él siempre estará acompañado por ti y que siempre contará contigo. Que ya está a salvo y nunca estará solo. De hoy en adelante tu *yo adulto* cuidará de tu *yo niño*. Recuerda que el amor es la mejor herramienta que existe para borrar hasta los recuerdos más dolorosos y profundos, porque penetra más al fondo que ninguna otra cosa.

Mírate a los ojos y ámate, amando a tu niño interior.

OTROS EJERCICIOS:

PROCESOS DE SANACIÓN TRANSGENERACIONAL:
sanando la relación con mamá y papá

Al sanar tu relación con ellos, estás en paz y te haces responsable de ti misma, de tus decisiones, de tu vida. Al sanar en tu mente y en tu corazón la relación con papá y mamá, todo comenzará a sanarse afuera. Hay que aceptar que: "eres parte de papá y mamá", así que la relación que tú guardas con ellos define, modifica, perjudica o ayuda a la propia relación que tengas contigo mismo. Sanar tu relación con papá y mamá es el primer paso si buscas sanar la relación contigo mismo, pues para estar bien en la vida debes estar en armonía con tus padres, ya que de ellos viene la vida y al escoger a tus padres tomas toda esa energía y fuerza para vivir de acuerdo con lo que quieres.

¿CÓMO ES TU RELACIÓN CON TU MADRE?

La relación con mamá es importante sanarla ya que es el primer vínculo que tenemos en esta vida y gracias a ella estás en este mundo. Es importante sanar esta relación, ya que al honrarla, agradecer y tomar la VIDA que te llega a través de ella, obtendrás muchos beneficios, en lugar de estar atorado en la crítica y el reproche. Según como sea tu relación con tu madre serán los resultados que obtengas en diferentes áreas de tu vida. Cuando un hijo se cierra a aceptar a mamá tal y como es (la critica, la juzga, le exige y puede ser que hasta se sienta mejor persona que ella), ese hijo se está cerrando a la vida. Si este es tu caso, estás cayendo en la soberbia y esto te trae consecuencias negativas, no solo en tu relación con tu madre, sino en todas tus relaciones: pareja, hijos, compañeros, amigos.

La relación con la madre representa lo siguiente en tu vida y, al sanarla, sanas todas estas áreas:

* Conexión con la vida
* Nutrición física y emocional
* Autoestima, confianza
* Salud
* Intuición
* Éxito y dinero

¿CÓMO ES TU RELACIÓN CON TU PADRE?

En esta oportunidad las preguntas son: ¿estás enojada con tu padre?, ¿lo criticas?, ¿tienes una relación dependiente o es estable, armoniosa? Cuando piensas que es difícil aceptarlo y honrarlo por la forma en que te trató, porque te abandonó o por la razón que tú tengas, te quedas atorado con él en la crítica, en el reclamo como si fueras un niño esperando que te dé lo que no pudo darte. Lo que no pudo darte es porque él tampoco lo tenía, él tampoco lo recibió de sus padres e hizo lo mejor con lo que tenía y sabía. Todo lo negativo que tu papá tiene puede ser que también esté en ti. Al aceptarlo tal y como es, estás en paz con sus características y, entonces, puedes cambiar en ti lo que no te guste de él, ya que seguramente repites eso que te desagrada, pues de ahí vienes y tu inconsciente tiene toda esa información. El aceptar a tu padre te permite separarte de él, sana y amorosamente; así estás en paz y vives tu vida de la mejor forma, aceptando y responsabilizándote de hacer por ti mismo lo que has exigido a él.

> TOMAR O ACEPTAR A TUS PADRES
> TE LIBERA, YA QUE TE ABRES
> A ACEPTAR EN TI TODO LO BUENO
> QUE ELLOS TIENEN Y QUE TE DIERON,
> QUE, PARA EMPEZAR, ES LA VIDA
> Y CON ESO ES MÁS QUE SUFICIENTE
> PARA ESTAR AGRADECIDO
> Y RESPETARLOS.

La relación con el padre representa lo siguiente en tu vida y, al sanarla, sanas todas estas áreas:

* Te alineas con la fuerza para lograr lo que quieres
* Ganas seguridad y confianza para triunfar
* Usas de manera positiva tus capacidades
* La habilidad para pedir lo que quieres

La humildad es una virtud que te ayuda a reconocer tus fortalezas y debilidades. De igual modo, reconocerás las fortalezas y debilidades de los demás y te darás cuenta de lo valiosos que son papá y mamá. Es importante sanar la relación con los dos, ya que el beneficio de estar en paz con ambos te brinda la madurez para tener una relación de pareja sana.

La relación entre padres e hijos desde el punto de vista de constelaciones familiares.

La relación entre padres e hijos ha sido un tema muy frecuente en mi consulta. No siempre hay una buena relación y, muchas veces, no se sabe qué hacer cuando el trato o ejemplo recibido de ellos no es bueno y la persona se cierra a tomar (aceptar) a sus padres. Muchos de los problemas que vives como, por ejemplo, mala relación de pareja, mala relación con tus hijos, fracasos en el trabajo y hasta problemas económicos, tienen que ver con no haber tomado a tus padres.

LEALTADES GENERACIONALES Y DOBLES TRANSGENERACIONALES: explicación y ejercicio

LEALTADES GENERACIONALES

Cada árbol genealógico acumula información de generaciones. Esta información, así como la energía, no se crea ni se destruye, solo se transforma. Todo lo que hacemos, aunque nos resulte molesto, lo hacemos por amor (lealtad) a la familia. En nuestra vida podemos estar cargando lealtades, respecto al pasado familiar, que nos hacen mucho daño. En ocasiones las personas manifiestan, desde muy pequeños, tendencias a ciertos estados emocionales y de salud, los cuales pueden ser la expresión de conflictos o circunstancias que han quedado sin solución, y estas memorias familiares se transmiten transgeneracionalmente de padres a hijos por medio de nuestro ADN, que es la memoria biológica.

El pasado familiar nos otorga recursos, habilidades, fortalezas y virtudes que nos abren posibilidades, pero también recibimos lo contrario, ya que nuestra lealtad inconsciente determina que tomemos cargas a partir de aquello que los nuestros no han podido solventar emocionalmente. Si no somos conscientes, estas cargas gobernarán muchos aspectos de nuestra vida: la relación de pareja, la forma en que cuidamos nuestra economía, nuestra salud física y emocional, la posibilidad de ejercer nuestra vocación profesional, el sentirnos o no con derecho de desarrollarnos creativamente, etc. Podemos repetir patrones de nuestro pasado familiar o podemos intentar compensarlos, pero ambos aspectos nos resultarán bloqueadores si no interviene nuestra consciencia en ello.

REPETICIONES FAMILIARES O CARGAS

Existen diferentes formas de repetición aplicables a los traumas transgeneracionales. He aquí algunos ejemplos. Busca similitudes entre tus antepasados y tu vida de hoy. **La repetición pura** es aquella en la que se repiten exactamente los sucesos: «Mi abuela era maltratada por mi abuelo y todas las parejas que tengo me maltratan». **La repetición por interpretación**, donde la persona repite lo que interpreta que ha pasado: «Mi abuela se golpeó gravemente en la cabeza y yo sufro de migrañas». **La repetición por identificación**, mediante la cual se repite lo que otra persona padece: «Mi abuelo era alcohólico, mi padre tiene una hepatología y yo desarrollo una hepatitis». La persona se identifica con la familia a través de la enfermedad. **La repetición por oposición**, en la que se repite lo contrario de lo que pasó: «Mi abuela fue forzada sexualmente y yo tengo aversión al coito». **La repetición por compensación**, donde se repite para compensar lo que pasó: «Mi abuela murió por una complicación en el parto y yo me hago obstetra». Para asegurar la continuidad del linaje, el sujeto se ve inmerso en una repetición involuntaria a la que debe contribuir como miembro de una cadena a la que está ligado desde antes de su existencia.

Trata de responder estas preguntas para encontrar qué es necesario sanar de tus ancestros:

¿Por qué, muchas veces, nos impedimos ser felices a pesar de disponer de los recursos necesarios para ello?

¿Cuántas de nuestras dificultades y bloqueos se asemejan a experiencias de nuestros antecesores?

¿Es nuestra vida una reparación del drama de un antepasado?

¿De qué modo podemos desprendernos de estas lealtades sin sentirnos desleales?

DOBLE TRANSGENERACIONAL

Los dobles son aquellas personas del clan familiar con las que tenemos una afinidad especial (muchas veces inconsciente), a través de la cual heredamos programas (vivencias, conflictos, creencias, enfermedades, conductas, etc.). Podemos ser dobles porque llevamos el mismo nombre que algún familiar, tenemos un parecido físico muy grande con esa persona, repetimos la misma profesión, o porque coinciden nuestras fechas de cumpleaños, entre otras cosas. Ser doble de alguien no es ni bueno, ni malo, solamente es conocer de quién podemos estar heredando algunos programas que quizás nos están generando ciertos conflictos. Es importante recordar que las historias familiares no tienen por qué generar síntomas en sus descendientes, pero siempre que exista un síntoma ya plasmado, es porque detrás hay una historia con una emoción oculta. Por lo tanto, vamos a analizar el árbol desde la comprensión sobre qué significa ese síntoma para nuestra biología —y dentro de clan propio—, pero nunca al revés, o sea, no se observará cuál fue la historia para preguntarnos «¿qué me puede pasar?», porque sería hacer futurología sin ninguna base.

¿CÓMO SABER SI ERES DOBLE DE ALGUIEN EN TU FAMILIA?

✳ Verifica tu nombre completo para ver si heredaste el nombre de algún miembro de la familia

- ✳ Fíjate si tienes apodos similares al de otras personas
- ✳ Fecha de nacimiento
- ✳ Fecha de fallecimiento (si corresponde)
- ✳ Si la profesión u ocupación que elegiste se repite con algún pariente
- ✳ Parecido físico con alguien (debe ser muy notorio)
- ✳ Gustos o hobbies
- ✳ Y si hay algo más que te resuena, súmalo

¿PARA QUÉ ME SIRVE SABER SI SOY DOBLE DE ALGUIEN?

Conocer esta información te permite construir un puente que conecte tu historia con la de esa persona, en busca de patrones que tengan que ver con tu síntoma. Como nosotros heredamos emociones (positivas y negativas) de nuestros dobles, es posible que alguna de las llaves de lo que estemos trabajando para sanar esté en la historia oculta de dicha persona. Es por eso que es fundamental partir siempre desde la comprensión de lo que significa ese síntoma para cada uno de nosotros, porque nos va a dar la pauta para saber dónde tenemos que buscar.

CAPÍTULO 13

LA LUZ Y LA OSCURIDAD:
EL VIAJE AL INTERIOR

JESHUA

Según la etimología, la palabra *ángel* significa «enviado», «mensajero» o «anunciador». Nosotros principalmente la usamos cuando queremos hablar de unos seres personales y espirituales que tienen inteligencia y libertad, ejerciendo el ministerio que Dios les confía. Son muchas las definiciones que se han dado a los ángeles. Algunos dicen que son sustancias inmateriales creadas para distinguirse del alma humana. Otros, por el contrario, los definen como el género próximo, por lo que se distinguen de Dios, siendo superiores a los hombres. Dios creó a los ángeles aun antes de que el mundo existiera. Son seres espirituales y energéticos —aunque algunas veces pueden tomar una forma visible— y fueron creados para ser los mensajeros y servidores de Dios. Los racionalistas han querido negar su existencia. Para ellos, la palabra ángel es indicadora de un oficio, más que una naturaleza. Sin embargo, todos los que se refieren a ellos, los definen como seres diferentes de los hombres, aunque desempeñen ministerios divinos para algunos.

Para mí, el momento de entender la realidad y de saber de verdad quién soy y de dónde provengo llegó a la edad de los treinta y tres años. Fue el momento de profundizar en el ego, y ver la luz y la oscuridad por lo que son y siempre han sido, de descubrir la divinidad dentro de otros cuando renacen, sin dejar de saber con claridad dónde surgió lo que vemos hoy. Más adelante, en mi adultez, llegó el instante de empezar a entender la dimensión del Universo y la esencia del alma.

Empezaba mi viaje como madre en el que realmente comencé a disfrutar a mis dos hijos. Mi intuición crecía. Sentí que algo fuerte pasaría y así fue. Un día estábamos en la habitación y Luis me pidió hablar. Así, sin más, me pidió el divorcio. Yo sabía que nuestra relación no iba del todo bien, eran altas y bajas como en todas las parejas. La desconfianza, la inseguridad, los celos siempre predominaban. Bastaba cualquier situación para que nos celáramos y yo cada día me sentía más insegura, no sabía si quedarme o no con él, desconocía por qué tenía que estar en esa relación, qué tenía que aprender de ese gran maestro: el que yo había escogido.

Lo que Luis estaba diciendo era algo que yo había querido hacer desde hacía mucho y no me atrevía por miedo; él llegó y me lo mostró. Así, de la nada, se sentó y me dijo:

—Me quiero divorciar de ti.

Solamente volteé y le dije:

—¿Estás seguro?

—Sí —me contestó.

Un escalofrío profundo invadió todo mi ser, brotó el miedo y la soledad, pero, sobre todo, ese malestar que revivía mi huella de abandono. Tenía tanto tiempo queriendo pedirle el divorcio, y no me había atrevido. Él dio el paso, él tuvo que venir a decir lo que mi boca nunca pudo. No entendí, sentía coraje, tristeza, enojo, ira, resentimiento, dolor, todas las emociones al mismo tiempo.

Mi parte oscura, esa que se cobija en el ego, comenzó a dominarme y, en ese momento, recordé que mi luz estaba en algún lugar. Al dormir, pedí comunicación y guía a mi ángel guardián, mis ángeles, a mi ser sabio. Oré. Me comuniqué con ese único y gran Dios que habita en mí y le dije:

—Dime qué hacer, dame esa guía que tanto necesito.

Así fue, la tranquilidad llegó y supe que al final todo estaría bien. Sin embargo, mi parte egoísta, esa parte de oscuridad me hacía sentir un gran enojo por lo que Luis había solicitado.

Esa noche el arcángel Miguel me dijo que publicara una revista. Me repitió varias veces:

—Todo se solucionará, pero tienes que seguir mis instrucciones: harás una revista.

La mañana siguiente me levanté con la seguridad de que todo iba a estar bien. Teníamos programadas unas vacaciones a Toluca con mi hermana y su familia, así que empezamos a hacer los preparativos y lo único que le pedí a Luis fue que hablásemos sobre ese tema al regresar de las vacaciones: «si así lo deseas, así será, solo no arruinemos los planes que ya tenemos para todos».

Ese día había una paz en mí, algo que me decía: «tranquila, escucha tu ser interior». Comencé a hacer caso a la divinidad, a ese ser sabio que todos tenemos dentro, sabía que afuera había una gran tormenta, pero dentro de mí había paz. Hicimos maletas, arreglamos todo y volví a dormir. Ese mensaje tan insistente de que tenía que hacer una revista no me quedaba tan claro, así que esa noche le volví a preguntar al arcángel Miguel:

—¿Qué es lo que tengo que hacer? ¿Qué tipo de revista? ¿Qué nombre debo ponerle y qué temas debo tocar?

Me dormí. El sueño me volvió a llevar a un lugar de paz, con muchos maestros y muchos guías. Me vi rodeada de gente, gente que aún no conocía y que claramente me expresó:

—¿Ves todas las almas que están aquí? Todos y cada uno de ellos colaborarán contigo y te ayudarán a sanar en lo más profundo de tu ser, solo déjate guiar y verás que todo cambiará. El nombre de la revista será: *Healthy Magazine*, todo sobre la salud mental, emocional y física, para que sane tu alma y recuerdes quién eres. Tendrás que confiar en tu intuición y en nuestra guía.

Al día siguiente desperté y, al subirme a la camioneta, vi a Luis con una gran tristeza por la decisión que había tomado.

—Todo va a estar bien. Mi vida sigue y ahora, además de todo lo que hago, voy a publicar una revista. Así que sigue tu camino y yo seguiré el mío —le dije.

—¿Una revista de qué?, es decir, ¡¿qué tiene que ver eso con lo que estamos viviendo?! —me preguntó asombrado. Se notaba cansado.

—No quiero hablar más de ese tema, simplemente sé lo que me están guiando a hacer y voy a seguir mi intuición, mi luz, a mi ser sabio. Se llamará *Healthy Magazine* —le contesté.

En la carretera camino a Toluca, comencé a idear los temas, a saber de qué hablar, el cómo integrarla investigando sobre salud, deporte, alimentación, pero, sobre todo, terapias holísticas y espirituales. Curiosamente todo esto me llevaría a encontrar la solución para resolver todos los problemas emocionales por los que estaba pasando. Estaba completamente ilusionada por el proyecto, así que eché a andar mi imaginación, esa mente creadora que hay en mí. El arcángel Jofiel no dejaba de dictarme, una y otra vez, frases y hasta un slogan. Temas y personas venían a mi mente, sabía que todo iba a ser perfecto, tenía mucho tiempo dedicándome a la comunicación, era algo sencillo para mí y confié en la guía y sabiduría de Jofiel.

Cuando llegué al destino de mis vacaciones, con una gran tristeza en mi corazón, empecé a platicar a mis hermanas de la decisión tomada por Luis. Traté de calmar mi mente, de llevar una relación lo más tranquila posible con toda la familia, incluyendo a Luis. Hacíamos todo lo necesario por no discutir, no pelear, pero, sobre todo, no hablar del tema. Queríamos dejarlo neutral para que al regresar comenzáramos de nuevo las pláticas sobre el divorcio. Sin embargo, mi mente no dejaba de recibir información, así que yo seguía trabajando en el proyecto y eso me mantenía distraída y emocionada.

Al regresar a Guadalajara, sabía que teníamos que afrontar la situación que estábamos viviendo, así que le volví a preguntar:

—Ya estamos de vuelta, ¿estás seguro de que te quieres divorciar?

Se quedó callado un momento y luego me dijo:

—Una parte de mí me dice que sí y la otra me dice que no.

—Sigue tu intuición —le dije con una sonrisa—. Yo seguiré con mi proyecto y seguiré trabajando en sanarme.

Así hice, empecé a hacer entrevistas con doctores, con terapeutas, a enfocarme en buscar modelos, fotógrafos, *outfits*, todo lo que era necesario. Ya en dos meses la primera edición de *Healthy Magazine* cobró vida. Contaba con el apoyo de mi padre, en todos los sentidos, y todas las personas a las que les platicaba del proyecto se entusiasmaban, se ilusionaban y me decían «sí, adelante». Nunca me imaginé que esta revista tuviera el éxito que tuvo, pero, en especial, que sanaría mi vida de una manera tan profunda. Un par de hojas me hicieron ver y encontrar mi luz, y no solo a mí, sino a todas las personas a las que les llegaba; era un proyecto que estaba hecho con amor y con gran alegría.

El tema del divorcio, poco a poco, se empezó a aminorar porque yo trabajaba fuertemente en sanar, en encontrar la luz dentro de mí. Estar a cargo de la edición y producción de los temas de la revista me permitió conocer muchos métodos y herramientas de sanación: angeloterapia, energía cuántica, lectura de oráculo, cristaloterapia, homeopatía, numerología, etc. Fui encontrando y recordando quién era yo, quién era realmente la persona lumínica que había en mí. Al llegar a la numerología entendí la esencia de mi alma, realmente quién era, de dónde provenía y qué tenía que hacer. Descubrí todos los talentos que hay en mí, todas las debilidades y empecé a trabajar arduamente en eso, en darle fuerza a mi luz. Al conocer la angeloterapia, mi cuerpo vibró por completo al saber que podía ayudar a sanar a las personas por medio de la energía de los ángeles y a darles mensajes, guía y respuestas siendo un canal de luz. Todos mis dones aumentaban cada día más: clariaudiencia y clariconocimiento eran los que más destacaban.

Clarisensibilidad y clarividencia estaban despertando también. Estos cuatro dones son conocidos como «claris».

Así como todos los humanos somos diferentes (género, altura, peso, color de piel, ojos, cabello, etc.) y nos comunicamos de forma distinta, los ángeles tienen diferentes formas para comunicarse con nosotros. Como los aspectos de la vida espiritual son hacia adentro y no hacia afuera, las «claris» no son la excepción. Los ángeles, en su inmensa sabiduría, se comunican con nosotros de la forma en la que sea más fácil recibir el mensaje para la persona y, sobre todo, que no invada. Por ejemplo, a una persona que es muy visual, pero no escucha a los demás, no le van a susurrar al oído. Recuerda, primero debes conocerte y después llega la guía angelical. Las Claris son una bendición, aunque en momentos sientas lo contrario.

¿Habitualmente sientes que determinada persona quiere ponerse en contacto contigo, y así lo hace? ¿Puedes sentir la presencia de alguien muy fuertemente, pero no hay nadie cerca de ti? ¿Puedes llegar a percibir perfumes u olores de personas que ya no están encarnadas? ¿Por qué harán eso? ¿Será una señal? Bien, si te resuenan estas preguntas es posible que tengas desarrollado o estés empezando a desarrollar la **clarisensibilidad**.

La clarisensibilidad implica que nuestro cuerpo percibe la energía que le rodea y reacciona en consecuencia. Esta es la intuición más común en la mayoría de las personas que practican técnicas bioenergéticas como el reiki, meditación o similares. Puede que genere ansiedad y miedo ver que alguien se quiere comunicar contigo desde otra dimensión para ayudar, y no eres capaz de descifrar el mensaje. Lo entiendo perfectamente. A mí me pasó en muchas ocasiones, incluso hay contrastes energéticos que te pueden dejar agitado durante días.

Ahora, ¿eres de los que tienen sueños proféticos, o ves luces de colores brillantes sin causa médica ni origen físico?, ¿a veces también intuyes, por el rabillo del ojo, movimientos de campos de energía en diferentes formas, habitualmente negras? Si te sientes identificado, es posible que tengas desarrollado o estés empezando a desarrollar la *clarividencia*. El gran reto de estos dones es aceptarlos y gestionarlos de una forma normalizada sin que afecten tu vida cotidiana. Profetizar la muerte de algún familiar o amigo es algo que te puede desajustar bastante, así como el final de un negocio, de una relación sentimental, o la posibilidad de sufrir un accidente.

También existe la *clariaudiencia*. Es una voz que suena como la tuya, pero que aporta resoluciones desde otras dimensiones del Universo a problemas o cuestiones triviales que te propone tu proceso evolutivo o el de alguien que te pregunta. Si eres *clarioyente* serás sensible a los ruidos, te afectará mucho el caos acústico. Te podría limitar mucho tu día a día y más si vives en una gran ciudad.

Por último, la *clariconsciencia* o el *mí*. Los *mí*, más que sensaciones, tienen información directa y muy detallada. Miran a alguien y les fluye mucha información al momento. Registran datos a través de la escritura automática o canalizan de forma verbal. Es una descarga de información que aparece de inmediato.

Aquí tenemos un gran reto, LA CONFIANZA. ¿Te ha pasado que sabías lo que pasaría y no le hiciste caso o no confiaste?, ¿qué pasó luego de que sucedió lo que ya sabías?, ¿por qué cuesta tanto confiar? Pues con base en el «ensayo y error», consigues encontrar el método que te ayuda a incorporar este gran don de la *mí*.

Como resumen, las Claris son las siguientes:

- **Clari... audiencia:** las personas auditivas
- **Clari... sensibilidad :** las personas sensibles
- **Clari... conocimiento:** las personas que tienen información sin saber cómo
- **Clari... videncia:** las personas visuales

EJERCICIO PARA TRABAJAR LAS CLARIS

En esta oportunidad vamos a ponernos manos a la obra en nuestras claris. Recuerda que estas son nuestros canales de comunicación con los seres de luz, y junto a los angelitos trabajaremos en nosotros mismos conociéndonos y creciendo, pues para crecer en lo espiritual debemos trabajar en nuestro interior antes que trabajar en los demás. Es importante hacer el test para conocer cuál es tu clari principal lo que no quiere decir que sea la única, como te explicaba, todos tenemos un canal más desarrollado que los otros, pero hoy, con la ayuda de los angelitos, vamos a trabajar todos los canales en conjunto.

Entrando en materia, los ángeles me enseñaron varios ejercicios para que pudiera tener mis claris completamente desarrolladas, y aquí quiero hacer un alto para recordarte que todo es práctica; si no te sale bien a la primera, sigue intentando, pues no aprendiste a montar tu bici a la primera. Para mí fue un poco más fácil, pues desde siempre he tenido mis claris bien abiertas; solo tuve que afinar unos cuantos detalles, así que ya sabes, a practicar una y otra vez.

Lo primero es definir tu intención. Recuerda que todo lo que aquí comparto está en la vibración más alta del amor con la intención de que tú también crezcas desde la luz y el amor. Lo que tú decidas hacer con esta información es solo tu decisión.

Una vez establecida tu intención, vamos a activar las claris. Para esto, los ángeles te aconsejan comprar un cuarzo blanco o trasparente (no tiene que ser el más grande o costoso, uno que te llame, son fáciles de adquirir y económicos). Tu cuarzo lo vas a poner en un platico con sal marina, todo cubierto durante la noche. A la mañana siguiente, toma el cuarzo en tu mano izquierda e imagina que de el corazón sale un rayo de luz blanca que se conecta con la mano que contiene el cuarzo. Este nuevo ser de luz te escogió y trabajará contigo, trátalo con delicadeza y respeto, luego pídele que te ayude a desarrollar tus claris y lo ubicas encima de tu mesa de noche o debajo de tu almohada.

Vibra con las rosas. Es ideal que vibres con este aroma, lo puedes usar en incienso, esencia, aceite esencial, agua de rosas, una planta de rosas, como quieras. Lo importante es vibrar de esta forma. Cuando los ángeles me encomendaron esta tarea tan importante, me encantaba usar una crema corporal de rosas.

Ya listo nuestro cuarzo y nuestro aroma de rosas, es hora de meditar, pues puede faltar cualquier otro paso menos meditar. Debemos elevar nuestra frecuencia, mover nuestra energía y

SOLTAR TODA EXPECTATIVA. Esto es muy importante porque las expectativas puedes establecerlas desde el ego y no desde el amor, por lo que terminarías autosaboteándote. Te quiero contar que la frecuencia de las rosas no falta en mi vida, mi preferido es el incienso de rosas y el de lavanda.

CÓMO ACTIVAR LOS DONES ESPIRITUALES CLARIS (ejercicio narrado por medio de una canalización)

Lo primero es entrar en un estado de tranquilidad y de neutralidad a través de una meditación. Una vez en ese estado, pedir la presencia y la energía del arcángel Gabriel, ya que él nos ayuda a conectar con la energía divina, con la fe y la luz de la fuente creadora. Es importante pedir también la presencia y la ayuda del arcángel Metatrón y pedir asistencia del arcángel Zadquiel, para eliminar todas las dudas y pensamientos negativos transmutando, con su llama violeta, todo lo que no corresponda a la vibración lumínica en tu alma, en tu mente y en tu energía. En ese estado de paz y de armonía es muy fácil conectar con la fuente de creación y pedirle al creador mismo que active, con la ayuda de los arcángeles presentes, tus dones espirituales.

Repetir esto en voz alta:

✴ A partir de hoy, todo lo que veo con mis ojos físicos y mi tercer ojo proviene de Dios

✴ Hoy activo mi glándula pineal para recibir la información que proviene de Dios

✴ A partir de hoy, mi energía y mi intuición están activados y protegidos con la luz del creador

✴ A partir de hoy, todo lo que siento en mi cuerpo físico me conecta con la intuición de Dios, así es, así ya es, hecho está

Volviendo a mi historia, me fui percatando de que la luz predominaba, que el miedo y la ansiedad bajaba y el tema del divorcio fue desapareciendo. Hice caso a todas y cada una de las experiencias, de las terapias, de las entrevistas con los seres tan divinos que se acercaban a mí. La revista duró dos años, mes con mes, tema tras tema, y disfruté muchísimo con esta nueva yo. Todos aquellos que en algún momento contribuyeron eran personas muy sabias que ayudaron a mi mente a recordar quién era y a sanar profundamente. Poco a poco sentía tranquilidad, paz y calma en mí.

Mi cuerpo también lo sentía, empecé a bajar de peso, a hacer ejercicio, a hacer decretos, afirmaciones, meditaciones, oración y todo aquello que fuera necesario para trabajar en mí. Los ángeles me estaban dando la respuesta que yo necesitaba al escuchar a mi ser sabio, al arcángel Miguel y a todas las manifestaciones que se me mostraban, así yo iba arreglando mi vida en general. No solo mi matrimonio, sino también mi seguridad y mi confianza. Al proyectar la seguridad en mí, los celos e inseguridad de mi esposo y míos disminuyeron. Cada día recordaba más para qué había sido enviada a la tierra. Cada día mis mensajes, la intuición, todo llegaba una y otra vez. Mis ángeles y mis guías, entre ellos mi abuela materna, me guiaban todo el tiempo. Las experiencias que yo vivía en la vida real y en los sueños eran casi imposibles de diferenciar.

Una de esas veces, al estar en una terapia con una gran maestra, Vicky, con la cual trabajé en mi sanación emocional, aprendí todo sobre emociones y cómo sanar desde el amor incondicional con la fuente de creación. Ella me mostró realmente mi ser de luz y la capacidad que hay dentro de mí. En una meditación vi ese ser de luz que soy, con un diamante en la frente, y volví a recordar a Lemuria, ese lugar divino de donde provengo. Fue un viaje rápido, pero me permitieron ver mi futuro y vi el potencial que había en mí, no podía entender cómo era capaz mi mente de viajar a esas dimensiones, de encontrar esos lugares y esos seres divinos; era increíble lo que yo iba descubriendo en mí, pero, sobre todo, lo que iba trabajando en sanación.

En el segundo aniversario de la revista, me llegó un mensaje claro: tenía que dar un gran evento para exponer, de forma masiva, cada tema y herramienta que las hojas de mi publicación exponían. Mis ángeles pusieron ante mí a las personas que tenían que estar dando conferencias ese día, a mis maestras de angeloterapia y numerología.

La *angeloterapia* ayuda a sanar removiendo los bloqueos energéticos causados por creencias, hábitos o costumbres basadas en el miedo. Genera, a través de nuestros sentimientos y pensamientos, un campo vibracional más elevado que permite fluir de una mejor manera. Por otro lado, la *numerología* es el estudio de la personalidad, a través de los números que rigen a cada persona. Este estudio nos ayuda a conocer en profundidad qué cualidades, dones, virtudes, debilidades, carencias e inquietudes se poseen, facilitando el autoconocimiento.

Dos años después de aquella pregunta que vino a revolver mi mundo, mi matrimonio iba un poco mejor y nadie podía creer cómo, día a día, yo iba mejorando todo lo referido a seguridad, confianza y comunicación. Sin embargo, había una línea de separación entre mi esposo y yo. Entre más despertaba espiritualmente y más entendía lo que vine a hacer a la tierra, más sentía a Luis lejos de mí. Era como si viviéramos en dos mundos distintos, pero entendía que él era la persona que me aterrizaba al mundo terrenal, para no estar todo el tiempo pensando en el Universo, en los ángeles o en los seres de luz. Somos seres espirituales viviendo en un mundo material; somos, por ende, terrenales, todos somos espirituales y todos somos universales, tenemos que aprender a encontrar el equilibrio. Cuando supe diferenciar entre la oscuridad y la luz en mí, entre el multiverso y la tierra, todo fue más sencillo de equilibrar. El trabajo era de todos los días, era arduo y continuo en mí, y en el servicio para ayudar a los demás.

El segundo aniversario llegó. Todo fue perfecto, rueda de prensa, radio, televisión, empezar a hacer la promoción en grande para festejar ese segundo aniversario. Toda mi familia y amigos estaban conmigo. Al estar en el estrado viendo a todas las personas que, de alguna u otra manera, habían confiado en mí y habían llegado a mí, sentí un gran estremecimiento en todo mi cuerpo, los mensajes comenzaron a llegar, uno tras otro.

—Esto es lo que tendrás que hacer —me dijo el arcángel Metatrón— ayudar a miles de almas a despertar.

Volví a conectar con él, sabía de su existencia, lo había visto en mis meditaciones, sabía lo que él era capaz de hacer, es el arcángel más poderoso del multiverso, el que te conecta con todos los seres de luz en la tierra y en el cielo, que te hace ver tu verdadero potencial. El arcángel Metatrón es un ser con tres pares de alas, un ser divino con todos los colores del Universo que te ayuda a viajar entre dimensiones, confiando realmente en quien tú eres, en tu luz divina. Se mostró claramente ese día, y me mostró mi misión. Y ahí fue cuando yo acepté lo que era y dije sí al Creador. Dije sí a ese Dios que vivía en mí, dije sí a mi esencia divina, a mi ser sabio y a todos los seres lumínicos que siempre me acompañaban. Fue un día grandioso, un evento increíble, después de ese momento nada fue igual, todo se aceleró, empezó a cambiar mi vida de un día para otro.

Metatrón es el ángel patrón de los niños por su papel en el Zohar como el ángel que guio al pueblo de Israel en el desierto hacia la tierra prometida. Él guía a los niños tanto en la tierra como en el cielo, en especial ayuda a los índigo y cristal a superar los obstáculos de su evolución. Los padres pueden pedir a Metatrón que los guíe para poder ayudar a sus hijos en su educación, espiritualidad y el desarrollo de sus habilidades psíquicas. Por ser un ángel que alguna vez fue humano, a Metatrón se le asocia con los arcángeles Gabriel y Azrael cuando trabajan como ángeles de la muerte. Metatrón los supervisa cuando ayudan a las almas a hacer su transición del plano físico al espiritual. El arcángel Metatrón se encarga de dirigir la ascensión y activación del cuerpo de luz del ser humano. Es un ángel poderoso que, justamente porque fue humano, conoce el camino de la iluminación. Su significado más importante para quien desea caminar hacia Dios es que representa el potencial de transformación y purificación del alma cuando se propone trascender la materia para unirse al espíritu puro de la divinidad.

Dos días después del evento, recibí una llamada telefónica donde me decían que me invitaban a un programa de televisión en Televisa a dar mensajes angelicales y canalizaciones. Sentí miedo. Yo había dicho que sí y el momento había llegado. Era hora de trabajar, tenía dos años trabajando en mi propia sanación, en mi propia liberación y mucho más por aprender, quitando apegos, reconociendo la oscuridad y viendo mi luz.

La oscuridad es algo que siempre está ahí, ese ego, esa mente, y no lo podemos desaparecer, pero sí controlar y ahí es cuando entra la palabra *congruencia*; congruencia en todo tu ser, en tu mente, en tu alma y en tu espíritu. Dejar de luchar contra quien eres, reconocer tus emociones y sentimientos para trabajarlos y sanarlos es un trabajo diario. Hasta la fecha seguimos en ese trabajo continuo para poder vibrar en armonía, para poder ser esa luz divina, para poder expandir la luz y la energía en el Universo.

El trabajo es todos los días, pero es mucho más sencillo cuando dices *sí* a la divinidad, aquella propia del Ser Supremo. Las cualidades sobrehumanas forman parte de la divinidad, ya que exceden lo humano (o la humanidad). La omnipresencia, la omnipotencia y la omnisciencia del Dios cristiano, por ejemplo, son rasgos de su divinidad: un humano no es omnipresente, omnipotente ni omnisciente. El concepto de divinidad también se usa como sinónimo de un dios o un ser divino.

Empezaron las entrevistas todos los días y como una bola de nieve, a crecer y a crecer. Mi impresión era demasiada, no podía entender por qué, de un día para otro, todo había cambiado. Una vez más, en mis meditaciones y oraciones, pedía que me mostraran el camino, la guía y las personas con las que tenía que estar. Nunca dejaron que sintiera inseguridad, el arcángel Miguel me llevaba siempre de la mano.

Un día, en meditación, me dio la curiosidad de preguntar quién era mi guía, mi ángel guardián, así que entré profundamente en ese momento especial, con la pregunta clara a mi ser sabio, a mis guías. Se presentó un ángel alado con una energía y una luz que encandilaba toda la habitación donde me encontraba y claramente me dijo su nombre.

> —Hola, soy Pedro, soy tu ángel guardián, tu guía espiritual, el que te ha acompañado siempre, el que ha estado contigo en todas las experiencias de tu vida, en todos los espacios, en todos los lugares y en todos los universos, esa esencia de luz que te acompaña siempre, soy yo. Ahora sabes mi nombre y podremos estar más en comunicación.

Todo mi ser empezó a vibrar durante la meditación porque también apareció Zadquiel, que en ese momento era el que más me acompañaba en todo lo que yo trabajaba en mi cambio, en mi sanación, en mi transmutación. El ángel Zadquiel siempre estuvo ahí para darme alegría en los momentos de más tristeza; para darme paz en los momentos de más angustia. En todas aquellas situaciones cuando mi energía era nula, él me ayudaba a volver a cargarme de esa luz. Lo vi claramente, esa luz divina, esa esfera color violeta, que envolvía mi campo electromagnético, mi campo áurico y lo que yo era por completo. Todo fue distinto a partir de ese momento porque me sentía aun más protegida. Cada día la seguridad aumentaba, las personas llegaban y comencé a dar terapias y cursos de ángeles llena de entusiasmo y energía.

La llegada de Pedro, mi ángel guardián, transformó mi alegría. Los ángeles guardianes son asignados por Dios a cada alma humana para que la acompañen en todas las vicisitudes de su vida, e incluso después de la muerte. Son espíritus o guías de naturaleza divina que cada uno de nosotros posee y que se encargan de velar y de cuidar en todo momento de la persona a quien han sido designados como sus protectores. Los ángeles de la guarda son seres inteligentes dotados de enorme pureza y que ofician de puente entre Dios y su custodiado. Encarnan la voz de la correcta consciencia que trata de ayudarnos y orientarnos en nuestra senda de aprendizaje y consolarnos en los momentos de aflicción. Tienen la misión, en suma, de recordarnos el camino de regreso a nuestro hogar primigenio que es Dios.

Los mensajes y la guía que estaba recibiendo era muchísima, así que, simplemente en oración, después de esa hermosa meditación, agradecí por el lugar adonde me habían llevado, por todo lo que había logrado hasta ese día y pedí que me guiaran siempre. Pedí a ese gran y único Dios que vive en mí que nunca dejara de guiarme, que me pusiera donde más yo podía ayudar, donde más podía servir, que yo soy una con Él y Él es en mí. Le di gracias por permitirme ser un canal de luz en la tierra, y que aceptaba mi misión con amor y desde el amor, desde el servicio divino, para guiar a otros a despertar y así empezó esta hermosa aventura.

CAPÍTULO 14

LEMURIA Y MI ENCUENTRO CON EL MAESTRO AKTON

AKTON

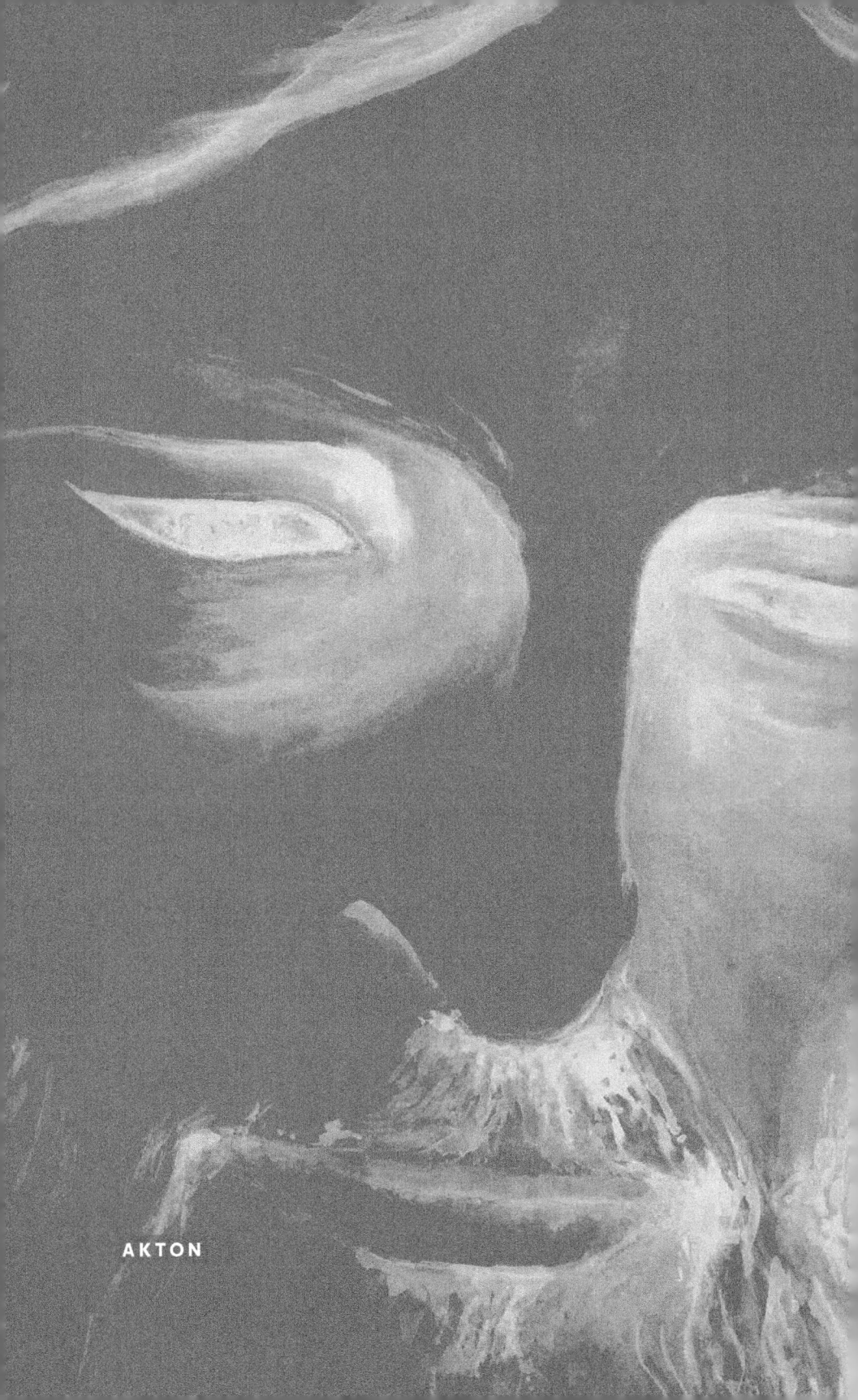

La vida está conformada de episodios que te van acercando a descubrir tu verdadera esencia, aquella que es importante, característica y fundamental en cada ser humano. Por ejemplo, la esencia de la ciencia es la curiosidad, la esencia de la bondad es el amor al prójimo. La esencia es lo que constituye la naturaleza de las cosas, lo que tienen de invariable, es decir, el conjunto de características no variables o mutables de las cosas. Platón, por ejemplo, consideraba que la esencia era la idea o forma eterna, inmutable, de las cosas materiales sensibles a la percepción. Para Aristóteles, por su parte, la esencia era aquello que establece la definición de las cosas, su descripción en sí, aquello que la cosa es con respecto a sí misma.

Imagina que el alma es como un baúl de recuerdos con cada una de las experiencias en todas tus vidas; muchas de ellas son grandes enseñanzas y retos a trascender. Ya tenía cuarenta y dos años y hasta ese momento de mi vida había algo (o mucho) que yo había aprendido: a vivir una vida diferente con las herramientas internas. Sin duda, mi alma tenía deseos de brillar más, y yo sabía que ella podía hacerlo. Empecé a trabajar con los seres de luz, entendiendo lo que había que descubrir día a día. El ego era algo que me dominaba muchas veces, pero fui convirtiéndolo en mi aliado. Constantemente me hacía preguntas como ¿quién soy? ¿Quién es el *yo*? Y fui entendiendo, poco a poco, con la ayuda de los seres divinos.

La meditación se convirtió en una constante en mi vida. Bien dice el doctor Joe Dispensa que pensamos entre 60,000 y 70,000 pensamientos en un día. Esto nos aleja de nuestra energía más primitiva, nos nubla el camino y no nos permite conectar con nuestra función esencial en la tierra. Por la necesidad de conectar con mi interior y dedicar tiempo a mí misma, comencé a incluir la meditación a diario en mi vida; esto fue una revelación. Hubo días en los que mi mente ganaba la batalla y no conseguía llegar al espacio placentero que se consigue durante el estado de meditación, pero mi conexión regresaba mucho más rápido cada vez. En una meditación muy profunda, regresé a Lemuria, hoy en día es una ciudad *mí*, debajo del lago Titicaca en Perú. ¿Habías escuchado alguna vez hablar de ese hermoso lugar? Déjame platicarte, en él habitan seres de gran tamaño con una cabellera plateada muy larga. Es de donde yo provengo. Durante la meditación, y en ese lugar de donde yo había salido, un gran maestro se presentó ante mí, Akton. Tenía una cabellera que emanaba rayos, aunque deslumbraban mi vista, me abrazaban con su calor, su campo áurico se veía de miles y miles de colores. En ese lugar todo era perfecto, los colores radiantes y resplandecientes. Al meditar logré entender que tenía que protegerme en todo momento porque entre más luz hay en nosotros, más nos ataca la oscuridad, así que el arcángel Metatrón me dio algunas herramientas como geometría sagrada, el cubo de Metatrón que protegía mi campo electromagnético.

El campo electromagnético es el espacio completo de lo que somos, donde están nuestros 7 cuerpos etéricos, nuestra mente, alma, espíritu y aura, que tenemos que proteger al meditar, al recibir o dar cualquier técnica de sanación. En una de estas meditaciones, una figura luminosa salió de mi chakra corona. Un cono interdimensional que me conectó a otros mundos, a otras dimensiones. Esta vez fue Lemuria, paraíso de luz inigualable en los dos sentidos (literal y metafórico); grandes paisajes y muchos seres con gran sabiduría. Ahí habitaba mi familia de alma. Enfrente estaba un maestro nuevo para mí. Sus palabras las describo verbalmente, de una forma nítida y justo como las recuerdo. Deseo que sean una especie de regalo para ti:

> *Noraya, ese fue tu nombre en el tiempo de Lemuria, que significa "conectora de mundos y de dimensiones". Tú viviste en el tiempo de amor y armonía, y tu sabiduría fue y es infinita. Ahora que estás de nuevo en la tierra, tienes que ayudar a las almas a integrar la consciencia y el corazón, mostrarles el camino del autoconocimiento y, sobre todo, ayudar a la humanidad a integrar las polaridades. Nada es bueno o malo, positivo o negativo, todo es equilibrio perfecto cuando encuentras la integración de lo masculino y lo femenino en ti. Tú lo trabajarás y luego lo mostrarás. Aquí está pues tu misión en la tierra. Te bendigo, hermosa alma de luz.*

Lemuria y Atlantis pertenecían al mismo continente; siendo dos estados distintos, competían por gobernar a la humanidad. Los dos poseían grandes poderes, los lemurianos tenían la sabiduría divina de Dios, junto con la sabiduría de cómo manejar a la humanidad; los atlantes, a lo largo de toda su historia, tuvieron una serie de dioses poderosos que gobernaron la tierra, el aire, el agua, el fuego y el cielo.

Como la tierra es el mejor lugar para evolucionar y avanzar en la dimensión angelical, los ángeles habitaron en Lemuria y Atlantis. La Atlántida estaba ubicada en Egipto, a un lado del río Nilo, poblada por un pueblo rico, sabio, justo y generoso. Cuando los atlantes se volvieron mucho más sabios, el balance se perdió, hubo maremotos y largas y fuertes lluvias, hasta el punto en que la isla quedó destruida en una sola noche. La leyenda cuenta que los restos de la Atlántida descansan en el fondo del mar, bajo las tierras y pirámides de Egipto, y también debajo de las islas Canarias, y que este archipiélago está formado por los picos y las montañas más altas de este continente mitológico. Durante los siglos XVI y XVII se llegó a identificar a Canarias con la Atlántida en numerosos mapas y escritos. Así que, en realidad, la isla se quedó bajo el nivel del mar o se hundió abruptamente, en el mismo momento en el que las olas se generaron. Mientras las investigaciones científicas, históricas o arqueológicas, y las sesiones de esoterismo y teorías paranormales siguen discutiendo sobre el lugar de reposo, naturaleza y causas de la destrucción de la Atlántida, esta seguirá siendo un punto importante de análisis en el mundo angelical.

Akton es un maestro evolucionado que ha vivido en la tierra y el resto del Universo, aunque Lemuria fue el lugar que él gobernó, siendo uno de los maestros más superdotados y sabios. Tiene todos los poderes de la sabiduría lumínica y su función es la de enseñarle a los ángeles cómo habitar en la tierra. Este maestro espiritual y guía ha sido una constante en mi camino en la tierra y quizás el que me ha guiado de manera más firme. Fue en Lemuria, precisamente, donde lo vi por primera vez.

—Shiram —me dijo en voz pausada aquella tarde—, mi nombre es Akton y estoy aquí para hablarte sobre el ego y sobre la luz. El ego es un impedimento para la esencia de cualquier ser humano, es algo que aquí no existe, pero en la tierra ya lo conociste y lo has enfrentado todos los días de tu vida y seguirás trabajando con ese equilibrio perfecto. Es algo de nuestro ser que está lleno de cosas, de puntos de vista diferentes en cada ser humano. Tal vez te confunda, pero para encontrar la esencia de tu ser hay que aprender a trascender la esencia de tu ego. Nunca olvides quién eres, tú eres la esencia divina y puedes alcanzar esa verdadera luz que hay dentro de ti, aprendiendo poco a poco a dominar al ego. Recuerda, no es un problema, nunca lo sientas tu enemigo, tú eres la responsable de tus emociones y todas estas herramientas que contiene el ego, muchas veces, serán de gran ayuda, porque te darán los pasos a seguir para que encuentres tu verdadera esencia, deja de luchar contra ellos, solamente abraza lo que tú eres. El ego también te mostrará tu historia biológica, tus traumas, tus emociones y tendrás que hacerte responsable de tus propias creencias, de tus valores. La divinidad radica en la esencia divina, la cualidad de tu ser es esa luz que aprenderás a irradiar cada día. Las herramientas están en la existencia humana, que es la cualidad de todos, salirse de ustedes mismos para buscar un nuevo punto de luz. En la oscuridad encontrarás la luz y aprenderás a mantenerte en un estado de amor y de armonía.

—¿Qué puedo hacer para mantenerme en ese estado de luz? —pregunté yo.

—La expansión es la clave de la evolución, tendrás muchos puntos de vista diferentes que te permitirán expandirte y conocerte. Recuerda, cuando conectas con la esencia relacionas todo lo que existe en el multiverso porque te reconoces a ti mismo. Recordarás de dónde vienes, cuál es tu verdadera esencia, las otras vidas en las que has estado, los otros mundos y todas las experiencias y recuerdos que hay en tu alma guardados en los registros de tu ser. A través de la meditación, verás muchas realidades y te encontrarás en muchos mundos, pero recuerda, todo lo que veas y sientas son tus vidas pasadas, son parte de ti y tendrás que trabajar mucho en sanar, liberar y transmutar todo lo que ahorita no te aporte para la evolución de tu alma. Tendrás sensaciones que a veces lamentarás, no confiarás en ti, en lo que tú estás haciendo, muchos te criticarán y juzgarán al igual que tú lo harás contigo misma. Tendrás que aprender a reconocer tu misión y a ponerla en alto siempre, recordando que tú eres la esencia de luz. Tu corazón y tu alma brillarán cada día más, el amor es la clave de todo. En tu misión empezarás a sentir y a preguntarte, muchas veces, quién te envió, por qué estás aquí. Tal vez te harás muchas preguntas, pero recuerda que alguien superior te envió a cumplir una gran misión en la tierra. ¿Quieres saber cómo reconocer esa misión? Entre más luz emanes en lo que hagas para vivir, para existir, seguirás el camino correcto. El servicio, la compasión, el compartir la sabiduría, el estudio y preparación, el amor y la felicidad son claves perfectas en la misión de vida, ahí es cuando empezarás a recordar tu esencia de luz. Con las herramientas del ego, empezarás a vivir toda la información de tu esencia a través de los ojos de la divinidad. El ego te irá mostrando lo que tienes que sanar y llegará el momento en el que conectarás con todo lo que tú realmente eres, ese *yo soy*. El *yo soy* es en ti. Ahora, al preguntar ¿quién soy yo?, sabrás que eres la elegida para cumplir con tu misión. El *YO SOY*.

Akton me dio mucha información ese día, empecé a procesarla poco a poco. Había muchos estudiantes al mismo tiempo que yo, otros venían de diferentes mundos y algunos de la tierra. Mi pregunta era: ¿cómo sabré que estoy haciendo lo correcto? Levanté mi mano con mucha emoción. Y en eso volteó y me contestó:

—Hermosa alma de luz, Shiram, recuerda que el camino lo limpiaremos nosotros, no estás sola en este andar, estás acercándote a esta dimensión divina donde Dios está dentro de ti. Recuerda que los mensajes llegarán en los momentos perfectos y correctos, pero nunca olvides que la oscuridad seguirá presente en todos los instantes en tu vida, tendrás que iluminar y avanzar. Este es el momento de dejar de luchar, es el momento de un reinicio, de una renovación, tendrás que aprender y reconocer la verdadera esencia que hay en ti. Las razones por las cuales estás viviendo en la tierra es para que tú repartas esa esencia divina, pero para que lo logres debes seguir trabajando profundamente en sanar tus más grandes emociones: el abandono, la inseguridad y la credibilidad, esas herramientas serán importantes para que nunca dejes de creer en ti, para que sepas siempre que no estás sola jamás y que eres capaz de sanar y de sanar a miles, de ayudar a que crean en ellos mismos, creyendo en ti. La oscuridad solo te mostrará una oscilación constante, un desequilibrio emocional, aquellos que en el cielo representan la aguja serán tu sostén, y lo que te haga dudar será lo que te hará perder el equilibrio muchas veces, es como la expresión de una aguja en un pajar. Son pequeños hilos que irás encontrando, recuerda que esta aguja proviene del espacio, de otros mundos, de una amplia expansión y tú tendrás siempre que encontrar la manera de entrar en ese pequeño orificio, pero recuerda, Shiram, que el lugar está asegurado para los que regresen a su estado natural del ser. Por eso te pido que te sigas preparando y sanando cada día para que tu diamante lumínico brille con toda su luz y llegues a tener la vida eterna. La primera cosa que debes recordar siempre es encontrar la luz en ti. La tierra está siendo preparada por nosotros, por muchos maestros y seres divinos. Ángeles y arcángeles han acompañado tu camino y lo seguirán haciendo porque ahora sabes de dónde provienes, Lemuria es tu hogar y tú eres un ángel estelar en esa tierra divina, la cual está siendo sanada. Vivirás muchas experiencias y encontrarás un camino lleno de adversidad que siempre podrás superar cuando regreses a tu centro. Hermosa alma de luz, recuerda que en tus pies tienes la conexión con la tierra; en tu tercer ojo, el símbolo de sanación; la protección divina de la geometría sagrada y tu campo electromagnético lleno de energía lumínica. Nunca te faltará nada, solo recuerda volver a tu centro y encontrarás tu verdadera esencia de luz. Y ahora, cada vez que digas *yo soy*, recuerda quién eres, recuerda que tu mente, tu alma, tu cuerpo y tu espíritu están aquí y ahora. Tú eres el *yo soy*, la esencia divina de luz, deja que tu alma evolucione y ayuda a muchos a encontrar su verdadera luz y a recordar que también son ángeles en la tierra que han venido a recordar quiénes son por medio del *yo soy*.

¿CÓMO DEFINIR LA ESENCIA DE UNA PERSONA FRENTE AL CAMBIO?

Si una persona cambia constantemente frente a nuevas experiencias, ¿cómo podemos definir su esencia?

Esta es una pregunta que no tiene una respuesta fácil ni evidente. De hecho, existe toda una rama de la filosofía dedicada a ella y es que todo cambia en nosotros. Cambia nuestra estructura biológica general cuando pasamos por las diferentes etapas de la vida (bebé, niño, adolescente, adulto joven, adulto maduro, preanciano, anciano), y cambiamos también de un instante a otro. Por ejemplo, las conexiones sinápticas son diferentes desde que comenzaste a leer esto. Desde el punto de vista mental ocurre lo mismo: hay recuerdos que perdemos, formamos otros nuevos, modificamos los que tenemos y nuestros sesgos nos juegan malas pasadas.

Entonces, ¿qué es ser *yo*? ¿Cuál es mi esencia?

Bueno, la respuesta puede que no guste a algunos, pero, desde un punto de vista ontológico, no hay algo que podamos identificar como ese *yo*, ni alma, ni consciencia, ni homúnculo de ninguna especie. Pero, puede decirse «yo me identifico con el niño en esta foto», «*yo reconozco a mi madre en esta grabación de vídeo de hace 20 años*». En estos casos, son la memoria social y nuestro entorno, que decoramos con recuerdos y fotografías, los que nos ayudan a reconstruirnos cada mañana cuando despertamos. Si amaneciésemos aislados en una sala blanca, sin nada, solo nuestros recuerdos nos dirían quiénes somos, pero si perdiésemos la memoria, eso que llamamos *yo* se desvanecería por completo.

¿Entonces?

Tú eres psicológicamente continuo, con un ser pasado o futuro. Siempre y cuando algunos de tus estados mentales actuales se relacionen con los de ese ser por una cadena de conexiones psicológicas, podría decirse que mantienes ese *yo*. Si rompes la cadena se rompe la relación. La continuidad psicológica es lo más parecido que existe a la esencia del *yo*. Pero no está libre de problemas y lleva a paradojas. El *yo*, como tal, no existe y esto es solo un artificio.

CAPÍTULO 15
ENTRE EL CIELO
Y LA TIERRA

ARCÁNGEL GABRIEL

LA VIDA DESPUÉS DE LA MUERTE

¿Te has preguntado qué hay en el más allá? Empecé a trabajar con muchísimas personas que necesitaban consuelo y cerrar ciclos en sus vidas (algunas habían perdido a un ser querido).

Todo empezó en un momento complicado en el planeta tierra, muchas almas estaban trascendiendo porque había sido el pacto que les correspondía, pero no era sencillo para todos los que se quedaban sin despedirse, sin decir un adiós, así que dentro de las terapias empecé a trabajar mucho con la mediumnidad. Para mí era normal transmitir y canalizar mensajes de los seres lumínicos, de ángeles y de arcángeles, pero cuando empecé a hacer el trabajo de canalizar a las almas de personas trascendidas fue muy diferente, ya que empecé a conocer muchísimo de ese mundo, de ese cielo, de ese lugar entre el cielo y la tierra, y también de lo que hay al llegar a la luz.

Te comparto un poco de las experiencias que me ha tocado vivir con la ayuda de los ángeles, siempre sintiéndome segura y protegida. Una de las primeras experiencias —que para mí fue muy fuerte— fue enterarme de que aquella tía que para mis hermanas y para mí había sido de gran ayuda, la tía Nena (quien nos acogió mientras mamá estuvo hospitalizada en otro país) estaba muy grave de salud. Fue un momento de *shock* para todos, ya que de un día para otro, después de una intervención quirúrgica, su cuerpo empezó a no reaccionar, así que estábamos todos pendientes de su estado y de su recuperación. En el hospital estaban mi hermana Anabela y mi primo Carlos. Voy a hacer un paréntesis para platicar de Carlos, el menor de los hijos de la tía Nena. Para mí era solo un niño cuando comencé a compartir con él, pero la vida nos empezó a juntar cada vez más y más. Él siempre estaba interesado en temas de espiritualidad, en conocer más del Universo; todos los temas que a mí me gustaban a él también le llamaban la atención, así que por algo nos habíamos vuelto a unir. Aquel momento por el que atravesábamos fue clave para que nuestras almas entendieran que teníamos que ayudar a evolucionar también a nuestra familia, así que fue un placer para mí poder canalizar al ser lumínico, divino y hermoso que era la tía Nena.

Aún con vida, la tía Nena estaba en un estado donde ya no podía hablar, donde ya no se podía comunicar, completamente fuera de sí, sin embargo, su cuerpo todavía tenía vida, su cuerpo se encontraba ahí, pero su alma estaba en otro espacio-tiempo, estaba entre el cielo y la tierra, a punto de partir a ese lugar lumínico, a ese lugar especial. Yo me encontraba en Guadalajara hablando por teléfono con mi hermana y con todos ellos, justo en ese instante, sentí una gran necesidad de canalizar lo que mi tía quería decirles en ese momento a todos. Fue muy extraño ya que su cuerpo seguía con vida, pero su alma estaba a punto de salir completamente de él, empecé a sentir la necesidad de hablarle a mi hermana lo que ella quería decirle, al igual que mensajes para su esposo y para Carlos, su hijo menor. Todos fueron perfectos y correctos. Tres horas después, ella expiró, su alma estaba en el cielo rumbo a esa luz divina, ahí en ese lugar al que todos llegamos.

Al entrar al día siguiente a su funeral, pude acercarme a sus hijos, a mis primos y a mi tío, y darles los recados que tan claramente me entregó para ellos. Mi hermana era testigo de lo que había sucedido, pude entregarles información cuando aún seguía con vida su cuerpo. Fue algo muy insólito para mí, todo mi cuerpo se estremeció, no podía entender por qué estaba sucediendo eso, solo sabía que era perfecto y para mí era el más grande placer que la tía Nena, esa persona tan especial en nuestras vidas, me hubiese escogido para entregar tan importante información. Fueron muchas las manifestaciones que me dejaron saber que su alma había llegado al cielo, ya que era una persona completamente dedicada al servicio, al amor y a la espiritualidad. Dios era lo primero en su vida y para mí era un gran ejemplo.

A partir de ese momento, muchas cosas más empezaron a suceder. Las personas sabían que yo podía canalizar, pero no sabían que podía canalizar a almas trascendidas. Tuve que darle permiso a una nueva etapa de mi vida, a abrirme a ese momento especial. Tenía la obligación de otorgarles paz y tranquilidad a todos aquellos que se habían quedado con una gran angustia o tristeza, a ayudarles a cerrar los ciclos de su vida, a despedirse de ellos de una manera amorosa. Debía ser ese canal para entregar la información que ellos necesitaban, así que me permití hacerlo con mucho amor.

Te relato a continuación un poco de las historias que hemos vivido entre los ángeles, las almas, los guías y maestros de este cielo divino.

Al trascender, las almas llegan al lugar donde realmente su mente se queda, si se van en paz llegan en paz, si se van angustiadas llegan a un lugar donde sienten angustia continua. Su ángel de la guarda los acompaña siempre. Es un lugar entre el cielo y la tierra; este portal lumínico dura cuarenta días abierto, si las almas deciden terminar su camino inmediatamente pueden entrar a la luz. Hay almas que deciden quedarse para despedirse de sus seres queridos a través de muchas manifestaciones: la música que tanto les gusta o el olor que ellos acostumbraban a utilizar en sus perfumes; son muchas las señales que dan para despedirse. Lo más hermoso es saber que ellos van encontrando la paz poco a poco, así me mostraron los arcángeles Miguel y Gabriel. El arcángel Gabriel es el que recibe las almas en esa puerta divina y las acompaña hasta la luz. El arcángel Miguel los ayuda a que no se pierdan en su camino, todo es de una manera amorosa y perfecta. Este cielo al que llegan es un lugar divino donde solo se encuentran luz, paz y amor. Si tu corazón está en calma, si has cumplido con lo que realmente tenías que hacer, llegas directo a ese lugar de paz. Si no es así, tu alma llega como a un salón (como si fuera una universidad o una escuela). Hay diferentes niveles de acuerdo a la evolución del alma. Llegas al nivel 1, 2, 3, 4 y así sucesivamente, del nivel quinto en adelante, tu alma ha evolucionado de manera perfecta.

Si no has llegado a ese espacio y a esa frecuencia de vibración donde se encuentran todos los seres lumínicos, tu alma seguirá evolucionando. Siempre lo hace. Así como en la tierra, en el otro espacio-tiempo seguimos aprendiendo y evolucionando. Todo es perfecto y correcto allá. Tienes la oportunidad de ayudar a muchos, de seguir estando como guía espiritual ante tus seres queridos.

Los guías espirituales son aquellas almas que se quedan con alguien específico de su familia para seguir cuidándolo y guiándolo, así como su palabra lo dice, por el camino espiritual. Es algo que ha aprendido y es divino. Cuando dejan de hacer su trabajo porque han cumplido con la misión de esa persona, pueden seguir su propia evolución. Sin embargo, al encontrarse en el cielo es más fácil venir por medio de sueños premonitorios, ayudando a sus seres amados. Los guías espirituales nunca mueren; al igual que el alma, trascienden. Si tú los tienes en tu corazón con paz y con calma, recordándolos de la manera más amorosa, ellos pueden evolucionar más rápidamente. Al retenerlos con el dolor, se les complica a ellos seguir su evolución. Es muy importante que cuando alguien trascienda lo dejes ir, le agradezcas, le digas todo lo magnífico que fue cada momento, y si tienes algo pendiente con esa alma, perdona, perdónate y perdónalo, porque no hay nada mejor para ellos que seguir evolucionando en la luz divina.

También en el cielo hay muchos ángeles y guías; maestros que los siguen acompañando. Sus seres queridos muchas veces los encuentran, otras no. Para ponerte un ejemplo: si tu madre falleció antes que tú y su alma se fue tranquila, tal vez ella llegó al quinto nivel, y puede ser que tú al morir llegues al tercer nivel. En ese caso, no podrás encontrarte de inmediato con ella, mas no es imposible. Hay que seguir evolucionando también allá para encontrarte en ese estado lumínico.

Cuando las almas se quedan atoradas, que es algo que pasa seguido, piden ayuda, así que cuando un ser querido está sufriendo mucho y no deja descansar al alma, normalmente se presentan y piden ir a la luz. Este es el acto más bondadoso que puedes hacer por tus seres queridos, enviarlos a la luz, permitirles trascender, permitirles llegar a ese estado de paz, de energía y vibración. Cuando se encuentran en ese lugar entre el cielo y la tierra sin poder evolucionar, pueden ver el mundo que ellos quieren, realmente crearlo desde su imaginación, no hay nada más perfecto que la creación en su mente. Así como allá, aquí igual podemos cocrear; no esperes estar en ese estado para cocrear una vida maravillosa, aprovecha cada día, cada momento y cada segundo para estar con tus seres queridos, para demostrarles el amor que sientes por ellos.

Los seres lumínicos y los maestros nos han enseñado en este transcurso de la vida que no hay nada mejor que vibrar en amor y en seguridad. Permítete sentir la vida en su plenitud, disfruta todo lo que te envuelve alrededor, no dejes que nada ni nadie te haga sentir que no puedes lograr algo. No hay impedimentos, lucha por tus sueños hasta el último instante. Créalos desde el amor y permite a los seres lumínicos que te ayuden a evolucionar, brillando y sanando todo aquello que no te permita ver la bondad, la paz y el amor en todo lo que te rodea. No dejes que tu vida se amargue a través de los resentimientos, la ira, el enojo o el odio, ya que el alma se lleva todas esas emociones a la otra vida. Lo único que recordaremos, cuando lleguemos a ese cielo, son los momentos en los que el alma evoluciona, aquellos marcados en la tierra. Recordarás a tus seres queridos, pero cuando renazcas solamente recordarás todo aquello que no terminaste de evolucionar. Eso es algo que me ha quedado claro, vida tras vida, vienes cargando con odios, corajes, enojos desde otras vidas. También hazte consciente de perdonar todo lo que sea necesario en ti y en los otros para que cuando llegue el momento de que tu alma deje tu cuerpo físico, no sigas cargando cosas que no te correspondan.

El arcángel Azrael nos ayudará siempre a entender las cosas desde el amor. Este arcángel te hace ver la divinidad, no permitas que su luz se vea opacada. Mientras más brille tu alma, tu corazón más amará, recuérdalo siempre. El amor más grande eres tú y vive tu vida lo mejor que puedas, para que cuando llegue el instante de partir, dejes ese pilar en todos los tuyos, ese ejemplo a seguir y esa marca en todo lo que diga tu nombre.

Haz lo mejor posible con esa fuerza divina del Dios que vive en ti, el *YO SOY*. ¿Sabes cuál es el objetivo de la encarnación o reencarnación? ¿Te has preguntado por qué tenemos que reencarnar? Esas preguntas se las hice al Creador en una meditación y él me contestó que nos ama tanto y que quiere que seamos tan parecidos a él, que reencarnamos para encontrar nuestra verdadera luz. La reencarnación es la oportunidad de sanar, de volver a vivir para hacerlo cada vez mejor. Es algo que vivimos en este mundo o en cualquier otro. Nosotros tenemos que hacernos responsables y conscientes de lo que somos en el aquí y en el ahora. Todos somos maestros y alumnos en algún momento de nuestras vidas y somos responsables de decidir en qué cuerpo reencarnamos, qué familia escogemos, qué madre o qué padre escogemos para seguir evolucionando.

Al escoger a tu madre y a tu padre, si sufriste de abandono, de abuso, de rechazo de alguien en tu vida, es porque así estaba designado para que tú hicieras algo mejor, para que salieras adelante con los recursos que en ese momento se te presentaban. Muchas veces pensamos que Dios castiga o que Dios manda las situaciones, pero no es así, las traemos por pactos, por votos, por karmas desde otras vidas, por eso es tan importante que nos hagamos conscientes y responsables de lo que hemos vivido, pero también de que podemos deshacerlo.

La energía es algo increíble, la vida al igual lo es. Muchas veces reencarnamos como hombres, otras como mujeres, muchas veces en este planeta, o a veces en otro, siempre aprendiendo cosas nuevas y todo es perfecto.

La materia es energía, tu cuerpo es materia, por lo tanto, es energía y esta está hecha de la luz divina. Somos extensiones divinas del Creador y una de las misiones más grandes que tenemos es evolucionar y brillar hasta llegar a esa ascensión divina. Toda esta información me está siendo transmitida por la divinidad, pues en algún momento de mis meditaciones, de mis conexiones o de mi oración, se me ha transferido esta información de los seres de luz y, en especial, del Creador, de la Divinidad.

Y seguro te preguntas, ¿cómo decidimos reencarnar? ¿Cómo sabemos cuándo regresar? Eso es algo que solamente tu alma pacta en ese cielo, en esa otra dimensión. Cuando nosotros llegamos a la presencia de todos estos maestros, guías y seres en ese cielo que está aquí en la tierra —y también en otra dimensión—, podemos pactar a qué regresar y lo que venimos a sanar. Muchas veces, ellos nos dan cierta información, pero en otras es algo que ya tenemos en el alma, porque, como te decía antes, el alma recuerda absolutamente todo y sabemos que somos conscientes de las cosas que tenemos que evolucionar y trabajar. Cuando tú desarrollas tus dones y empiezas a entender la magnificencia de lo que tú eres, también comienzas a reconocer que tienes toda la capacidad de crear, de hacer y de cocrear una vida diferente. Entre más te conoces, más sanas, y esa es una de tus grandes misiones, sanar a nivel físico, mental y espiritual.

Seguramente sabes que tienes miles de virtudes, pero te has preguntado cuál es la más valiosa. Todas y cada una lo son. Es necesario que empieces a reconocer tu propia luz, tienes miles de talentos, de virtudes regaladas por la divinidad; muchas de ellas las has estado trayendo desde otras vidas y muchas ni siquiera te has dado cuenta de que las tienes. Date permiso de conocer quién eres, de saber realmente que estás hecho a la imagen y semejanza de Dios, que tu luz brilla cada día con una sonrisa cuando ves todo como una solución. Recuerda, antes la gente decía: «todo tiene solución menos la muerte» y la muerte no existe, el alma siempre vive. Al igual que estás aquí, estás allá. Allá no hay tiempo, no hay espacio, puedes sentir la energía de las almas que trascienden en cualquier momento y en cualquier lugar, date permiso de sentir. Mientras que tu corazón esté conectado a la luz podrás entender lo que es la esencia de las almas en otro espacio-tiempo, en ese que tú llamas el cielo. No hay diferencia ante Dios, todos somos iguales ante sus ojos, estamos hechos a su imagen y semejanza, todos somos uno y somos parte del Todo.

La oración te hace muy poderoso, hazte consciente de esta gran virtud, es un regalo divino. Aprende a orar para conectar no solo con Dios, sino también con todos los ángeles y arcángeles que te están rodeando, con los guías espirituales que son esas almas que están decidiendo acompañarte en este despertar. La oración no es una imposición divina ni una carga pesada de la vida cristiana. Surge más bien de nuestra necesidad de relacionarnos con Dios, a fin de recibir poder para enfrentar las batallas de la vida. Los ángeles saben que necesitamos la oración. Durante el tiempo largo que precede nuestra transformación, no debemos desanimarnos, sino buscar el poder de la oración.

Los grandes maestros que se encuentran en la quinta, sexta y séptima frecuencia en esa dimensión, están todos aquí y ahora, en este mundo y en esta tierra para ti, para mí y para todos, para hacernos conscientes de que estamos en un multiverso. Hay miles de planetas y todos están hechos desde la misma luz, no importa de dónde vengas o a qué hayas venido, solo hazte consciente de que tú eres el encargado de brillar con tu propia luz, todos somos iguales ante Dios y tienes el poder de decidir cómo vivir.

TE INVITO A HACERLO
DE UNA MANERA MARAVILLOSA,
QUE RECONOZCAS REALMENTE
A QUÉ HAS VENIDO Y QUIÉN ERES,
QUE CUANDO SANAS TÚ,
SANAN MILES A TU ALREDEDOR,
PORQUE TU ENERGÍA SE EXPANDE
EN TODO LO QUE TE RODEA.
RECUERDA, NO HAY LÍMITES. EL LÍMITE
SOLAMENTE LO PONES TÚ.

CAPÍTULO 16
SANACIÓN, LIBERACIÓN Y ENTENDIMIENTO

ARCÁNGEL RAFAEL

Durante una meditación, mientras trabajaba en sanar mi interior, tuve una experiencia en la que aparecieron dos líneas de mujeres a mi lado derecho e izquierdo como sacerdotisas, vestidas completamente de blanco con unas capuchas rojas y flores en sus manos —rosas rojas de un tamaño y un olor delicioso—. Mientras yo pasaba, ellas aventaban las flores como si me estuviesen dando la bienvenida a un reino. Era un templo enorme y muy bello con un tapete de rosas y la Madre María, con un manto similar al de la Virgen de Guadalupe, dejó caer muchas flores en todo mi cuerpo en forma de bienvenida. A un lado de ella estaban María Magdalena e Isis y al otro Kuan Yin. Es decir, las cuatro mujeres de máximo significado en mi vida espiritual.

Todas las mujeres que allí se encontraban eran de mi linaje, maestras y algo que tenían que ver conmigo. Yo podía visualizarme allí perfectamente y escuchaba que me iban a dar la iniciación. Al darme ese baño con las rosas, me dijeron: «ponte en cuclillas», yo me agaché completamente en el suelo, mis rodillas, mis manos y mi cabeza tocaron el piso. Luego escuché: «conecta con la tierra, con tu madre Gaia».

Yo veía que me envolvían en una luz superbrillante y me decían: «párate» y me metían a una cascada; era un agua muy fría, y yo sabía que era demasiado fría, pero no la sentía: «esto es para que se te quiten todos tus miedos, ya no los tendrás más». Al entrar al agua yo vi miles y miles de colores, pero las mujeres nunca se movieron de la formación en la que estaban desde el inicio, enfrente, detrás, izquierda y derecha de mí, y tenían las manos como en un ofrecimiento mandando luz y oración; yo las veía a todas con la capucha —sin alcanzar a verles las caras—. Todo el tiempo estaban como honrándome, como dándome un lugar.

Esas cuatro mujeres que estaban llevando a cabo esta celebración eran la Madre María que dirigía todo (pero yo no la veía como a la Virgen, sino como a una mujer hermosa, bonita, normal igual que yo), Isis, Kuan Yin y María Magdalena. Al salir del agua me dijeron: «acuéstate aquí». Era una cama completamente brillante de esmeraldas. Ahí me acosté y me quitaron toda la ropa: «Esta eres tú, abre las piernas». Y yo con las piernas y las manos abiertas, sentí que pasaban plumas por todo mi cuerpo haciéndome vivir esa sensibilidad que recorría todo mi ser, lo podía palpar perfectamente por mis chakras sacro y raíz; me hicieron sentir todo para que yo despertara mi sexualidad, para que yo sintiera todo lo que debo sentir y después prendieron fuego debajo de la cama donde yo estaba, que era una piedra de esmeraldas, para que me calentara. En ningún momento me quemó, era para que yo sintiera el fuego y el calor en mí.

Yo empecé a ver cómo mi alma salía de ese cuerpo, me vi flotando y me dijeron: «ahora vuela» y me convertí en un ave fénix con unas superalas. Comencé a volar y a volar: «siente el aire». Me conectaron con los cuatro elementos. Yo volaba y volaba y sentía cómo mi cuerpo físico seguía aquí y quería seguir con mi cabeza a esa ave, ya que la veía con las alas abiertas, grandísima el ave, veía la luz y me dijeron: «ahora regresa», y volví a meterme en mi cuerpo, pero el fuego ya estaba apagado, cuando yo salí de mi cuerpo el fuego se apagó porque yo conecté con el aire.

Me regresaron al cuerpo y me dijeron: «levántate». Me levantaron y me pusieron un manto blanco muy bonito, me entregaron muchas flores en la mano: «estás lista». Yo levanté la cabeza y vi al maestro Jesús enfrente de mí que me dijo: «bienvenida a hacer lo que tienes que hacer», y tocó mi frente: «ya no hay nada de qué preocuparse». En cuanto el maestro Jesús tocó mi frente, yo toqué mi corazón que se iluminó completamente. Me volví una luz muy brillante. Me dijo que estaba en el lugar de donde provenía.

En todo este proceso, en el cual estaban trabajando en mí, me hicieron ver parte de la evolución de mi alma. En cada proceso de iniciación que me hicieron pasar, me regresaron a ver muchas vidas en las que yo había trabajado, tanto allá con ellos como en la tierra. Era como si yo estuviera viendo una película con flashazos, pero lo que más recuerdo es un árbol muy grande y que yo me vi danzando en el árbol, danzando con mujeres, descalzas, tocando instrumentos. Me vi como una mujer conectada con la naturaleza al cien por ciento, como chamánica, con ropas, colguijes y trenzas largas. Me vi con una leona a un lado, era una leona increíble y me dijeron que esa era mi personalidad, mi tótem, una leona con unas alas grandísimas y yo siempre he visualizado eso. Me confirmaron que esa era mi esencia, mi tótem con grandes alas. Los leones son la raza Uma de Sirio y estaban ahí presentes en mi iniciación como grandes seres de protección.

Cuando me regresaron a mi cuerpo escuché que dijeron: «respira tres veces profundo». Al comenzar a respirar, sentí que iba regresando a mi cuerpo, poco a poco, y al darme cuenta de que ya estaba aquí, vi mi ADN; eran las figuras del ADN, color blancas, que iban haciendo los entrelaces. Vi perfectamente los entrelaces que estaban haciendo una reestructuración, un acomodo, y vi cómo empezaban a brillar las bolitas y bajaban y subían de forma rápida. Yo no podía abrir los ojos, estaban como restaurando algo dentro de mi ADN a DNA, hasta que lo vi completamente blanco, incluso si cierro los ojos sigo viendo las bolitas brillantes. Fue hasta que vi todo restaurado dentro de mí, cuando respiré y pude regresar.

Fue muy impactante el viaje. Sé que significa mucho para mí porque siempre le doy mucho valor a todo y sé que con este viaje aprendí muchas cosas: cómo trabajar con las mujeres, cómo volver a sanar mi linaje, cómo reconocer, que te dé tu lugar el hombre que es más importante en tu vida, en este caso para mí es Jesús; él llegó y me dio mi lugar, me dejó las manos llenas de flores y me dijo: «ya estás lista». Ya estoy lista para volar como me vi haciéndolo. Me vi como un ave fénix, renaciendo, volando.

Salí de mi cuerpo y fui otra vez a ese lugar de donde provengo. Hacer ese viaje de nuevo a mi espacio y, por primera vez, regresar sin el llanto con el cual me regresaba siempre —sin ese sentimiento de no quererme ir—, significó sentirme en paz. Sé que es lo que tengo que hacer, tengo el entendimiento. Ya comprendí lo que tengo que hacer, siempre lo he sabido, pero ahora lo entiendo; acepto sin dolor la razón por la que estoy aquí en la tierra. Esta es una historia de entendimiento del alma.

CAPÍTULO 17
VIVIR A TRAVÉS DE LOS SUEÑOS

ARCÁNGEL RAZIEL

Los sueños son vivencias de tu *Yo Superior*, de tu *yo* del pasado o tu *yo* del futuro, pero también de tu *yo* del presente. Quizá digas, pero... ¿cómo? Sí, nosotros estamos en tres dimensiones al mismo tiempo: pasado, presente y futuro. Es una línea del tiempo. Tú ahorita estás aquí y para ti este es el presente, pero hace un minuto fue el pasado y dentro de un minuto ya es el futuro. Lo de ahorita ya quedó en el pasado y otra vez el futuro y así sucesivamente, presente-pasado-futuro. Cuando duermes, puedes cocrear lo que tú quieras para tu futuro, pues conectas con tu Ser Superior, con tu *yo* del futuro, tu *yo* cuántico.

Los que estamos aquí, en realidad estamos en tres dimensiones como si nos partieran en tres. Ahora imagina esos tres pedacitos divididos en una forma interdimensional donde la energía se expande. Tenemos además siete cuerpos que pertenecen a todo lo que es tu energía.

LOS 7 CUERPOS

Se denomina *aura* al conjunto de cuerpos energéticos que coexisten con el cuerpo físico en el mismo espacio y que lo rodean.

En general, se habla de siete cuerpos sutiles o energéticos de alta vibración que recubren y cohabitan el cuerpo físico:

* Físico
* Etérico
* Emocional o astral
* Mental
* Causal
* Alma
* Celestial o espiritual

Cada uno de estos cuerpos energéticos posee su propia banda de frecuencias. El cuerpo etérico, que es el más cercano al cuerpo físico, vibra con el rango de frecuencia más bajo. Los cuerpos superiores poseen bandas de frecuencias cada vez mayores.

El cuerpo etérico posee aproximadamente la misma extensión y forma que el cuerpo físico. Por lo que también se le denomina doble etérico. Contiene la energía vital de los órganos, tejidos, glándulas y meridianos de acupuntura. Este cuerpo vitaliza y sustenta al cuerpo físico hasta la muerte. Se forma en cada reencarnación y se disuelve de tres a cinco días después de la muerte física. Recibe energía a través de los chakras del plexo solar y del bazo. Acumula estas energías y las conduce al cuerpo físico de manera ininterrumpida para mantener el equilibrio a nivel celular. La energía acumulada en este cuerpo se irradia hacia fuera, a través de los chakras y de los poros, formando un halo protector alrededor del cuerpo físico que impide que los gérmenes patógenos y los contaminantes penetren en el cuerpo físico. De ahí que se diga que una persona no puede enfermar debido a causas de origen externo. Las razones de una enfermedad radican siempre en ella misma. Los pensamientos, las emociones y una forma de vida que no esté en consonancia con las necesidades naturales del cuerpo (sobresfuerzo, alimentación insana, abuso de alcohol, nicotina y drogas), pueden debilitar y consumir la energía vital etérica y permitir el acceso a toda clase de elementos desestabilizadores. Según esta línea de pensamiento, las enfermedades se manifiestan en el cuerpo etérico antes de manifestarse en el cuerpo físico, pudiendo ser detectadas y tratadas en este plano.

RELACIÓN CON OTROS CUERPOS

El cuerpo etérico y el físico reaccionan muy bien a los impulsos y comandos procedentes del cuerpo mental. A esto se deben los éxitos obtenidos en la salud, utilizando técnicas mentales. Con sugestiones adecuadas se puede lograr un impacto importante en la salud.

El etérico también sirve de intermediario entre los cuerpos energéticos superiores y el cuerpo físico, pues transmite, al cuerpo emocional y al cuerpo mental, las informaciones que se recogen a través de los sentidos corporales y, simultáneamente, transmite energías e informaciones desde los cuerpos superiores al cuerpo físico.

Una de las partes del etérico más interesantes —y que más se ha estudiado— es el sistema de meridianos de la medicina tradicional china, uno de los pilares fundamentales en el estudio de la anatomía energética humana.

EL CUERPO EMOCIONAL

El cuerpo emocional, con frecuencia denominado cuerpo astral, es el portador de nuestros sentimientos, de nuestras emociones y de las cualidades de nuestro carácter. Toda emoción se irradiará a través del cuerpo emocional. Por ejemplo, la angustia, la furia, la opresión y las preocupaciones generan, en el aura, figuras de nebulosas oscuras. Cuanto más abre una persona su consciencia al amor, la entrega y la alegría, más claros y transparentes son los colores que irradia su aura emocional.

Los sentimientos no liberados del cuerpo emocional tienden a perpetuarse y crecer. De este modo, una persona suele repetir, una y otra vez, situaciones que atraen las vibraciones emocionales de los sentimientos no liberados.

Las estructuras emocionales continúan existiendo a través de las diferentes encarnaciones siempre que no se liberen, puesto que el cuerpo emocional perdura después de la muerte física y se une en la reencarnación con los nuevos cuerpos físico y etérico. Las experiencias no liberadas y, por ende, almacenadas en el cuerpo emocional determinan, en parte, las circunstancias de la nueva vida.

EL CUERPO MENTAL

Los pensamientos e ideas, más los conocimientos racionales e intuitivos, son parte de la energía humana. Estos se encuentran en el cuerpo mental. Su vibración es mayor que la del cuerpo etérico y el cuerpo emocional.

Cuanto más vivos son los pensamientos y cuanto más profundos son los conocimientos intelectuales de una persona, más claros e intensos son los colores que irradia su vehículo mental.

En su nivel más bajo de frecuencia, este cuerpo tiene que ver con el pensamiento racional. Estos pensamientos se relacionan mayormente con aspectos del mundo material, el bienestar personal y el abordaje racional de la solución de problemas.

En su nivel más alto de frecuencia, el cuerpo mental es un auténtico integrador que recibe e interpreta las verdades universales y las integra con el entendimiento racional. Por tanto, esto permite al ser humano ser consciente de la auténtica naturaleza de las cosas.

LOS CUERPOS SUPERIORES

Los cuerpos etérico, emocional y mental son los que se expresan y se manifiestan a nivel físico.

El cuerpo astral es el cuerpo enlace entre el aspecto físico y espiritual del hombre. Los cuerpos superiores, incluyendo el astral, no enferman. Es por eso que en la práctica de la sanación se presta mayor atención al trabajo con los cuerpos inferiores relativos al mundo físico.

CADA CUERPO TIENE SUS MAESTROS DESPIERTOS

El mundo físico es lo que apenas podemos conocer a través de nuestra ciencia actual; es el que captamos por medio de nuestros cinco sentidos.

Para la evolución humana es fundamental la incorporación de los siete cuerpos del hombre y es indispensable lograr la purificación del cuerpo mental para lograr esto.

CUERPO FÍSICO

- Corresponde al elemento tierra
- Es el cuerpo más denso de todos
- Este cuerpo es el vehículo para la jornada del hombre en el tiempo y el espacio
- Aceptamos que tenemos un cuerpo físico porque podemos verlo, sentirlo, tocarlo, etc.

CUERPO ETÉRICO

* Corresponde al elemento fuego
* Este cuerpo es de muy alta vibración y es el único que permanece junto al alma en todo el recorrido de regreso al Creador
* Este cuerpo lleva grabado el plan divino y todo lo que hicimos en nuestras vidas (hechos, emociones, pensamientos, etc.)
* Está continuamente registrando cada una de nuestras acciones a lo largo de toda nuestra vida
* Este cuerpo también se mueve en el mundo físico y la ciencia ya lo está aceptando. Con el avance de la tecnología, ya hasta se ha podido fotografiar un segundo cuerpo en el ser humano
* Este cuerpo bioplástico es comúnmente conocido por todos nosotros como el aura
* Es el que garantiza la existencia del cuerpo físico, es el que le da vida
* También es el que almacena los resultados de nuestras acciones

CUERPO ASTRAL

* Al dormir, todos usamos nuestro cuerpo astral
* Es el que vemos en el mundo de los sueños
* El mundo astral es el que visitamos cada vez que vamos a dormir
* Un sueño es una vivencia de este cuerpo
* El mundo astral es el mundo de los símbolos, donde las realidades del espíritu toman el aspecto místico para darnos a conocer verdades trascendentales, solucionar muchos problemas o sencillamente ser una guía en nuestro diario vivir

- ✴ Es posible que podamos ver el pasado en un sueño, incluyendo otras existencias, y también que uno pueda ver el futuro
- ✴ Nuestro cuerpo astral es más liviano que el físico y el etérico, podemos volar y viajar en el tiempo y el espacio para hacer un viaje astral

CUERPO MENTAL

- ✴ Corresponde al elemento aire
- ✴ Es aquí donde nacen y se almacenan nuestros pensamientos e ideas
- ✴ El cerebro es solo el medio físico con el que se conectan los cuerpos físico y mental
- ✴ El cuerpo mental es el encargado de procesar la vibración creada por el ser humano, haciéndole sentir al cuerpo físico
- ✴ En este cuerpo se desarrolla nuestra intuición y presentimientos

CUERPO CAUSAL

- ✴ Este cuerpo es el que contiene la inteligencia del hombre
- ✴ Es el «Yo Superior» que contiene la materia invisible del plano mental y es aún más sutil
- ✴ Este es el cuerpo de la voluntad

LOS CUERPOS DEL ALMA Y ESPÍRITU

Estos dos cuerpos no los tiene encarnados el hombre, son cuerpos divinos, unidos a nosotros por intermedio de la divinidad.

Se encuentran en un plano divino y puro, regidos por tres leyes: la del Padre, la del Hijo y la del Espíritu Santo.

El alma es lo que viene a experimentar y evolucionar a la tierra. Es la luz de Dios en nosotros, la extensión de su ser en nosotros. Es nuestra chispa divina, ese pedacito del Ser Supremo que vive y experimenta también a través de nuestra vida.

El espíritu es la energía del cuerpo, lo que nos hace sentir y accionar, a través de la integración de los cuerpos energéticos.

Por medio de estos dos cuerpos está nuestra conexión con la realidad verdadera, o, dicho en otra forma, es mediante estos cuerpos que podremos trascender al despertar de la consciencia.

Ahora, en los sueños, tú puedes irte hacia el pasado o hacia el futuro, saliendo de tu cuerpo de este presente. Para mucha gente, los sueños son una intriga, porque quieren saber lo que significan o simplemente no los entienden, pero cuando aprendemos a dominarlos, podemos crear, viajar, sanar y hasta resolver. Todo eso sucede en los sueños y tienes que hacerte consciente de que tu *yo*, es decir, tu energía, se divide en tres. Ahora tú estás aquí, pero, al mismo tiempo, si te vieras con un telescopio interdimensional, verías que tu cuerpo está dividido en tres dimensiones. Es por eso que la cuántica se debe trabajar en tres tiempos: presente, pasado y futuro. Es importante sanar el pasado para quitar tristezas y miedos. Sanar el futuro para eliminar ansiedad y poder vivir en el presente Es necesario trabajar con las tres dimensiones del tiempo y también en entretiempos.

CUANDO TE HACES CONSCIENTE...

Puedes ir hacia el futuro en los sueños y ver qué es lo que sigue. Empiezas a crear tu propio futuro a través de los sueños y a vivirlo por adelantado. Eso te da la oportunidad de ir a lugares inimaginables dentro y fuera del Universo y de la tierra

- ✴ Puedes viajar a otras dimensiones, a otros lugares y con muchas personas

- ✴ De lo que eres, de la energía y del poder de Dios en ti, puedes ayudar a muchos a través de tu alma, saliendo de tu cuerpo y trasladándote de manera inmediata a otras dimensiones. Tendrás que saber cómo regresar, pero lo que realmente sueñas está sucediendo, no es solo un sueño. Cuando tú sueñas con personas del pasado o situaciones que no resolviste, estás regresando a tu *yo* del pasado para sanar y resolver. O para ayudar a ciertas personas que conociste en el pasado que no frecuentas en el presente, pero que fueron tan importantes para ti, que regresas con ellos en el momento necesario

Insisto. Hazte consciente de lo que tú eres y de lo que eres capaz de hacer, porque los sueños son una proyección de tu energía, una proyección de tu futuro y también de tu pasado. Pídele a Metatrón que te ayude a sanar tus registros y a viajar en tus sueños porque junto con Orión y Zadquiel, todos ellos te ayudarán a viajar en el tiempo.

¿Alguna vez tuviste un sueño raro? ¿Algo que parecía más que un sueño? ¿Soñaste con algo que después ocurrió en la realidad de vigilia? ¿Te encontraste en la vida onírica con alguien que ya no está presente en el mundo?

Te comparto los tipos de sueños.

SUEÑOS PRECOGNITIVOS

Son aquellos sueños en los que parecemos anticiparnos al futuro. Vemos una situación que después sucede o recibimos una noticia que después se confirma en la vigilia. Muchas personas experimentan estos sueños con mucho dramatismo, ya que la mayoría de las veces la información llega en forma de pesadilla, con alto impacto emocional. ¿Coincidencia? ¿Premonición? ¿Información que llega telepáticamente? Más hospitales suman el reiki como terapia complementaria y se habla de una tendencia a la medicina integrativa.

SUEÑOS DE VISITA

Son sueños en los que vemos o interactuamos con personas ya fallecidas. Estos «encuentros» suelen estar rodeados de una sensación de paz como si esa persona hubiera venido a comunicarnos que se encuentra bien. A diferencia de la categoría anterior, las personas que experimentan este tipo de sueños suelen despertarse con una sensación de alivio y revelación de una profunda certeza de la vida después de la muerte.

SUEÑOS LÚCIDOS

En estos sueños nos damos cuenta de que estamos soñando. A la manera de la película *Inception (Origen)*, tenemos consciencia de que nuestro cuerpo está en la cama mientras visualizamos y vivimos escenas. A veces, incluso, podemos cambiar algunos aspectos del sueño a voluntad. Tener sueños lúcidos es una capacidad natural que todos poseemos. En la antigüedad se utilizaban para la sanación. Es posible entrenarse para experimentar sueños lúcidos y, de esa manera, utilizarlos para hacer cambios en nuestras actitudes o descubrir soluciones a nuestros problemas. Te recomiendo que investigues sobre el significado de Quirón en la carta natal.

SUEÑOS COMPARTIDOS

En estos sueños, dos personas sueñan lo mismo o aparecen aspectos similares en los sueños de ambas. Por ejemplo, detalles del lugar o los sucesos del sueño. Son poco frecuentes, pero se producen. Hay que estar atentos. Para descubrir que hemos tenido uno de estos sueños es necesario que adoptemos la costumbre de contarle nuestros sueños a las personas que aparecen en ellos. Es sorprendente encontrarse con estos casos porque nos muestran cuánta conexión tenemos con los demás, más allá de las distancias.

SUEÑOS ANIDADOS

A veces soñamos que nos despertamos, incluso que nos levantamos, pero de pronto, nos damos cuenta de que es un sueño y nos despertamos de verdad. A esto se le llama «falso despertar» y a veces suceden varios en una misma noche. Si en lugar de despertar, vuelves a soñar, entonces has experimentado un sueño anidado. Un sueño dentro del sueño. Es como si nuestra mente hiciera trampa, fingiendo que ya nos hemos levantado, para seguir durmiendo un ratito más.

SUEÑOS PRODRÓMICOS

En estos sueños la persona recibe información acerca de una enfermedad que está padeciendo, pero de la que no ha manifestado síntomas. El cuerpo, con gran sabiduría, envía señales; pero a veces, en la locura de la vida actual, no estamos tan atentos como para detectarlas. Entonces, la información se filtra al mundo del sueño. Muchas personas han descubierto una enfermedad de este modo y existen varias investigaciones muy serias al respecto, ya que mediante este tipo de sueños sería posible detectar rápidamente aquellas que requieren tratamiento temprano.

SUEÑOS LUMINOSOS

Son los sueños en donde contactamos con figuras espirituales, guías o seres de luz. La persona que sueña recibe consuelo, mensajes, o incluso orientación concreta para la vida cotidiana. Se percibe, en seguida, que estos no son sueños «ordinarios», sino que existe en ellos una energía especial. Después de un sueño de estos, vale la pena meditar sobre el mensaje recibido. Muchas veces suceden grandes revelaciones en ellos.

SUEÑOS «EUREKA»

Son sueños en donde se descubre la solución a un problema. Es un clásico de los investigadores de este tema como el famoso caso del científico Von Kekulé, que a través de un sueño resolvió un problema de química que lo estaba volviendo loco. No fue el único. El creador del helicóptero, el de la máquina de coser y cientos de inventores y artistas —entre ellos John Lennon, con su tema *Imagine*—, afirman haber obtenido sus mejores creaciones por un sueño.

Los sueños no solo son las maquinaciones nocturnas de nuestro subconsciente, también constituyen un campo enorme de información y experiencia que nos permite explorar la realidad, transformarnos a nosotros mismos e incluso sanar.

> COMIENZA A VALORAR TUS SUEÑOS.
> CADA UNO GUARDA UN TESORO
> MARAVILLOSO DE CRECIMIENTO.

CAPÍTULO 18

AGUA VIVA:
EL REENCUENTRO CON DIOS

MAESTRO JESÚS

El Señor Jesús desea el encuentro con cada persona, nadie le es indiferente, todo lo contrario. Él siempre busca acercarse a cada uno de nosotros. Estamos llamados a responderle con amor y abrir nuestros corazones a su luz y verdad.

A los treinta y tres años de edad estaba en un momento crucial de mi vida, cuando no sabía qué camino espiritual tomar, había muchas culpas dentro de mí, muchos sentimientos encontrados. Cuando perdí a mi hijo, supe que mi matrimonio estaba pasando por una etapa muy complicada, mi corazón estaba devastado. Durante mi búsqueda de Dios y de este camino, empecé a pasar por varios grupos hasta que llegué a uno que se llama *Agua Viva*. Mi tía Lumy, hermana de mi papá, ha sido una figura importantísima para mí, ya que ha estado en los momentos más importantes de mi niñez, siempre apoyándome en todo momento. Ella tenía rato ayudando a muchos jóvenes con problemas de drogadicción, alcoholismo y codependencia, y me veía tan mal que me invitó a participar en un retiro con técnicas revolucionarias para sanar, una especie de Alcohólicos Anónimos, pero en esteroides.

Únicamente tuve tiempo de prepararme durante una semana para lo que fue el fin de semana más intenso de mi vida hasta ese momento. Ahí todo cambió, todo se desmoronó. Mi templo, mi cuerpo, sintió una gran transformación, al mismo tiempo que mi corazón y mi alma.

Era sábado y llegamos temprano a un lugar bastante deteriorado. No había un sitio donde dormir, solo mesas y sillas, un toldo pequeño, agua y pan, era todo lo que había. No había baños, ni espacios para descansar. No entendimos por qué estábamos en un lugar tan desértico, arriba de las montañas, en medio de la nada. Hacía mucho calor y sin un lugar donde resguardarte. Nos habían platicado que todo era diferente, que llegaríamos un fin de semana a un hotel donde viviríamos una experiencia de autoconocimiento y sanación.

No fue así, llegamos todos engañados y yo sin conocer absolutamente a nadie. Éramos más de 100 personas entre muy jóvenes y adultos (las edades oscilaban entre los 14 y 70 años). La diferencia de edades y las situaciones tan complicadas que algunos vivían me llamaron mucho la atención.

Lo primero que hicimos fue conocernos unos con otros, solo decías tu nombre y por qué estabas ahí. En realidad, yo, hasta ese momento, no sabía por qué estaba ahí, pero siempre me he dejado llevar por mi intuición; simplemente lo sabía, y Lumy, esa tía tan amada y querida para mí, era una gran muestra de que todo se podía en nombre de Jesús, así es que simplemente dejé que todo fluyera.

Llegamos y al presentarme dije:

—Hola, yo soy Cynthia y estoy aquí por codependencia.

En ese momento me di cuenta de la inseguridad que había en mi ser, la desconfianza, los celos, todo lo que en ese tiempo había estado predominando en mí por el miedo al abandono y a la soledad. Los problemas que se estaban desencadenando en mi matrimonio no eran por él, eran por mí. Así que solamente me dejé llevar y empecé a escuchar historias que te rompen y desgarran el corazón, desde abandonos, violaciones, alcoholismo, drogadicción, asesinatos... había de todo en ese lugar, ahí todos éramos iguales como hasta hoy. Todos somos uno y somos parte del Todo. Ahora lo veo completamente diferente, pero en ese momento sentía miedo, rabia, coraje; solo quería irme. Yo tenía exactamente treinta y tres años, la edad de Cristo, cuando todo se transforma, cuando él empieza a vivir y cuando yo empiezo a vivir también.

Nos pidieron que escribiéramos toda nuestra vida hasta ese día, con todos los detalles posibles. Yo pensé que escribiría todo en dos horas, pero no fue así, nos tuvieron escribiendo toda la noche, desde las 8 *p. m.* hasta las 8 *a. m.* del día siguiente, doce horas sin parar, sin dejarte levantar al baño, sin tomar agua y, sobre todo, sin comer. Llegó un momento en que mi mente se perdió, simplemente se bloqueó y empecé a entrar en un estado de iluminación, donde reconocí cada sentimiento, cada emoción, volví a vivir cada experiencia. **La idea de escribir activa tus cuatro sentidos:** visión al estar viendo lo que escribes, conocimiento al estar pensando y recordando cada vivencia, sensibilidad porque sientes perfectamente cada momento de tu vida (dolorosos y alegres) y clariaudiencia porque después te hacen leerlo todo. Fueron más de cien páginas. Un cuaderno completo de experiencias y vivencias que me hicieron reconocer el punto de mi vida hasta ese día. Todo era doloroso, bonito, alegre, experiencias que yo repetiría y muchas que no, pero hasta la fecha sé que todo fue perfecto y fue correcto. Hicieron que nos acordásemos hasta de las personas de la escuela, del kínder, de la primaria, de la secundaria, de la preparatoria, de la universidad, todos y cada uno de ellos apareció ahí, aquellos que habían marcado mi vida —y que hasta el día de hoy muchos de ellos siguen estando— y otros que solo pasaron de largo para dejarme grandes enseñanzas. ¿Qué te puedo decir de escribir sobre papá y mamá?, no era intenso, lo que podía decir porque hasta ese momento no los conocía, aún no me conocía yo.

Cuando nos pidieron escribir sobre nosotros, solamente media página pude expresar porque no sabía quién era, así transcurrieron las doce horas. Se escucharon llantos, gritos, quejas, maldiciones..., el ataque psicológico era intenso pero nos hicieron llegar al fondo. Tocar fondo es un concepto muy revelador. Se trata de sentir lo más profundo de nuestro dolor y de nuestro arrepentimiento para que nos perdonemos y soltemos toda la culpa. Fue un proceso duro y largo. Al día siguiente, a las 8 a. m., nos dieron dos horas para leerla. Todavía estábamos sin alimento, sin agua, y no nos permitían levantarnos del lugar donde nos encontrábamos. Mi cuerpo no podía más, yo me encontraba débil, con dolor de cabeza y en una situación muy precaria, ya que eran demasiadas las emociones que se habían estado viviendo durante doce horas. Así continué, leí mi historia y ahí me di cuenta de todo lo que se estaba sanando. Al perdonarme, integré lo que era el amor de Dios y ahí todo cambió.

Justo después de leer lo que escribimos, los guías comenzaron a hablarnos de una manera sutil, amorosa, nos hablaron del perdón y de la culpa, de lo importante que es soltar todas esas emociones que no nos hacen sentir nada bien.

> PERDONARNOS
> A NOSOTROS MISMOS
> ES DARLE LUGAR A DIOS.

Empezamos, poco a poco, a recobrar fuerzas y a llorar. Al leer nuestras páginas, no lo hicimos en voz alta ante todos los demás, solo internamente, pero fue de gran regocijo ver el momento en que me encontraba en mi vida.

En eso, los organizadores nos pidieron ir al medio del campo para hacer una rueda, todos nos tomamos de las manos y empezamos a expresar las emociones que salieron en ese momento al estar viviendo tan profunda sanación. Yo solamente me quedé callada, pero una paz invadía mi cuerpo, era como si estuviera renaciendo, dando honor al nombre del retiro: Agua Viva. Me hicieron regresar a mi verdadera esencia del ser. Nos pidieron poner de rodillas ante la tierra, poner la cabeza en la tierra y las manos en ella. Debíamos conectar con ella, con Gaia, con Pachamama, con esta madre buena que nos empezó a nutrir a todos.

Les hablaré de mi experiencia. Me hinqué, puse mi tercer ojo, mi frente con la tierra, mis manos conectadas y solo dejé que mi cuerpo sintiera el cansancio. En ese momento me empecé a cargar de esa energía divina, duré mucho tiempo ahí, sentí cómo un gran rayo blanco me envolvía por completo y entraba desde mi cabeza recorriendo todo mi cuerpo hasta las plantas de mis pies. Era un estado de neutralidad, un estado de amor, un estado lumínico que yo no entendía. Empecé a escuchar a mis ángeles, porque durante todo el proceso de sanación no los escuché, me sentí abandonada, pero siendo honesta, era una época en mi vida en la que yo estaba totalmente desconectada de ellos, así que hasta ese momento volví a escucharlos. No escuché solo a los ángeles... ¿cuál fue mi sorpresa? Pues que escuché a Jesús que me dijo:

> —Hija mía, te has salvado, has reconocido tu verdadera esencia, ahora eres parte completamente de mí. Una nueva aventura comenzará y tu vida empezará a cambiar, y todo será de acuerdo a mi plan, solo tienes que escuchar a tu corazón. Yo estoy aquí para ti. Activo de nuevo el espíritu de Dios en ti para que recuerdes lo que tú eres y a lo que has venido, alza tus alas y brilla, porque todo ahora es perfecto y correcto.

En ese instante comencé a enunciar voces, palabras que yo no entendía, empecé a hablar en lenguas de nuevo, tenía años que no lo hacía, y ese momento fue único, no sé cuánto tiempo transcurrió... quizá más de cuarenta minutos y yo en la misma posición. No podía dejar de llorar, pero ahora era un llanto de agradecimiento, de gozo y de paz, porque esa experiencia cambió por completo mi percepción de la vida. Ahora sabía perfectamente qué era lo que quería y hacia dónde ir. Estaba destinada a sanarme para ayudar a otros a sanar. Ahí empezó esta gran historia que hoy te cuento en forma de novela.

Regresé a casa pidiendo perdón y haciendo todo lo posible para ser mi mejor versión. Había días mejores que otros, pero después de ese momento cuando renací, cuando reviví, cuando Dios me habló y reconocí mi verdadera esencia de luz, me di cuenta de lo especiales que somos, ya que todos somos especiales para Dios. El tema es rendirte ante Él, pedir perdón desde el alma, pero no tanto a Dios porque Él nos ama tal y como somos, sino a nosotros mismos. Es necesario dejar de juzgarnos, de criticarnos, de culparnos, para volver a integrarnos con Dios Padre, Dios Hijo y Dios Espíritu Santo, en esa esencia del ser donde todo es perfecto y correcto, donde tu ser se une con el Todo, con el Universo.

Esa experiencia cambió mi vida y de ahí empezó una historia distinta, con mi hija, en mi matrimonio, en mi vida profesional, pero, sobre todo, en mi unión con el único y todopoderoso Dios que ahora reconocía que habitaba en mí y no fuera de mí.

IMPORTANTE:

Dios siempre es quien sale a nuestro encuentro. Él es quien toma la iniciativa, aunque en ocasiones pensemos que fuimos nosotros quienes nos acercamos a Él, es Él quien se ha encontrado con nosotros, propiciando esta unión. Lo vemos en diversas ocasiones en los evangelios: le pide a la samaritana que le dé de beber, se sube a la barca de Pedro para predicar desde allí, se acerca al mostrador donde Leví cobraba impuestos, entra a enseñar en la sinagoga cuando allí estaba un hombre que tenía una mano atrofiada; en todo momento vemos a Jesús que sale, día tras día, por las calles de Palestina buscando encontrarse con la gente, dando ocasión para que todo el que quiera pueda acercarse a Él.

… CAPÍTULO 19

RELIGIÓN Y ESPIRITUALIDAD

ARCÁNGEL RAFAEL

En este camino que he decidido tomar, he notado que en todas las versiones de Dios encuentras ángeles y arcángeles. Sin embargo, la Iglesia los describe de diferente forma. Por ello quiero empezar platicando algo muy personal. Yo descubrí que la Iglesia católica únicamente te muestra una parte de los ángeles y solo acepta a algunos. Por ejemplo, el arcángel Miguel como el que venció a la oscuridad, es decir a Lucifer, y el que te protege y te hace sentir seguro. El arcángel Rafael es el que te ayuda a sanar el alma, el espíritu y el cuerpo, y el arcángel Gabriel que es el comunicador, el que le anunció a la Madre María la presencia de Jesús en su vientre. Solamente esos tres ángeles son los más conocidos, pero en muchas otras religiones les dan lugar a otros ángeles muy importantes. Por ejemplo, en el judaísmo, el arcángel Metatrón es uno de los más importantes porque él rige en la geometría sagrada, la que toca el tema de la flor de la vida, de dónde venimos y cómo somos, y de los pasos que hay que seguir para llevar una vida de bienestar y coherente.

Quisiera platicarles sobre la diferencia entre religión y espiritualidad, ya que para llevar un camino espiritual, primero debes entender la diferencia entre cada una. La religión se basa en seguir reglas, generalmente de una Iglesia, algo que te está educando e instruyendo con valores. La espiritualidad es algo personal, es abrirte a reconocer tu amor, tu energía, tu luz en un camino donde tu alma evoluciona. La religión no es solo una, son cientos de ellas (las más conocidas quizá sean el cristianismo, el catolicismo y el judaísmo). Pero la espiritualidad es una, la que hay dentro de ti, esa conexión directa con tu Dios, el Dios que habita en ti.

La religión es para los que quieren seguir solamente una doctrina. La espiritualidad es para todos los que se interesan por descubrir más, por sentirse despiertos sabiendo que hay algo más y ese *más* comienza dentro de ellos. En otras palabras, la religión es para aquellos que necesitan que alguien les diga qué hacer, porque quieren ser guiados constantemente. La espiritualidad es individual, para los que poseen la capacidad de poner atención a su voz interior y su alma. La religión tiene un conjunto de reglas dogmáticas; en la espiritualidad las reglas las pones tú, ya que esta diariamente te invita a razonar sobre el Todo, a cuestionar, a recordar, a vivir y a crear en completa constancia. La religión amenaza, asusta, castiga, te hace sentir culpa y miedo; en la espiritualidad sientes paz interior, sientes calma en tu corazón, pero, sobre todo, una gran luz en tu ser.

La espiritualidad también te dice cómo aprender de los errores de tu vida, viendo y reconociendo el aprendizaje en cada experiencia. En la religión te dicen que eres culpable, que has pecado y que tienes que sacrificarte para que Dios te perdone, cuando en realidad no es así. En la religión puedes sentirte reprimido, te sientes guiado, pero si eres una persona espiritual tu vida es diferente, porque tu alma trasciende, todo lo ves diferente, verdadero y real. En la religión todo está escrito y en la espiritualidad tú vas descubriendo, poco a poco, ese gran camino de luz. La religión no indaga, ni cuestiona, mientras que la espiritualidad todo se pregunta, te propone analizar, te invita a sentir. La religión también es una organización humana que tiene reglas y en la espiritualidad es completamente divinidad, sin reglas, sin ataduras, solo la libertad de ser tú, de brillar con tu propia luz. La religión también es causa de divisiones, pobreza, riqueza, buenos, malos, culpables, no culpables, juzgados, no juzgados.

La religión te busca para que creas en ella, para que pertenezcas y comulgues con sus ideas. En la espiritualidad es totalmente diferente, ya que se basa en unión. Todas las personas se sienten uno y ven sus rostros en las almas de los demás porque se reconocen unos con otros. La espiritualidad busca lo sagrado en todo momento, en los libros, en las personas, en la convivencia, en la sociedad, en las plantas, en los animales. Por lo contrario, en la religión se siguen los preceptos de un libro sagrado, solo lo que dice la Biblia, y está bien porque la Biblia es la mejor palabra y es el libro más importante, pero no es lo único que existe. La religión también se alimenta del miedo y la espiritualidad se alimenta de la confianza, de la fe, del amor porque vives en consciencia, te ocupas de tu ser, te ayuda a trascender; cuando eres espiritual vives en Dios, no renuncias a Dios y la religión te hace alimentar el ego y te hace ver el error que hay en ti, te hace sacrificarte demasiado o vivir en dolor u ofrecer dolor a través de enfermedades para sanar una culpa o para ganarte el cielo, cuando nosotros entendemos que no es así, que el espíritu de Dios es divino, es luz y que el cielo ya es parte de ti.

También con la espiritualidad aprendes a orar, a meditar, a conectar con tu verdadero ser crístico, vivir en el presente, vivir en el futuro, reconocer tu pasado. Cuando eres una persona espiritual liberas tu consciencia, también sabes que tienes una vida eterna, que el alma nunca muere. La religión promete vida después de la muerte, pero te hace ver y sentir que te tienes que ganar tu lugar en el cielo, cuando realmente ya tienes tu propio cielo.

Para concluir el tema, según lo expuesto líneas atrás, una persona religiosa se destaca porque normalmente se adhiere a una doctrina o código de conducta ética que surge de estas enseñanzas religiosas, y que observa o se guía por un conjunto de rituales o prácticas religiosas; mientras que una persona espiritual no requiere obedecer una religión organizada, no tiene estructuras jerárquicas. Es algo completamente personal que depende de la acción del espíritu de cada persona, es decir, del desarrollo de las capacidades del espíritu.

> SOMOS TODOS SERES ESPIRITUALES PASANDO UNA EXPERIENCIA HUMANA, NO SOMOS SERES HUMANOS PASANDO UNA EXPERIENCIA ESPIRITUAL, YA SOMOS ESPIRITUALES.
> LA RELIGIÓN ES VÁLIDA Y SIRVE, PERO ES SOLO UNA PARTE DE TU SER, APRENDE A SER ESPIRITUAL Y A CONECTAR CON TU VERDADERA ESENCIA LUMÍNICA PARA QUE RECONOZCAS AL DIOS QUE HAY EN TI.

CAPÍTULO 20
COMO SER UN CANAL DE LUZ: LA MEDIUMNIDAD

ARCÁNGEL ZADQUIEL

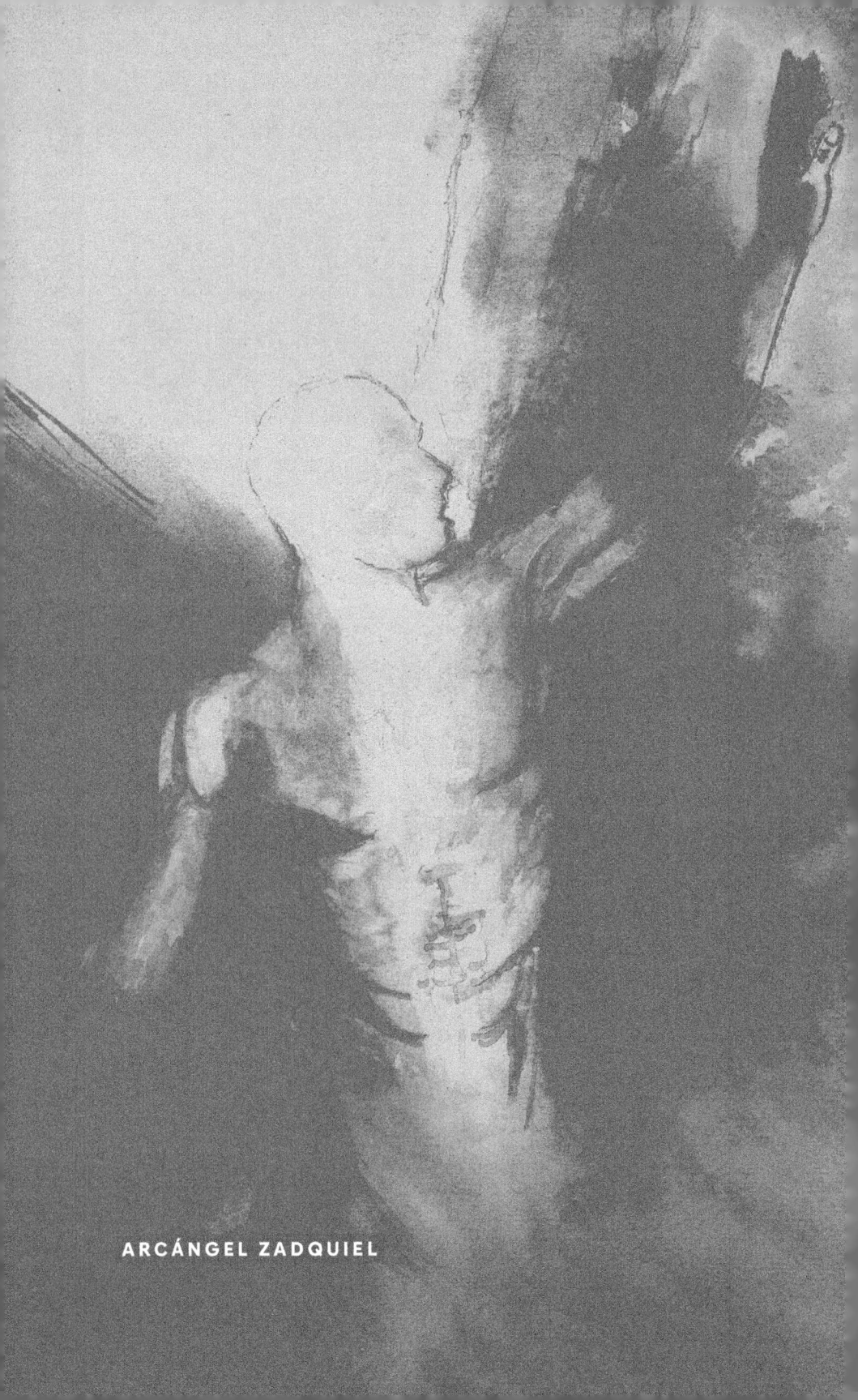

¿Te has preguntado cómo ser un canal de luz? Pasó mucho tiempo para que entendiese que yo era un canal divino, que todos tenemos los dones y la manera en que podía entregar paz y mensajes a nuestro prójimo. Al estudiar, al entender y al prepararme cada vez más, mi alma fue recordando, con la ayuda del arcángel Jofiel, lo que es ser un canal puro, divino y lumínico. La canalización es un medio por el cual tú puedes expresar, hablar, dar mensajes, señales y respuestas a otras personas.

Los ángeles, los arcángeles, los guías espirituales, que son las almas que ya trascendieron, los maestros ascendidos, que son seres divinos espirituales y muy iluminados, se comunican con nosotros en todo momento. Jesús, María, Kuan Yin, María Magdalena, arcángeles, todos me han estado pasando mensajes en algún momento de mi vida. Al darme cuenta de que esos mensajes ayudan a la humanidad y a mi alma, siento grandeza y satisfacción. Mi alma ahora entiende que todos somos canales lumínicos. Tal vez algún día tu diste un mensaje a alguien que te comentó: «es justo lo que necesitaba escuchar, justo las palabras correctas». En ese momento tú también fuiste un canal, no siempre tienes que escuchar a los guías o a los ángeles. Seguro te preguntarás cómo escucho yo o cómo escuchan los otros estos mensajes. Es como si tuviéramos un internet. Obviamente, no se alcanza a ver un cable, solo una conexión cuántica. Tu cabeza se conecta a la mentalidad, a la telepatía de los seres que se quieran comunicar y te va llegando la información; es como si estuviera el wi-fi encendido, solo recibes las ideas y las empiezas a expresar. Cuando activas tus otros canales como el de clariconocimiento, este puede ser un canal de sabiduría divina y así es como transmitimos mucha iluminación a la tierra.

Ha habido grandes científicos y cineastas con ideas que se adelantaron a su tiempo y te preguntas «¿cómo puede ser que supieran tanto del futuro?». Bien, ellos ya lo sabían porque hablaban con su Ser Superiozr, con su ser sabio, con su *yo* del futuro. Todo eso es a través de la canalización. Te puede llegar de muchas maneras, por medio de la mente que es el clariconocimiento. Por medio de la audición que es la clariaudiencia. La clarintuición que es a través de la sensibilidad y clarividencia que se refiere a poder ver. Cualquiera de ellos, el que tú tengas más desarrollado, te ayudará a comunicarte con la luz y a transmitir los mensajes.

Vamos a hablar un poco más de lo que es ser un canal de mediumnidad. Cuando tú te vuelves ese medio para transmitir los mensajes de las personas que ya trascendieron, de las almas que ya están en la luz y también de las que no están en la luz, entras en contacto con el mundo espiritual y eres la vía de comunicación, de canalización del otro plano de existencia, de esas otras dimensiones, en el mundo originario y natural del espíritu humano. La mediumnidad angelical es muy segura y te ayuda a sanar el alma, poder escuchar los mensajes de los arcángeles, de los ángeles, de las almas y te ayuda a encontrar siempre la calma y la paz en tu corazón. Este trabajo no causa ningún miedo, al contrario, produce un gran placer y seguridad.

Cuando nosotros trabajamos con los ángeles, tenemos confianza de que todo es perfecto y que estamos siempre protegidos; el escudo de protección del arcángel Miguel está con nosotros durante todos los procesos. Si tú has escuchado mensajes repetitivos en tu mente, ideas que llegan, una y otra vez, y trabajas para desarrollar esta comunicación, verás que podrás volverte también un canal angélico o un médium para transmitir los mensajes de las almas o de los guías espirituales. Todos los mensajes que te lleguen y que puedas transmitir te causarán paz, tanto a ti como a las personas que les entregues mensajes, pues les darás calma a sus corazones.

Los médiums somos las personas que estamos capacitadas para servir de puente canalizador, para ser intermediarios entre el mundo espiritual, lumínico y el terrenal. Los médiums conectamos con la energía humana que no está dentro de los cuerpos físicos, por ejemplo, las almas. Al ser un medio para transmitir los mensajes, tenemos que hacerlo lo más fielmente y dejar que siempre hable la intuición, no debes escuchar el ego porque entonces empiezas a hablar con tus propias palabras. Todo tienes que transmitirlo tal cual lo recibes del plano espiritual.

Para ser un canal fidedigno, limpio, tienes que tener amor incondicional, una intención lumínica siempre ayudando al prójimo y a ti mismo, tienes que dejar atrás el protagonismo o el reconocimiento, la idolatría. Nada de eso sirve porque cuando tú te vuelves un canal puro, todo es perfecto. Es una gran misión ser un canal divino. Nosotros, como trabajadores de luz, cumplimos nuestras misiones. Yo cumplo mi misión, así tú podrás cumplir la tuya.

¿Te has preguntado si ya estás haciendo tu misión de vida? Pide a tus ángeles, a tus guías, que te ayuden a entender por medio de mensajes —con el don que tengas más desarrollado— de qué manera puedes ir por el camino más sencillo a tu misión de vida y lograr evolucionar tu alma lo mejor que puedas. Todos formamos parte de un equipo en esta tierra, y, en la espiritualidad, todos somos parte del Todo.

Los médiums sabemos que todos somos seres eternos, que no morimos junto con nuestro cuerpo, sino que sobrevivimos a la muerte y que el alma sigue evolucionando. Es por eso que se nos hace sencillo transmitir los mensajes de las almas que ya no tienen un cuerpo terrenal, somos los intermediarios entre dos planos. Es muy importante que como médium te protejas y que aprendas a distinguir la energía con la que estás conectando, sea de un alma, de un ángel, de un arcángel o de un guía, pero, sobre todo, saber distinguir si es luz o no está en la luz. Es muy fácil sentir esta diferencia porque la energía de las almas trascendidas es de más baja densidad; a pesar de que son buenas, se siente su frecuencia más densa, puede que te den ganas de bostezar o se te erice la piel, también puedes sentir pesadez en la cabeza o frío. En cambio, las energías de los ángeles tienen una vibración muy alta y sientes mucha paz en el corazón y tranquilidad. Es muy importante aprender a trabajar como canal lumínico porque así como hay que pasar los mensajes con mucho amor. También se debe aprender a recibir la gratificación de aquellas personas que en un momento encontraron la respuesta, el camino o cambiaron completamente su vida gracias a ti como canal lumínico.

Hay algunos ángeles que nos pueden ayudar a ser canales puros y fidedignos. Siempre que quieras transmitir un mensaje protégete primero, pide la ayuda del arcángel Miguel; él, como guardián de mediumnidad, te ayudará siempre a sentir la luz. El arcángel Rafael te ayudará a conectar con el amor y el corazón. El arcángel Chamuel, a sentir el amor incondicional de Dios. Y el arcángel Gabriel, a comunicarte de manera clara, concisa, dando confianza y fe a todo aquel que te está escuchando.

Es muy sencillo hablar con los ángeles de la guarda. Te voy a dejar un ejercicio para que puedas contactar con tus ángeles, solo tienes que repetir: «Ángel de mi guarda, ahora pido conectar con tu luz para poder escucharte con el corazón. Ángel de mi guarda, ven, ven, ven». Cierra tus ojos, toca tu corazón y dale permiso a tu ángel de conectar contigo, pídele que te dé mensajes a través de tus sueños. A tus arcángeles, si quieres saber quiénes son, haz el mismo ejercicio: «Arcángeles, les pido me muestren su color, me den su nombre y me hagan sentir que están siempre a mi lado. Ahora veo, escucho, siento y entiendo los mensajes desde el amor. Decreto que ahora veo y soy un canal abierto de luz y comunicación lumínica».

CAPÍTULO 21
CÓMO COMUNICARNOS
CON LA ENERGÍA CREADORA

ARCÁNGEL JOFIEL

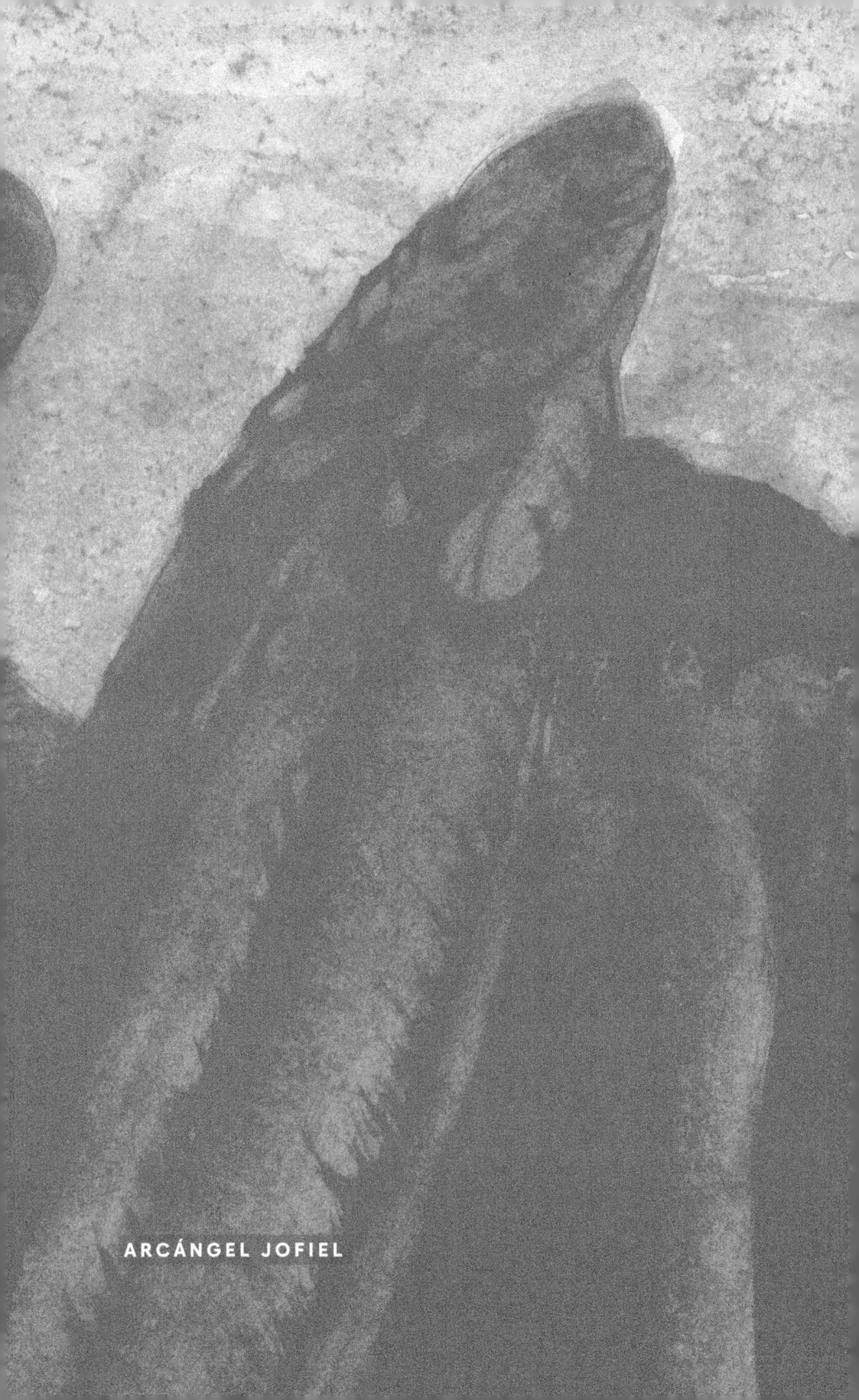

Todos tenemos el poder de la energía creadora. Jesús y los apóstoles hicieron milagros, pero nosotros los podemos hacer también, ¿cómo?, con el poder de Dios que habita dentro de nosotros. Dios habita en todas las personas. Dios actúa a través de nosotros. Todos somos un milagro, causamos milagros y creamos milagros. Esto ocurre todos los días, desde que abrimos los ojos y amanecemos, ya que existe una oportunidad más de respirar y de reír. Cuando te das cuenta de esas cosas —desde prepararte un café, comer un desayuno delicioso, ir a cualquier lugar y poder conectar con las personas de una forma profunda—, te conviertes en un creador de milagros. A veces son cosas que pasamos por alto, que no les damos importancia, y dices «un café», «abrir los ojos», «estoy respirando». Cuánta gente no despierta, cuánta gente no tiene para un café, cuánta gente no tiene a alguien con quien platicar, con quien compartir. Cuando tú empiezas a darle sentido a todo eso y sabes que cualquier cosa que voltees a ver ya es un milagro en sí, vas a decir «qué bonita es la vida, hoy tengo la oportunidad de volver a vivir y tengo la oportunidad de seguir aprendiendo y evolucionando».

Quien está actuando es el Dios que habita en ti. Todos, en algún momento, hemos sido ángeles para alguien más. Un ángel es quien te da paz, te da tranquilidad; no tenemos que tener alitas y salir volando. Todos los días te dan señales, manifestaciones y demostraciones de que están contigo y sientes paz porque sabes que te escuchan, sabes que te ayudan. Así nos pasa con otras personas, sin embargo, hay veces que los ángeles de allá arriba, de la quinta dimensión, bajan a la tierra y se convierten en humanos para decirte algo o para hacer algo.

¿Qué estás escuchando?, ¿a quién estás escuchando?, ¿desde dónde lo estás escuchando?, ¿cómo lo estás escuchando?, ¿qué es lo que hablamos?, ¿cómo lo decimos?, ¿desde dónde lo decimos?

Piensa en eso para convertirte en un ángel para alguien más. Una cosa es que estés escuchando a plenitud, pero si la otra parte está estresada, de malas, llena de angustia o de tristeza eso es lo que va a transmitir. De ahora en adelante, si queremos seguir siendo esos ángeles para alguien en algún momento, ya sea tu familia, tus amigos o para algún desconocido, tienes que ser muy consciente de cómo estás transmitiendo ese mensaje que estás escuchando y que estás expresando. La felicidad y la alegría es la plataforma de Dios, la felicidad es la sensación, la emoción que causa la alegría.

En la quinta dimensión donde están los ángeles, arcángeles, maestros, todo es tranquilidad, todo es felicidad, todo es armonía, y nosotros lo que estamos haciendo es traer el cielo a la tierra, trasladando esa frecuencia aquí, al ahora, y la tierra se está convirtiendo en eso. Los que ya estamos en esta frecuencia, vibramos y sentimos más que nunca. Los milagros que vamos a ver, las cosas que vamos a sentir, serán increíbles. Seguirán existiendo cosas negativas, pero tenemos que enfocarnos en lo positivo. Debemos tratar de ver lo bueno en lo malo. No quiere decir que lo malo va a dejar de pasar, enfoquémonos en la vibración y en la frecuencia de la felicidad, de la alegría, del amor y vamos a ver ángeles, debemos estar atentos.

Literalmente vas a ver ángeles, vas a platicar con alguien, ellos van a tomar una forma humana, y tú vas a saber perfectamente que es un ángel porque tu cuerpo te lo va a decir. Muchos de nosotros nos estamos convirtiendo en esa mejor versión de nosotros mismos y hemos sido ángeles para mucha gente en algún momento de la vida, con una palabra, con una ayuda, con una sonrisa, como muchas personas lo han sido para nosotros también, pero los ángeles que realmente viven en esa frecuencia, o habitan allá, van a empezar a pasar más tiempo en la tierra.

Se van a sorprender, van a ver miles de luces, miles de colores, miles de voces; no van a saber si están en medio de una meditación o están con los ojos abiertos en un día normal. Eso es lo que va a comenzar a pasar. En el Universo hay una guerra constante entre la luz y la oscuridad, hay energías que atacan. La tierra se está convirtiendo en un lugar completamente lumínico, las personas están evolucionando, toda la frecuencia que hay en esa quinta dimensión, en esa quinta frecuencia, será instalada en la tierra, la cual ya no está en la tercera dimensión, ni de chiste, eso ya pasó, estamos en la cuarta y vamos a entrar a la quinta.

¿Qué pasará al entrar a la quinta dimensión? Vamos a tener contacto con muchos seres estelares, ángeles, arcángeles, guías, maestros, médicos del cielo, pleyadianos, seres de muchos mundos que van a entrar y salir. Ya lo hacen, pero no los vemos, no los sentimos, no nos damos cuenta. Tú, como estás evolucionando, vas a ver más, vas a sentir más, vas a escuchar más y vas a saber más, por eso vas a estar en contacto con ellos.

Puede ser que algunas personas los vean y otros no, eso no quiere decir que no estén, lo que pasa es que el nivel de consciencia y evolución no es el mismo. El poder que los humanos estamos tomando, así como los milagros de los que somos testigos, es algo que la oscuridad no quiere. Entonces, ¿qué pasa?, empiezan a atacar a los humanos con inseguridades, con miedo, con pérdidas, con enfermedad, con muchas cosas para que sean menos las personas que ayuden. Va a llegar un momento que ya no nos tocará verlos porque va a ser en la siguiente generación de nuestros hijos y nietos.

El día que la tierra sea como el cielo será realmente hermoso. Tal vez lo veamos porque podemos reencarnar. Podemos estar allá arriba, no es que no lo vamos a ver, sino que no vamos a ser testigos aquí en la tierra porque todavía no hemos aprendido. En los primeros años de Abraham, que vivían 800 y 1500 años, eso lo hacían, eso fue real y está en las escrituras, porque ellos sabían cómo mantener el cuerpo y sabían cómo mantener la juventud y vivían siglos.

Vamos a llegar a eso otra vez, pero todavía no nos va a tocar, quizá luego reencarnemos y ahí lo haremos. El mal está atacando porque quiere que seamos menos los de la luz. La tierra es el lugar donde se evoluciona más rápido, hay muchos universos, muchos planetas, muchos multiversos, muchas vidas en otros lados, pero ya están muy evolucionadas. Si un ser quiere realmente evolucionar y sacar todo su poder, se va a la tierra, aquí es donde está lo difícil, aquí es donde está la prueba más complicada, entonces cuando nosotros decimos «voy para allá», y llegamos a un cuerpo humano y reencarnamos múltiples veces es porque estamos evolucionando para llegar a ese estado lumínico. Para los que estamos despiertos ahorita en el 2022, y en los años que queden, es un gran regalo. No quiere decir que otros años no hayan sido importantes, pero créeme, estamos haciendo el cambio evolutivo. La ascensión planetaria es hacernos conscientes de que todos tenemos la responsabilidad de sanarnos para sanar a otros, porque si sanas tú, sanan muchos. Si tú estás bien, emanas esa frecuencia y expandes ese bien; obviamente, el mal va a querer atacar siempre porque sí existe, claro que existe el mal.

Yo acepté que era un ángel aquí en la tierra en un cuerpo humano, porque sí lo soy, sí vengo de allá, solo que ahorita tengo un cuerpo humano, dos ojos, dos oídos, dos manos igual que el resto, pero todos somos ángeles porque fuimos enviados para una gran misión y eso es justo lo que quiero expresarte, que te la vayas creyendo. Ciertamente no podemos andar por el mundo diciendo que somos ángeles porque no todos tienen ese nivel evolutivo de consciencia, pero tú ya lo sientes, ya tienes el poder de cambiar tu propia vida, tu felicidad, tu sanación y el poder de ayudar a muchos. La forma en que lo hagas no es importante, solo debes hacerlo. Despertar al maestro interior y lograr la maestría es una de tus misiones de vida.

Yo soy un canal de sabiduría lumínica. Eso es gracias a mi nivel evolutivo. Mi alma ha vivido muchísimo aquí en la tierra y en otros lugares. Lo que yo vengo a expresarte es lo que mi alma recuerda, lo que mi alma sabe, lo que mi ser sabio habla a través de mí. Cuando me veas a mí, ve al Dios que hay dentro de mí. Porque yo no te veo a ti, veo al Dios que está en ti, porque yo ya lo reconozco y como Dios es omnipresente está en mí y está en todos.

Si yo escucho a alguna persona, escucho la parte sabia de esa persona, pero muchas veces nosotros tenemos que guardar silencio y escucharnos a nosotros mismos. Eso es lo más difícil. Somos muy buenos para canalizar y para dar mensajes, pero cuando nosotros necesitamos algo no lo sabemos hacer.

¿Ya aprendiste a escuchar al Dios que está dentro de ti?, ¿sabes cómo conectar contigo mismo?, ¿sabes entrar a tu centro?, ¿sabes guardar silencio para escuchar?, ¿sabes interpretar lo que recibes?

Esas son las preguntas que te tienes que hacer.

TOMA EL LUGAR QUE TE CORRESPONDE,
NO TE MENOSPRECIES,
DATE TU VALOR, CREÉTELA.
SÍ TIENES EL PODER DE DIOS,
TODOS TIENEN EL PODER DE DIOS,
CÓMO LO UTILICES,
CUÁNTO LO UTILICES
Y CON QUIÉN LO UTILICES,
SOLO DEPENDE DE TI,
PERO SÍ LO TIENES.

ERA DE ACUARIO

Sobre este tema, «*Era de Acuario*», hay distintas fuentes, desde libros que datan de 1904 y 1915 hasta información pleyadiana, por ejemplo. Tiene que ver con lo siguiente: así como el planeta tierra da vueltas alrededor del sol (de ahí vienen los 365 días para completar un año), el sistema solar no está quieto, es decir, se mueve alrededor del sol central de la galaxia. Esto no es algo esotérico, esto es algo astronómico. Este sistema central de la galaxia, es decir Axion, es una de las estrellas más importantes que nos transmite la información que sirve para el despertar de la consciencia de los seres humanos. Todo eso es lo que sucede al dar la vuelta. Esa vuelta es la que lleva mucho más tiempo y ese tiempo es de 25,820 años, eso es lo que se tarda el año cósmico. En ese año cósmico hay un momento en el que la galaxia se acomoda para estar un poco más cerca del sol central (Axion). Y así se recibe una energía de plasma o fotónica. No puede expandirse por todo el Universo, sino que está contenida dentro de un cinturón fotónico. Cuando el sistema solar ingresa dentro de ese cinturón, se produce la conexión con la luz central, lo que sucede es que atraviesa el día galáctico. Y cuando no estás en la frecuencia bajo la luz del sol central y no te está llegando la luz fotónica, entonces lo que sucede es que estás en la noche galáctica.

La característica que tiene esta frecuencia del año cósmico es que esa energía fotónica que sale del sol central de la galaxia nos impacta en la Era de Leo y en la Era de Acuario. Hay una cosmovisión que habla acerca de que existió una alineación de 6 o 7 planetas en febrero de 1962, y otros dicen que el 21 de diciembre del 2012 empezó la Era de Acuario. En realidad, solo son 50 años de diferencia, es decir la Era de Acuario se está dando ahora. Se divide en 12 casas astrológicas y por ese motivo se saca que la Era de Acuario va a ser un momento de transformación de mucha luz, de quinta dimensión. Para tener una idea, en la Era de Leo fue cuando surgió la Atlántida y partir de eso empieza la noche galáctica.

Esta era es la **Era del Amor**, donde la humanidad integrará la frecuencia de Jesús, sus enseñanzas de compasión, el despertar de las almas, reencontrarse con la esencia divina desde el corazón. La tierra está alineada al sol central y eso nos ayuda a recibir la energía y la sabiduría. También es la era del despertar tecnológico y de la evolución planetaria.

Debemos seguir la vida integrando las polaridades, sin juicio, sin crítica, reconociendo que todos somos amor, y que somos uno con el Todo.

Era de Acuario nos ayuda a reconocernos y encontrar a nuestra familia de alma; que es esa que nosotros escogemos por afinidad y por encuentro álmico, para cumplir con los planes de nuestra evolución.

**EL AMOR ES LA CLAVE
PARA ESTA ERA.**

CAPÍTULO 22
NIÑOS INDIGO, CRISTAL, ARCOÍRIS Y ESTELARES

ARCÁNGEL SANDALFÓN

¿Cómo es que estos niños están ayudando al planeta Tierra a vibrar en la quinta dimensión?

CANALIZACIÓN: ARCÁNGEL SANDALFÓN
(Representa la Madre Tierra. Representa todos los seres y todo lo natural del Universo)

Lo que están haciendo los niños que están naciendo, los niños de la Nueva Era, es ser nuestros maestros. Nosotros somos los responsables y sus guías. Los guiamos, les damos la fuerza y les ponemos las herramientas para que ellos nos enseñen. Los niños que ya están trabajando en este momento, como los niños cristal y los niños arcoíris, están incluyendo las herramientas electromagnéticas con las frecuencias lumínicas. Los niños cristal transmutan y limpian todo lo que sucede y todo lo que ven; todo lo que vibra en baja frecuencia lo transforman en lumínico, solo con la intención son capaces de visualizar y cambiar la frecuencia del espacio y del lugar. Los niños arcoíris iluminan las vidas y te hacen cambiar la emoción y la mente, los cristales cambian la frecuencia y la vibración. Una parte de la espiral son los niños arcoíris y la otra son los niños cristal que están trabajando para la unión y la unificación del Todo en la tierra.

Ese infinito Universo es lo que se está transformando. Nosotros, como adultos, tendremos que guiar a los niños cristal y arcoíris, y ustedes están siendo guiados por Metatrón.

Los niños cristal y arcoíris son seres con un alto nivel de vibración energética que nos acompañan desde hace mucho tiempo para ayudarnos a equilibrar y crear una nueva humanidad. Ellos son seres muy especiales con una misión determinada: vienen a cambiar las estructuras sociales, ayudar a los demás y a mejorar el mundo. A este tipo de niños no les gustan las mentiras y es posible que hayan tenido depresión existencial temprana. Si te ha tocado convivir con alguno de ellos, vas a encontrar aquí muchos tips para saber si algún conocido, o tus propios hijos, pertenece a este grupo de niños especiales. Sus ojos transmiten serenidad y profundidad, les encanta estar en contacto con la naturaleza y son muy creativos, normalmente no encajan en la sociedad y muchas veces pueden llegar a actuar con violencia, ya que tienen mucho carácter y se sienten incomprendidos.

NIÑOS ÍNDIGO

Hay cuatro tipos de niños índigo. Los niños índigo pueden ser artistas, humanistas, interdimensionales o conceptuales. A estos niños les gusta trabajar con las masas, son muy sociales, son inquietos. Pueden llegar a ser médicos, políticos, abogados, profesores, ellos están en el rubro de humanistas. Los niños índigo conceptuales se interesan más por los proyectos con las personas, pueden llegar a ser ingenieros, arquitectos, diseñadores. Los niños índigo artistas son los más sensibles de todos, les interesa el mundo del arte, la cultura, la música, son creativos e imaginativos. Están conectados con interdimensiones, traen nuevas filosofías y espiritualidad a este mundo. Físicamente son más altos, autosuficientes desde muy pequeños y muy maduros. Si a los niños índigos se les da la oportunidad de expresar quiénes son, y son honrados y respetados, pueden llegar a ser personas altamente sensibles, cariñosas y dotadas. Si no se hace, tienden a volverse autodestructivos y disfuncionales. Es por eso que es muy importante que sepamos quiénes son los niños índigo para que aprendamos a tratarlos y a guiarlos en esta Nueva Era.

A continuación, su definición más precisa:

ARTISTAS: Se trata de los niños que gozan de una gran sensibilidad que le hace inclinarse hacia el mundo del arte. Cuentan con creatividad que puede convertirlos en los profesores o los artistas del día de mañana. Sea cual sea la profesión que ocupen, la creatividad siempre estará presente en sus vidas, ya sea como investigadores si se dedican al mundo de la medicina, o actores si se dedican al campo de las artes escénicas, por ejemplo. Se dice que en el periodo de tiempo entre los cuatro y los diez años podrían estar inmersos en hasta quince actividades relacionadas con la creatividad. Dedicarían cinco minutos a cada una de ellas y después las abandonarían.

HUMANISTAS: Son niños que generalmente orientan su vida a trabajar con las masas ocupando puestos de trabajo como médicos, abogados, profesores, políticos o comerciantes. Suelen ser muy abiertos, activos y sociables, rozando a veces el límite de la hiperactividad o la torpeza. Un niño con estas características podría no saber jugar con un juguete, pero, en su defecto, se dedicaría a sacar todas sus partes, observarlas y posteriormente no volverlas a tocar. Son personas con poca memoria en la infancia, necesitan que se les recuerde todo constantemente, ya que no asimilan las órdenes y se distraen con facilidad. Destacan además en el campo de la lectura.

INTERDIMENSIONALES: Son solitarios y creen saber todo. Tienden a controlar la situación en cualquier momento. Se encargarán de introducir en nuestro mundo nuevas filosofías y temas espirituales. Con el tiempo, pueden tornarse en personas agresivas debido, en parte, a que no encajan con demasiados tipos de personalidad.

CONCEPTUALES: Suelen interesarse más por los proyectos que por las propias personas. En su vida cotidiana desempeñan profesiones como diseñadores, arquitectos, pilotos o ingenieros. Son controladores. Normalmente, su forma física es atlética y tienen tendencia a la adicción. Los padres deben centrarse, en especial, en controlar estos patrones de comportamiento.

¿Cómo detectar a los niños índigo? Es más fácil de lo que te imaginas, te voy a dar unos pasos para que tú puedas confirmar si tienes a un niño índigo a tu alrededor.

- ✳ Son más sensibles que el resto de las personas
- ✳ Tienen una empatía muy desarrollada
- ✳ Sienten que no encajan con la gente de su edad o su grupo social inmediato
- ✳ Lloran con las películas tristes y ríen más que otras personas con las cómicas
- ✳ Nunca siguen las reglas solo porque sí, necesitan una explicación a todo
- ✳ Son personas espirituales, incluso aunque no sean religiosas

* Son más maduros que su común denominador
* Son muy buenos para contar historias
* Siempre hacen varias cosas a la vez
* Prefieren ser felices que tener muchas posesiones materiales
* Son muy creativos
* Siempre están intentando descubrir el propósito de su vida

Hoy en día, no existe ningún tipo de prueba empírica que nos permita diferenciar a un niño índigo, todo se basa en la observación por parte de padres, familiares y personas del entorno del niño.

NIÑOS CRISTAL

Al contrario del ímpetu de los niños índigo, los niños cristal son pacificadores con marcados atributos de paz y equilibrio. Son extremadamente sensibles por lo que rechazan las peleas, las injusticias y los malos tratos. Su temperamento callado los hace parecer tímidos, pero cuando hablan saben muy bien lo que van a decir. Los niños cristal son muy espirituales y se equilibran a través del arte; si se estimulan adecuadamente, el arte será un canal de expresión de su alma. También son niños muy inteligentes, curiosos y muy amorosos, con gran sensibilidad para percibir los estados de ánimo y sentimientos de los demás, por lo cual, absorben la energía a su alrededor. Debido a la ausencia del ego, los niños cristal son inocentes, puros y sin malicia, son personas de pocas palabras, pero cuando hablan todo el mundo los escucha debido a que expresan su sabiduría con humildad.

Estos niños no tienen dificultades para adaptarse al mundo en el que viven. Los niños cristal buscan complacer a los demás y no juzgar. Tienen una gran capacidad para amar y perdonar, sin importar nada. Además, suelen comunicarse telepáticamente de una forma mucho más clara que los índigos.

Generalmente, son niños que tienen problemas para hablar hasta los cuatro o cinco años. Sin embargo, adoran la música. Son niños con grandes ojos, y que tienen aun más problemas con la contaminación que los niños índigos: suelen ser vegetarianos y les encantan los jugos. No jugarán con otros niños a menos de que también sean cristal, cosa que igualmente sucede en los índigos. Les encantan los animales y la naturaleza, y se suelen poner de mal humor si tienen que permanecer encerrados durante mucho tiempo.

Son niños a los que no les atraen las cosas materiales. Además, tienen un poder sanador nato y una gran atracción por los cristales —de ahí viene su nombre—. Estos cristales son utilizados a menudo para sanar, ya que los niños cristal conocen muy bien las propiedades de cada uno. Tampoco son niños que tengan miedo, aunque sufren mucho el estrés, no le gustan las luces ni sonidos brillantes y aturdidores, ni tampoco las discusiones.

CÓMO CONVIVIR CON UN NIÑO CRISTAL

Lo más importante a la hora de vivir con un niño cristal es ser honesto e íntegro, ya que ellos saben a la perfección cuando no lo estás siendo. Por esta razón, también es difícil ocultar hechos o sentimientos a estos niños. Si queremos lograr su simpatía, debemos abrirles nuestro corazón. Les encanta curar, cuidar, dar cariño a los demás, por lo que es importante dejarlos expresarse. También es fundamental darles un tiempo para estar solos y meditar. Debemos saber que los niños cristal necesitarán una alimentación específica, sin carne y con alimentos poco procesados o deshidratados, incluso algas marinas. Debemos evitar también la cafeína y los azúcares.

NIÑOS ARCOÍRIS

Son la tercera generación de niños especiales; la encarnación de la divinidad según los expertos. Poseen las características de los niños índigo y cristal, pero están en este mundo con la misión de alegrar a sus familias y su entorno. Los niños arcoíris son sonrientes, llenos de vida, tienen gran dominio de sus emociones y una alta capacidad de perdón, son sanadores por naturaleza y poseen una personalidad muy fuerte. Los niños arcoíris nacen con el potencial espiritual plenamente desarrollado, ellos vinieron a mostrarnos el camino de la paz en la tierra.

Se conoce como niño arcoíris a aquel niño que se caracteriza por traer consigo armonía y alegría, las cuales son trasladadas a su entorno familiar. Además de ello, estos niños cuentan con la capacidad para leer los sentimientos de todos aquellos que los rodean. Generalmente a su alrededor suele haber mucho color y es que sienten una gran atracción hacia ellos, esta es una de las razones por las que, por lo general, se les puede observar vestidos con ropa bastante colorida, desprendiendo un aura de tonos cálidos.

Otra de las características de los niños arcoíris es que suelen recuperarse muy rápidamente de todas aquellas emociones negativas y perjudiciales. Esto puede estar relacionado con el hecho de que tienen una personalidad bastante imponente y, al mismo tiempo, una gran voluntad. Aparte de todo, desprenden una gran cantidad de energía, lo que puede verse reflejado en la actitud, ya que cuentan con mucho ánimo en el transcurso de cada día. Muchos de estos niños pueden llegar a tener la capacidad de la telepatía o también la habilidad de curar patologías específicas. Es importante mencionar que, a pesar de que los niños arcoíris son considerados buenos niños, muchas veces para los padres son un poco difíciles de controlar. La energía que tienen parece inagotable; corren de un lado a otro y eso termina por agotar a sus padres. En ocasiones se da el caso de que los padres recurren a la medicina en busca de ayuda, creyendo que el niño presenta algún problema psicológico. Ignoran el hecho de que tienen por hijo a un niño arcoíris, lo que puede ser considerado como un privilegio.

A los niños índigo, por su parte, se les reconoce porque terminan rompiendo con los paradigmas que el pensamiento tradicional posee, mientras que los niños cristal representan las bases del denominado paradigma roto y es por ello que se dice que los arcoíris son los encargados de terminar lo que los otros dos no completaron.

¿CÓMO RECONOCER A LOS NIÑOS ARCOÍRIS?

Esta categoría de niños tan especiales, que comenzaron a llegar al mundo a partir del año 2000, cuenta con las cualidades necesarias para enseñarnos a ser un poquito mejores cada día. Todo corazón: los niños arcoíris son la encarnación de la bondad y la compasión. Son seres generosos, amorosos, cariñosos, tiernos y sensibles. Abrazan y cuidan espontáneamente a quienes perciben que lo necesitan. Además, no son combativos ni agresivos, nunca promoverán el conflicto ni querrán participar de él.

NIÑOS ESTELARES

Cuentan los antiguos rapa nui, originarios de la Isla de Pascua, que el dios Makemake, creador de la humanidad y dios de la fertilidad, estaba representado como un hombre pájaro, un hombre que podía ascender, conectar con planos superiores y viajar a otros universos. En 2012, se hizo presente el maestro Salusa de Sirio explicando la importancia de la Isla de Pascua para los nuevos tiempos y me mostró que allí, en esa región, los rapa nui son protectores de un portal que está conformado por un doble octaedro, que es la geometría establecida en la Madre Tierra para los saltos evolutivos más importantes. Uno de los octaedros genera un portal cristalino; puedes atravesarlo y trasladarte a las distintas galaxias del Universo que trabajan en la frecuencia de la 9D creando nuevos mundos y nuevas humanidades. El otro octaedro, que está girado en 90 grados, genera un portal dorado a fin de habilitar la energía para la llegada de los nuevos niños al planeta. Es un portal al que pocos o casi ningún ser humano ha logrado entrar porque aún no se alcanza la masa de consciencia para tomar la responsabilidad de acceder a este nivel. Vale la pena mencionar que la Isla de Pascua también es un remanente de nuestra antigua Mu, también conocida hoy como Lemuria, donde la civilización realizó un desarrollo con una frecuencia femenina, cuyas enseñanzas todavía siguen desvelándose para la humanidad.

Sobre ese lugar tan especial, se nos dice que seremos convocados allí, en su momento, por un grupo de personas para unificar nuestros corazones y así habilitar la llegada de los nuevos niños al planeta. Cada una de las personas que participará habrá recibido una invitación y también recibirá un código, que junto con todos los recibidos por las otras personas, preparará la frecuencia necesaria para que la rejilla magnética planetaria empiece a sostener la creación de la nueva humanidad, formada por un crisol de razas y de estos nuevos niños, quienes llegarán al planeta para transformar las formas de liderar, de aprender y de vivir como seres humanos.

Estos niños son muy especiales, ya que tienen un recorrido álmico en la galaxia que les permite ser considerados como niños maestros, porque ya han recorrido ese camino en otros sistemas estelares y comprenden cuáles son las claves del conocimiento, la experiencia y la sabiduría que requiere nuestra humanidad para elevar una octava más la vibración de la consciencia de los seres humanos.

Son niños maestros cuyos padres tendrán que ser especiales, con una consciencia más elevada para poder generar en sus hogares un contenedor apropiado para la vibración y sabiduría de estos niños estelares. Los padres, comprendiendo el gran rol que les toca desempeñar, serán muy cautelosos en lo que les enseñan, y estarán más atentos a escuchar de qué forma apoyarlos para que ellos desarrollen su maestría.

Los niños estelares, además de tener una modificación en la estructura molecular de su ADN, también tendrán algunas señales visibles en el cuerpo que hará que sea fácil reconocerlos. Por ese motivo, también muchas personas de la vieja era, o con pensamientos más estructurados, querrán tratar y codificar, de alguna forma, generando una nueva teoría sobre su origen y diferencias, sin embargo, no están preparados para explicar el gran legado que los niños estelares traen a la humanidad.

Las modificaciones físicas que tendrán estarán en la composición interna de los órganos del sistema digestivo y también habrá una modificación en su rostro: las cejas y las orejas tendrán rasgos distintivos. Estos nuevos niños tendrán grupos de personas que estarán atentos a su llegada. Estas personas los asistirán y acompañarán mientras se desarrollan, y prepararán el camino para que ellos, llegados a su edad adulta, puedan manifestar su maestría. Ya adultos serán seres iluminados y conscientes que vendrán a traer a la tierra una esperanza concreta de los cambios necesarios para convertirnos en la humanidad de la Era Dorada, la de los 500 años de luz profetizados por los antiguos quechuas, por los rapa nui y por los mismos hopis.

Y nosotros, mientras tanto, ¿qué haremos para prepararnos para esa llegada de los nuevos niños? Lo que haremos será preparar a las parejas de la nueva generación para que, de forma consciente, trabajen en su interior activando a su par sagrado, equilibrando su energía masculina y femenina, y tomando el legado que las antiguas parejas sagradas de la tierra nos han entregado. Por ejemplo, Salomón y Maqueda, Isis y Osiris, Jesús y María Magdalena, Arturo y Morgana, Merlín y Minue, quienes sembraron una consciencia en el planeta que está disponible para aquellas parejas que eligen transitar este camino, preparándose álmica y energéticamente para sintonizar esa energía de los niños estelares.

¿QUÉ TENDRÁN QUE HACER LOS PADRES DE LOS NIÑOS ESTELARES?

Aprender a elevar su consciencia a través de todas las herramientas que dispongan para que juntos puedan soltar los patrones de miedo y condicionamientos que hacen que se sientan limitados en su camino de evolución. Serán padres que primero deberán aprender a escuchar a los niños, para darles los recursos que necesitarán en el desarrollo de su maestría.

¿CUÁLES SON LAS CLAVES PARA CONOCER CUÁNDO SE ACERCA EL MOMENTO?

Los mayas nos hablan de que existe un día fuera del tiempo en el calendario gregoriano que manejamos, que es el 25 de julio. De la misma manera, nos hablan de que existe un «tiempo fuera del tiempo» en el calendario del año cósmico de 26.000 años, y ese tiempo es un periodo de 20 años que terminaría cerca del 2032.

Durante este tiempo, en el planeta sucederán alguna situaciones especiales como menciona Juan José Benítez en su libro *Gog* y, pasada esa situación, Salusa de Sirio nos habla que será efectuada la convocatoria para ir a la Isla de Pascua. Allí se habilitará la energía del planeta gracias a la consciencia de la humanidad y también se preparará nuestra civilización para ese gran salto que daremos juntos, disponiendo lo necesario para recibir a los maestros: los niños estelares.

CAPÍTULO 23
CÓMO ELEGIR LA FELICIDAD EN TU VIDA

ARCÁNGEL JEREMIEL

¿Te has preguntado cómo mantener un estado de felicidad en tu día a día? La felicidad es el estado natural del alma. Fuimos creados desde la felicidad de Dios, desde la luz de Dios y somos una extensión plena y completa de la divinidad. La felicidad transmuta los problemas, cambia la energía del planeta. Los efectos de la felicidad sobre el organismo son múltiples: mejora el humor, potencia las funciones del sistema inmunitario, aumenta la tranquilidad, disminuye la ansiedad y el estrés, reduce el dolor, el ritmo cardiaco baja, retrasa el envejecimiento y ayuda a prevenir enfermedades como el párkinson. Es decir, la felicidad resulta clave tanto para la salud física como emocional.

Por supuesto, no hay recetas ni fórmulas mágicas para lograr la felicidad. Pero la ciencia ha permitido identificar algunos de los factores que la promueven, o al menos que producen que el cerebro libere dopamina, endorfinas y serotonina, sustancias conocidas como las «hormonas de la felicidad», pues las tres están vinculadas con el bienestar y el placer. Los problemas fisiológicos que dificultan la producción de esas sustancias son, a menudo, problemas como la ansiedad y la depresión.

PROPONGO QUE A PARTIR DE HOY NOS HAGAMOS CONSCIENTES DE SER FELICES, DE ACTIVAR ESA PARTE EN NOSOTROS, DE SENTIR ALEGRÍA, DE SENTIR PLENITUD.

¿Cómo activar la felicidad si hay muchas situaciones pasando en la vida, muchos problemas, muchas adversidades que se presentan? Quizá el problema sea desde dónde se esté viendo, desde lo blanco o desde lo negro, desde la luz o desde la oscuridad. La mente es muy poderosa y cuando tú dejas que te domine, no puedes escuchar la voz de tu alma y resulta que en el alma están absolutamente todas las respuestas. Debes mantenerte en un estado de frecuencia alto y para eso hay que elegir la felicidad. **No quererla, no necesitarla, no desearla, y así con todo en la vida.**

Te voy a explicar un poco la diferencia de una y otra cosa. Desear es algo que tú ves lejos y muchas veces imposible. Querer es algo que tú no tienes, pero que lo quieres en ese momento de tu vida, por lo que automáticamente ya estás hablando de carencia. Si lo deseo y lo quiero es porque no lo tengo en ese instante. Si tú dices «necesito» es porque es algo que te hace falta. Al escuchar «necesito», «quiero» y «deseo» el cerebro lo que entiende es que está muy lejos, no se tiene y, por lo tanto, hay sentido de carencia, en vez de plenitud.

Pero ¿qué crees? Si tú dices la palabra *elegir* es muy distinto, ya que elegir es tomar lo que ya está ahí para ti y en este momento. Háblale al Universo que en realidad es vasto, evidentemente, y tiene todo para ti.

En una canalización, Metatrón me mostró que nosotros somos como la flor y esta se ramifica, la flor de la vida se va uniendo a través de muchos lazos con todas las almas que están unidas, pero esa flor de la vida ya tiene absolutamente todo lo que necesitamos, lo que queremos, lo que deseamos y lo único que tenemos que hacer es elegirlo. Esa misma tarde, Metatrón me enseñó las miles y miles de redes unidas y la forma en la que todos, en el planeta, vamos a darnos los unos a los otros lo que necesitemos, lo que deseemos o lo que queramos, solamente tenemos que elegir a la persona correcta en el momento perfecto.

El Universo es vasto, y Dios, el Creador, lo depositó todo ahí para nosotros. Es cuestión de cambiar la manera de pensar, la manera de hablar, la manera de sentir. Al elegir lo que tú deseas, quieres o necesitas, ya es tuyo, solamente debes tener la intención, sentirlo y elegirlo. Te voy a regalar un ejemplo: digamos que tienes muchas ganas de comprarte unos zapatos específicos, pero cuando llegas al aparador, ves el precio y te das cuenta de que son costosos y piensas «no me alcanza el dinero, no tengo suficiente, es demasiado para mí». Tu ego comienza a hablarte y empieza a dar vueltas. Tu sigues caminando por el aparador pensando que en verdad quieres el par. Los necesitas para una fiesta, los deseas con toda tu alma. ¿Qué te falta hacer? Solamente elegirlos. Si tú eliges y dejas que todo llegue con gracia y facilidad a tu vida, todo se resuelve casi divinamente. Si los eliges, sin incluir el ego en la ecuación, llegas a la tienda y ¿cuál podría ser tu sorpresa? Que tienen el descuento necesario para la cantidad de dinero que traes. Así funciona la ley de atracción, así funciona el Universo.

Todo dispuesto para nosotros, absolutamente todo. Puedes elegir salud, amor, felicidad, plenitud, paz interior, una casa, un automóvil, una mascota, una pareja. Elegirla, recuerda, porque ya está ahí para ti, tal vez no lo veas en este momento inmediato, pero te aseguro que llegará porque la red que somos hará que la energía se mueva y que todo llegue a ti de manera fácil y sencilla. Solamente hay que poner la intención necesaria, sentirlo, tener esas ganas y esa plenitud de que ya está ahí para ti.

Dios es generoso y milagroso. Él ya planeó todo lo que tú vas a necesitar en tu vida, en esta vida que estás transitando. Sí, habrá grandes situaciones y pruebas por confrontar, pero si tú escuchas la voz de tu corazón sabrás siempre qué elegir. De hecho, lo primero que tendrás que elegir es la felicidad, ya que la plenitud y la alegría son parte de la felicidad, y si tú te sientes completo, la **felicidad** siempre te alcanzará. Recuerda: alegría es la energía de la felicidad; regala una sonrisa, elige la felicidad todos los días.

REPITE

« YO HOY ELIJO LA FELICIDAD, AUNQUE AÚN NO SEPA CÓMO. »

Ese es el ejercicio que te dejo. A partir de este día, haciéndote consciente de lo que tú eres, de que todo está ahí para ti, vas a elegir ser feliz, elegir la salud, aunque no sepas cómo. Elige la prosperidad, elige el trabajo perfecto, aunque no sepas cómo. Tu alma sí lo sabe, da la orden al Universo, y todo lo que nos acompaña, que no vemos con nuestros ojos físicos (energía lumínica, energía de creación, ese poder divino que hay en nosotros), lo hará una realidad. Elige todos los días lo que tu alma en ese momento más requiera.

Retira de tu vocabulario las palabras deseo, quiero y necesito. A partir de hoy **elige** el amor, la plenitud, la salud, la tranquilidad, la felicidad, la espiritualidad, la evolución y la paz interior. Todo eso lo puedes poner en papelitos y en diferentes partes de tu hogar o de tu trabajo, donde tú los puedas leer.

Pon las palabras: «Yo elijo», y con eso tu mente sabrá lo que, en ese instante, más resuene contigo y lo elegirás. El Creador y el Universo entienden, pero es necesario que programes tu mente, sentir con claridad: hecho está, ahora solo falta elegirlo, soltarlo y agradecerlo.

Cuando lo elijas siéntelo ya tuyo.

Si eliges la salud —si estás pasando por una situación precaria en ese instante—, visualízate sano, siéntete sano, elige ser sano y verás que todo se manifiesta en tu vida de manera instantánea y milagrosa. Elige, porque tienes el poder de Dios en ti y la felicidad es parte del Universo. De ahora en adelante, todo está aquí para ti, no lo veas lejos, la energía de la felicidad ayudará a cambiar el planeta, así que, a partir de hoy, tu tarea es elegir ser feliz y mandar esa felicidad a todo el Universo. Y, ¿sabes algo?, el planeta tierra cambiará su vibración gracias a tu elección.

EJERCICIO 1

- ✳ Yo elijo la salud perfecta, aunque no sepa cómo. Mi alma lo sabe
- ✳ Yo elijo la felicidad
- ✳ Yo elijo la prosperidad
- ✳ Yo elijo la paz
- ✳ Yo elijo el amor
- ✳ Yo elijo la pareja perfecta
- ✳ Yo elijo la alegría

✦ Yo elijo la conexión divina

✦ Yo elijo la sabiduría

El alma siempre lo sabe. Solo cierra tus ojos, respira profundo y repite todas las frases que gustes. Termina diciendo:

YO SOY ÉL, YO SOY, YO SOY ÉL

YO SOY ÉL, YO SOY, YO SOY ÉL

Inhala... Yo Soy Él, Yo Soy... exhala hacia adentro, absorbiendo tu aire y di... Yo Soy Él...

REPITE

Yo (tu nombre completo) **me abro a lo nuevo ahora mismo, con seguridad y confianza, disfrutando el camino con alegría y diversión.**

EJERCICIO 2

Ahora date cuenta de cómo se siente tu cuerpo al haberlo dicho. Tómate un momento para repetir la frase unas tres o cinco veces de manera que la asimiles. Al hablarle a tu cuerpo y a tu alma, empieza el despertar de la consciencia y la conexión entre todos tus cuerpos multidimensionales. Esto te genera nuevas posibilidades hacia el éxito, pues el éxito es una vibración de confianza, seguridad y fe. Lo contrario a esa vibración sería el fracaso, que lo alimentan los sentimientos y pensamientos de preocupación, duda y postergación de tomar acción por medio de decisiones.

CAPÍTULO 24

CONEXIÓN CON LA TIERRA Y EL MULTIVERSO

ARCÁNGEL ORIÓN

CANALIZACIÓN: ARCÁNGEL ORIÓN

Conectar con la tierra y con el multiverso es entrar a un estado en el que tu consciencia pasa a otro nivel, a otra frecuencia y, sobre todo, a otra dimensión. El objetivo es entrar a una frecuencia distinta a la usual; es hacerte sentir realmente lo que eres, ver tu luz divina; es encontrar al Dios que hay en ti (el Yo Soy se conecta contigo); es estar en ese estado meditativo de inducción a tu ser.

Cuando tu consciencia, tu mente y tu espíritu se integran en un solo ser, la línea del tiempo se duplica —presente, pasado, futuro— y puedes viajar entre multidimensiones y ver realmente lo que tú eres, saber lo que tú eres (una extensión del Creador); es ver tu propia luz y extenderla al Universo. En este momento, en el planeta tierra se está integrando todo lo que realmente debe ser. La tierra sufrirá un gran colapso, muchos no lo entenderán, pero tienes que saber que Gaia, el planeta por debajo, tiene una multidimensión fracturada. Muchos entenderán, muchos no. Trabaja en tu ser, sana todo lo que está adentro, permite que todo tu ser se integre al Yo Soy.

Dios vive en ti, tú eres Dios, el poder lo tienes tú, esto lo lograrás integrando lo que realmente eres. Deja que todo lo que es oscuridad te muestre tu verdadera esencia lumínica, porque dentro de la oscuridad brilla la luz, tú eres luz y a pesar de lo que estés viviendo o cómo lo estés viviendo debes encontrar el camino para seguir. La tierra te necesita en este momento, y todos aquellos que estén despiertos podrán continuar en este planeta lleno de amor, y los que no, continuarán en otra dimensión. Sin embargo, el tiempo está marcado, no temas, trabaja en ti y trabaja en el planeta.

La realidad de los multiversos es compleja de entender para muchos, y sencilla para los que ya estamos en este camino del despertar de la consciencia. Tú estás en muchos mundos y viviendo muchas experiencias, iguales o similares en diferentes multiversos.

Incluso la ciencia ha hablado de todo lo que hay más allá de agujeros negros y de otros universos. La palabra multiverso puede adquirir varios significados. El universo observable se extiende hasta una distancia de unos 42.000 millones de años luz que es nuestro horizonte visual cósmico. Pero no existe ninguna razón para suponer que todo termine ahí. Más allá podría haber muchos —tal vez infinitos— dominios similares al nuestro. Cada uno habría comenzado con una distribución diferente de materia, pero todos se regirían por las mismas leyes de la física.

Lo que me han mostrado mis guías del multiverso, Orión y Metatrón, es que somos una partícula de luz entre miles de millones de estrellas en el Universo, y es el planeta tierra uno de los más cuidados y vistos por todos los seres y dimensiones, porque aquí es donde más se evoluciona y experimenta.

TÚ ESTAS AQUÍ HOY EVOLUCIONANDO Y EXPERIMENTANDO MILES DE EMOCIONES, VIVENCIAS Y SENSACIONES, QUE LE PERMITEN AL CREADOR VIVIR POR MEDIO DE TU EXISTENCIA.

¿Te has preguntado cómo integrar tus mundos, tus multiversos dentro de ti, y cómo estás viviendo hasta hoy? En este capítulo podrás entender que tú eres tu propio universo y dentro hay muchos más universos, que has recorrido un gran camino para ser quien hoy eres. Los multiversos dentro de ti son las múltiples experiencias, sentimientos y emociones que has experimentado a través del tiempo.

La tarea para reconocer tus universos internos es observar lo que hay dentro de ti y lo que proyectas a los demás. ¿Hay congruencia entre lo que piensas, sientes y haces?

Es muy importante cómo te relacionas con los otros seres, tanto en la tierra como en las diferentes dimensiones. Al conocer lo que hay en otros universos, conocerás lo que realmente eres capaz de lograr, pero es un poco complicado ya que somos un puntito diminuto en un gran multiverso también creado para experimentarte en diferentes líneas de tiempo y facetas de tu vida. Existen diferentes dimensiones de las cuales ya hablamos anteriormente... ¿Cómo conectas con todas esas dimensiones?, ¿cómo es tu comunicación con todos los seres divinos de Luz?

Esto te ayudará a encontrarte a ti mismo dentro de tu universo, la comunicación y la integración de los mundos hace que integres tu propio mundo. ¿Cómo lo vas a lograr? Pues conociéndote, reconociéndote, amándote, valorándote, sanando y pidiendo ayuda al Creador de todo lo que es, a tus guías, los arcángeles que están siempre a tu servicio y compañía.

Al conocer lo que realmente eres, tu potencial, tus dones, tus talentos, tus virtudes entregadas por Dios, sabrás que en tu universo hay miles de oportunidades para vivir tu vida de manera plena y abundante en todas las áreas. La vida es hoy y hay que vivir el presente sin engancharse en el pasado y sin preocuparse por el futuro.

Hazte responsable de ti y de cumplir con tus misiones y evolución. Ten presente que como es arriba, es abajo; como es adentro es afuera, y si somos parte importante de la creación, también somos parte importante de la humanidad.

Cree en ti, cree en tu potencial y crea tu universo, integrando tus multiversos y las diferentes facetas como las de hijo, hermano, padre, amigo, empresario, esposo, etc., porque todas esas partes de ti son tu integración del ser, son tus diferentes multiversos que logran que te desarrolles de la mejor manera en este mundo. Así que potencializa todo lo que eres en cada faceta, y tus otros yo —de diferentes líneas del tiempo— lo sentirán de igual manera, porque al evolucionar en la tierra, evolucionas también en los otros universos.

RECUERDA

Eres la iluminación de Dios en acción en diferentes mundos y facetas. Disfruta tu evolución.

Toda esta información la entendí con una canalización que realicé en Egipto, en febrero del 2022 —justo el inicio de la nueva Era de Acuario— durante un evento organizado por Matías de Stefano y la Fundación Arsayian.

Dentro de la pirámide de Guiza estuvimos un gran grupo de personas, conectando con ese multiverso multidimensional. Fue algo mágico, algo que nunca olvidaré, porque cambió mi manera de ver el mundo y de apreciar el planeta tierra como un ser con vida, energía y voz.

Les narro un poco de mi vivencia de ese momento. Estábamos dentro de la pirámide en una profunda meditación, dirigida por Matías de Stefano, a las 2 de la madrugada. Todos habíamos recibido iniciación e instrucciones para hacer de esa hora algo mágico y así tal cual sucedió.

Coreando al unísono la misma frase **gerukh khurag** que significa: **yo soy el universo creador, mi mente es el diseño divino que proyecta los planos de la consciencia. Yo doy sentido a la iluminación del fruto que aquí y ahora yo soy.**

Éramos unas noventa personas en una alta vibración. Fui testigo de cómo se abrió esa pirámide y cómo nos mostraron el cosmos y las diferentes dimensiones. Ver miles de arcángeles bajar en diferentes formas, unos con alas y otros en esferas del luces. Claramente se presentó el arcángel Gabriel, a través de Matías de Stefano, y nos dio un mensaje que decía que todos somos la integración de la información para crear el nuevo mundo y la nueva humanidad, conectando con todos los mundos.

Te invito a repetir las mismas frases que ese día nos pidieron decir voz alta:

* *Yo soy el Universo y la mente creadora*
* *Yo soy la espiral de energía que conecta todas las realidades*

- *Yo soy quien entrega incondicionalmente el fruto de la evolución*
- *Yo soy el origen de la fuerza de todas las cosas existentes*
- *Yo soy la voz que despierta las voluntades de todas las entidades*
- *Yo soy quien eleva cada hogar del ser hacia lo eterno*
- *Yo soy quien toma un aliento de fe para lanzarme a los senderos*

Vivir esta experiencia dentro de la pirámide de Guiza fue algo indescriptible y maravilloso. Me hizo entender que todo lo que vemos en la tierra, al mismo tiempo, está en el Universo y en múltiples dimensiones; es algo que marcó mi vida y que me hizo elevarme en la más alta frecuencia de amor.

Todos unidos, porque todos somos uno en la integración de los mundos y tenemos que entender quiénes somos por dentro para poder expandir nuestra luz y poder conectar con las dimensiones. Conectar con la luz, con los guías, con los maestros, pero, sobre todo, con el gran Dios que está fuera y dentro de ti.

A continuación, te escribiré la canalización recibida por Metatrón justo el 22-02-2022 en Egipto.

MENSAJE DE METATRÓN

Sí, las pirámides que vemos en Egipto están en la misma localización en la tierra y el Universo. Como es arriba es abajo. La pirámide de Guiza es la principal, es la antena conectora con el Universo. Todas las demás reciben información que unificándola se descodifica. La verdad está por salir a la luz, la verdad oculta será revelada. Cuando se encuentren los códigos de cada una de las pirámides se descubrirá la verdad de la creación. El portal ya está abierto y activo. La consciencia se ha activado en la humanidad, todo lo irán viendo y descubriendo en el momento en que se vayan reconociendo.

La pirámide de Guiza está conformada por 12 niveles de frecuencia y de vibración, con muchos caminos dentro. Cada dimensión representa la energía del multiverso, todo se irá recodificando y aclarando. En la Gran Esfinge se encuentra gran parte de la información; son los secretos que todos han querido encontrar para recordar y reconocer.

La tierra y la humanidad seguirán evolucionando y todo lo irán recodificando, pero la verdad muchos la encontrarán y llegarán hasta aquí. Son diferentes piezas las que tendrán que reconectar en su ser y deben estar en este momento encontrando el gran secreto de la vida. Vayan y sientan, descúbranse, y todo lo que vean escríbanlo para que lo puedan expandir a los demás.

La verdad está ya expuesta, porque es el día primero de esta nueva era y la información ya está aquí. Los que lleguen hasta ahí se les entregarán las claves y las llaves para lo que sigue en esta evolución del Universo.

Porque la tierra no es solo lo que hay en este Universo; está en muchos otros mundos y muchas otras dimensiones. Está conectada directamente a través de la Gran Pirámide de Guiza que es la antena cósmica donde se recibe la información, pero, al recibirla, tienes que descodificarla y expandirla con los que estén listos para escuchar.

¿ESTÁN PREPARADOS PARA HACER, SENTIR Y ACTUAR?

Porque no se trata solo de saber, sino de hacer lo que realmente cada uno tiene que hacer. A todos les han sido entregadas tareas en esta vida y tienen que cumplir con lo que se les ha mandado y aprender más de la geometría del Universo, la geometría de la vida, para que entiendan su propia geometría; tienen que recodificar su propio mundo interno y todas las células que conforman su universo, su mundo infinito. Todos ustedes son universos; lo que alcanzan a ver en el cosmos está dentro de ustedes y, al descubrir su propia frecuencia, energía y vibración, se alinearán todos los multiversos dentro y fuera de ustedes.

Arcángel Metatrón

CAPÍTULO 25
ALMAS COMPATIBLES

ARCÁNGEL CHAMUEL

La admiración es la clave del amor y tú encontraste el amor en el momento cuando empezaste a reconocerte. Para poder amar, tienes que amarte; para poder recibir, tienes que poder dar, pero para poder dar tienes que saber qué es lo que tienes. El amor es incondicional, puedes amar a muchas personas, muchas cosas, muchas situaciones, amar hasta las experiencias, pero encontrar a tu alma gemela compatible no es fácil. Una de las claves para saber que estás con esa persona es la admiración, cuando tú te das permiso de verte a un espejo y reconocer que mereces el amor, que mereces la oportunidad, que mereces ser feliz, entonces estás listo para recibirlo, mientras, no.

Tal vez hayas pasado cosas complicadas, duelos muy difíciles, pérdidas, muertes, engaños, abandonos, golpes..., no sé cuál sea la situación experimentada en tus relaciones anteriores, pero cuando tú te das permiso de fluir y de perdonar, entonces llega el momento correcto. Muchas veces te los mandan del cielo porque ya son designados para ti, te envían a tus ángeles, a tus guías, a Dios (de guías estoy hablando de personas que ya trascendieron, que tienen grandes alas, a quienes les piden que se encuentren contigo para que te hagan feliz).

El amor incondicional es incondicional, es decir, siempre, ante todo, para todo, en las buenas, en las malas, en la salud y en la enfermedad. No es cualquier cosa lo que se dice cuando se hace un compromiso ante una Iglesia, ante un sacerdote o ante un ministro. No importa la religión, lo que importa es el compromiso que tú tienes, y si faltas a ese compromiso, te faltas a ti, no tanto a la otra persona. El compromiso es acompañamiento y cada persona es un mundo, cada cabeza es un mundo, cada alma es un diamante diferente y la clave es admirar lo que tienes enfrente porque lo que tú ves en esa persona, lo ves en ti; lo que te molesta de esta es lo que tú tienes que observar y trabajar porque nuestras parejas son nuestros más grandes maestros.

Encontrar un alma gemela es más sencillo que cuando se trata de un alma gemela compatible, ya que la primera puede ser de tu círculo familiar cercano. De hecho, pueden ser muchas personas que pasan por tu vida, que van y te enseñan algo de una manera dolorosa, de una manera complicada o de una manera muy feliz, pero, así como llegan, se van. El alma gemela compatible es un alma ya evolucionada con la que tú decides vivir, pues puedes compartir de una manera más armónica. En tu alma gemela admiras lo que es y respetas lo que es. Las mujeres debemos respetar a los hombres y los hombres tienen que honrar a la mujer, eso está escrito en la Biblia y si eso sucede, y los hombres tratan a la mujer como pétalos de rosas, la relación realmente será duradera.

Amor incondicional es ese amor que entregas sin esperar nada a cambio, ese amor desapegado donde tú le permites a tu pareja ser su mejor versión y crecer, aunque no tenga que estar contigo. Por otro lado, querer es cuando tú quieres algo para ti, solo para ti. «Yo quiero ese vestido», «yo quiero esos zapatos», yo quiero porque no lo tengo. Querer es cuando tú deseas o quieres algo que no tienes. Al fin de cuentas, el hombre o la mujer ¿qué quieren?, pues quieren atesorar algo que les hace falta.

Cuando tú elijas amar a una persona, primero te tienes que amar a ti, no puedes amar a alguien si tú no te amas. Para que te salga la frase: «Te amo», tienes que entender el sentido real de lo que es amarte a ti, darte tu lugar, ponerte donde te corresponda, valorarte, respetarte, hacerte responsable de tu felicidad y compartir el amor con alguien.

¿QUÉ ES UNA PAREJA?

Una pareja es aquella persona que te ayuda a ser tu mejor versión. Esa persona que te dice o te enseña de muchas maneras, porque viene a ser tu maestro. Pareja es cuando se acopla. ¿Recuerdas esos corazoncitos donde la mitad dice *Best* y la otra mitad dice *Friends*?, tú los pones juntos y embonan, se acoplan, hacen pareja y se forma un corazón. Para que ese corazón esté completo tienen que complementarse, una pareja es un complemento, y siempre vas a aprender de la otra persona porque te va a mostrar lo que tú tienes que sanar. Es como el yin y el yang, el blanco y el negro.

Cuando dos personas son idénticas y dicen: «es que somos igualitos», eso no funciona. ¿Qué estás aprendiendo de esa persona si es igual a ti?, ¿para qué quieres una pareja igual a ti?, el chiste es que sea una persona completamente diferente a ti.

Mientras tú estás sanando, la pareja tiene que estar sanando también, las dos partes al mismo tiempo. Pero no es tu responsabilidad cambiarla, y no es su responsabilidad cambiarte a ti. La responsabilidad de cambiar es de nosotros mismos. Si eso le ayuda a tu pareja, entonces es amor incondicional, si no, era un *te quiero*.

Los *yo te quiero para mí, te quiero aquí, te quiero en la casa, quiero que cocines, quiero que cuides a los niños, quiero que estés atendiéndome* y frases similares, responden y refuerzan los vacíos que tú o esa persona tienen. Cuando uno decide agarrar las riendas de la vida y decir «ahora sé quién soy», «ahora me conozco», «ahora me amo», compartes con tu pareja un amor incondicional.

¿QUÉ ES ALMA GEMELA COMPATIBLE?

Una pareja que es tu alma gemela compatible se vuelve un complemento y ese complemento es el amor que se comparte. Si tú te amas completamente es el 100 porciento y puedes compartirlo con tu alma gemela compatible. Ese 100% de amor incondicional es la combinación perfecta, porque entonces te das cuenta de que tú eres parte de esa pareja y esta es parte de ti. Ahora hazte la pregunta con la pareja con la que tú elegiste estar, con la que piensas, sientes y te has dado cuenta de que es tu alma gemela compatible, ¿en qué porcentaje se encuentra tu amor propio?, y ahí verás, realmente, si va a funcionar o no va a funcionar, ya que para estar con tu alma compatible, debes amarte completamente a ti mismo.

Los problemas van a estar siempre, las altas y bajas también, y debes considerar que la confianza sí se restaura. Cuando tú confías en ti, confías en las decisiones que tomas. Así que, si ha habido un caso de infidelidad y dices: «es que nunca más voy a volver a confiar», te estás diciendo a ti mismo «no confío en quien soy yo».

¿Te crees capaz de hacer que la otra persona confíe de nuevo en ti? ¿Te crees capaz de confiar en la otra persona? Si tu respuesta es «no lo sé», es porque estás tú más seguro de lo que sientes a lo que siente tu pareja. Tú estás contestando las preguntas por ti, pero tú no sabes lo que siente tu pareja y ahí es cuando tienes que abrir los ojos del alma y darte cuenta de que esa persona no es tu otro 50%, que tú tienes que complementarte ese 100% y darte tu lugar. No puedes obligar a nadie a que te ame o a que te dé la otra mitad. Eso es amor incondicional porque estás desapegado.

¿QUÉ ES EL AMOR?

El amor eres tú, recuerda no buscar en otro lado más que en tu corazón. No busques afuera lo que ya está en ti, Dios ya lo puso todo para ti, ahora aprende a amarte y a disfrutar tu vida. Eres el amor infinito de Dios; entre más te amas, más sientes el amor de la divinidad y expandes el amor a tu alrededor. Eso es amor propio. El amor incondicional es la máxima expresión del espíritu. Después de decirte a ti mismo un *te amo*, puedes decirlo hacia los demás. Al decir esta frase tan poderosa, todo tu ser se alinea al latido del Universo, a ese latido divino del corazón.

Cuando el amor realmente sale del centro de tu ser, causa una frecuencia y una vibración en tu cuerpo y en tu piel, y te hace sentir que estás realmente conectado con el amor incondicional de Dios.

Amor no es solo una palabra, es la unión de dos almas a través del tiempo y del Universo. Al encontrar a tu llama gemela sentirás la integración completa de tu esencia de luz, sintiendo el amor y energía en tu alma y en tu ser. Date la oportunidad de conocer el amor verdadero trabajando primero en ti, te darás cuenta de que dejarás de sufrir y aceptarás cualquier situación porque lo ves con los ojos de Dios, no hay amor más grande que el de Él. Deja que Él te hable de este sentimiento, escucha su voz y llénate de la paz en tu corazón. No hay amor más verdadero que el del Creador. Recuerda que el amor incondicional es el amor en tu ser que proviene de Dios.

La verdadera libertad de nuestro ser consiste en hacer las cosas que más nos asustan. Si nos arriesgamos, no perdemos la vida... la encontramos.

En ocasiones, vivir una vida segura sin enfrentarnos a nuestros miedos, preocupaciones y ansiedades es la cosa más peligrosa que podemos hacer. No permitamos que el miedo forme parte de nuestra vida de un modo permanente. Si nos desprendemos de él, o al menos vivimos a pesar del miedo, de una forma sorprendente y paradójica, nos sentiremos más seguros. Podremos aprender a amar sin dudas, hablar sin reservas y a preocuparnos por los demás.

Cuando dejamos atrás nuestros miedos, hallamos una nueva vida. El amor consiste en liberarnos de nuestros miedos.

LA PAREJA SAGRADA

Jesús y María Magdalena es la unión pura y espiritual, en cuerpo y alma, de dos seres cuya energía masculina y femenina —previamente equilibrada en su interior— se complementan para vivir la unidad y el equilibrio perfecto en la dualidad de este plano, desde el amor de planos superiores.

No hay regalo más grande que el amor puro de tu pareja sagrada y este amor no se debe buscar, siempre llega cuando las almas están listas para reconocerse. Si se busca es porque aún no se está listo para el reencuentro.

Solo aquel que vive la paz de su alma, con su energía masculina y femenina totalmente reconciliadas en el interior, y permanece en el amor infinito de todo su ser, está listo para encontrar su pareja sagrada.

No es casualidad la existencia del hombre y la mujer en este plano de la materia. Es el resultado de la división de una energía pura en sus dos partes completas y sublimes para experimentar y fortalecer su esencia, no porque una sea la mitad que al otro le falta. Una encontrará a la otra sin importar el espacio y el tiempo, de hecho, en el plano espiritual nunca se han separado.

NUNCA ESTÁS SOLO, a la luz de la eternidad ya eres UNO con el otro. El deseo impaciente y ansioso de encontrar a tu pareja sagrada solo te aleja de la paz interior. Disfruta cada momento y sé capaz de ver en cada relación la magia del amor, y en cada crisis observa la oportunidad de evolucionar e integrar tus energías.

JESHUA Y MARÍA MAGDALENA

Jesús y María Magdalena son el ejemplo perfecto del amor ETERNO, INFINITO E INCONDICIONAL de una pareja sagrada. Ambos fueron seres humanos, maestros espirituales, pareja sagrada, mensajeros del amor, sembradores de consciencias y ejemplo constante de una vida en amor libre e incondicional. Ellos eligieron caminar juntos, unieron sus vidas, sus almas y su ADN. Con sus enseñanzas, muchos aprendieron, otros despertaron y otros llevaron su legado por el mundo. Su sangre real se expandió y hoy está en la humanidad, llevando el corazón diamantino a la tierra y cristalizando nuestros corazones.

¿QUIÉN ES MARÍA MAGDALENA?
CANALIZACIÓN POR SHIRAM

Yo soy aquella que te mostrará el camino, yo soy una mujer, fui humana como tú, he reído, he amado, he sentido la tristeza y el dolor. Hoy vengo a decirte que es inevitable tu transformación... y es inmediata al estar leyendo este mensaje que proviene de mi corazón, ya que en este instante mi energía ya está en ti.

Recuerda a lo que has venido a la tierra y que el plan de Dios es divino para tu vida. Todos a tu alrededor serán testigos de tu transformación y se contagiarán de tu energía de evolución.

Hoy vengo a recordarte que estoy aquí para ti siempre. No importa lo que has tenido que vivir hasta el día de hoy, recuerda que eres también hijo de Dios y mi fuerza es tu fuerza. El amor eterno, puro y verdadero está en tus venas porque llevas sangre real al ser hijo de Dios.

No tengas miedo, solo camina y recuerda que por más difícil que se vea todo alrededor, nada es imposible para la fuerza de Jesús y para mi fuerza que hoy ya habita en ti.

Te entrego toda mi luz, mi sabiduría y mi compañía.

Al seguir mi llamado, te ayudaré a activar tu automaestría. El número 22 es mi número sagrado. Cuando lo veas repetidamente, o conectes con los lirios o la flor de lis, es porque mi esencia está llamando a tu corazón para que conozcas más de mi verdadera vida en la tierra, y estaré guiándote en tu camino del despertar de tu alma.

Nada hay que no puedas lograr cuando es mi energía la que te acompaña. Te invito a conectar conmigo y a saber más sobre mí.

MENSAJE DE JESÚS Y MARIA MAGDALENA

Hermosa alma, hoy estoy aquí para acompañarte en este despertar espiritual y tu nueva forma de vivir en compañía de los guías y arcángeles.

No dejes que nadie te perturbe y libérate de las creencias que te limitan a vivir tu verdadera vida con felicidad. De ahora en adelante lo harás libremente y sin tabúes. Aunque muchos no entiendan, no dejes nunca de ser tú, pues tú eres eres el Yo Soy, y el Yo Soy siempre será parte de ti y parte de Jesús, porque los dos somos uno y seguiremos siendo unidad con tu ser.

Al hacernos parte de tu vida recordarás, hijo mío, que yo vivo en ti y soy parte de tu corazón, el cual está siendo restaurado por mí hacia ti. Hoy sano tu cuerpo, tu alma y tu mente para que la claridad y la certeza lleguen a ti. Estás en el camino correcto para tu transformación, mi fuerza y amor es parte de ti.

Hoy te convertirás en esa persona llena de luz y paz. Mi guía te ayudará a integrar tus energías masculina y femenina con tu propia luz y oscuridad, para encontrar el equilibrio a través de tu evolución. Sigue adelante, no te detengas, todo es ahora más fácil en nuestra presencia.

Todo cambio en tu vida requiere una decisión fuerte para ti. Recueda que cada salto que des y te dé paz será lo mejor para tu andar; cosas mejores vendrán cuando veas tu futuro con ilusión, creas en ti y dejes atrás el pasado con amor. Cree en la grandeza de Dios, siempre será el indicado para ti, confía en el Espíritu Santo que siempre te iluminará y te dará la fuerza del Creador para seguir adelante en tu vida, hoy y siempre.

RECUERDA ESTAS PALABRAS EN TU MENTE Y EN TU CORAZÓN:
TE AMÉ, TE AMO Y TE AMARÉ SIEMPRE POR SER EL YO SOY.

CAPÍTULO 26
LÍNEA DEL TIEMPO

ARCÁNGEL METATRÓN

En este capítulo de la línea del tiempo, sentí que tenía que contactar con una persona afín y con una conexión especial. Él es un maestro espiritual con un gran recorrido en este mundo, experimentando la vida, escuchando el llamado de los guías en su andar. Es muy importante que sepas que lo que estás a punto de leer es parte de su autoría y sabiduría:

Presente, pasado, futuro... ¿Te has preguntado en qué línea del tiempo te encuentras? ¿En qué vida te encuentras? ¿En qué momento estás? La línea del tiempo es algo que no podemos observar, pero sí podemos sentir, porque estás aquí en el presente y hace un segundo era el pasado y ya es el futuro, aquí en esta vida, en el hoy, en este planeta, pero ¿qué tal cuando es hacia adelante, cuando quieres cocrear ese *tú* del futuro, ese *tú* del pasado? Es muy importante que tomes en cuenta que las tres esencias viven en ti y que tú estás en tres líneas de tiempo a la misma vez. Seguro piensas: «¿Cómo estoy creando mi vida?, ¿hacia dónde voy?, ¿cómo es que estoy creando mi futuro?», bueno, tú puedes cocrear tu futuro porque eres el creador de lo que viene, a través de tus pensamientos, palabras, acciones e intenciones. Es muy poderoso lo que dices, expresas, deseas, sueñas, así como dónde quieres ir o qué quieres lograr.

Cada aliento, pensamiento, sentimiento o palabra va a provocar un efecto. Podemos comprobar cómo cada cosa que decimos, pensamos o sentimos tiene casi, de inmediato, una consecuencia en nuestra vida. Este es el motivo por el que tantas veces hemos dicho la frase «lo sabía». Esto se ha producido porque hemos creado, en nuestro momento presente, lo que posteriormente se ha materializado en el mundo físico, de ahí que lleguemos a la conclusión de que el futuro no se piensa, se crea.

Lo que ocurre es que somos capaces de crear el futuro según la visión que tengamos de nuestra vida; creamos aquello que consideramos factible para nosotros, y es en ese momento cuando se unen el pensamiento y el sentimiento, es decir, lo pensamos y nos lo creemos. En esta unión es cuando creamos nuestro futuro.

GEOMETRÍA SAGRADA DE METATRÓN

Metatrón es el arcángel del tiempo, el que abre las líneas del tiempo, el que te ayuda a sanar el pasado y cocrear el futuro, pero también a vivir un presente en alineación con el Universo en la tierra. Este hermoso arcángel, este bellísimo ser de luz, me ha mostrado, a través de los sueños, mi pasado, y voy a empezar hablando por ahí.

En este libro ya leíste mucho de otras vidas, sobre cómo venimos cargando emociones, situaciones que vivimos por medio del alma y que se quedan guardadas en los registros akáshicos. También leíste que eso no cambia a menos de que tú lo detectes y trabajes en tus emociones, en sanar, en liberar y cortar todo lo que ya no corresponde. Es muy importante hacerlo para que tu vida tenga un presente mejor y un futuro increíble.

Pero también está el futuro, ese futuro incierto. ¿Qué pasará mañana?, ¿despertaré?, ¿cómo lo haré?, ¿podré tener el trabajo de mis sueños?, ¿podré tener la pareja, mi alma gemela a mi lado?, ¿tendré hijos?, ¿seré exitoso?

Todo lo que te preguntas, cualquier idea que pasa por tu cabeza ya tiene vida, ya le estás dando vida y Metatrón te muestra la manera de verte en un futuro. Es algo sencillo porque tú puedes hablar con tu *yo* del futuro. Tú puedes cocrear esa vida maravillosa y, sobre todo, tan anhelada; ese trabajo perfecto, esa pareja ideal, solo con la intención, con no perder el enfoque, con crear realmente lo que tu alma resuena. Eso es poderoso y también compromete porque, así como lo bueno, lo malo pasa por tu cabeza y también toma vida. Cuando quieras cocrear un futuro mejor habla con Metatrón.

Hoy te voy a platicar de cómo comencé a cocrear el futuro divino en mí. Al pasar mucho tiempo en la tierra, al darme cuenta del poder de los ángeles, del poder de Dios, del poder de los humanos dentro de mí, porque todos somos uno, pensé: «No puede ser posible que yo esté aquí, ahora y estuve en el pasado también». Fue cuando el arcángel Metatrón me mostró que la línea del tiempo es directa y perfecta, que estás en el aquí y en el ahora, pero también estás en el pasado y también estás en el futuro, porque tu energía se expande y puedes estar en varios lugares al mismo tiempo. Empecé entonces a verme en el futuro, a hablar con mi *yo* del futuro, y ese es el ejercicio con el cual quiero terminar.

Habla con tu *yo* del futuro, conversa con tu *yo* del pasado para que sanes tu vida presente. Tú puedes crear la vida que realmente deseas a través de la meditación, da un clavado al centro de tu corazón, conecta con esa verdadera esencia en ti y habla con tu ser sabio, con tu ser superior, con tu *yo* del futuro. Dile lo que deseas, lo que elegiste, lo que en este momento estás cocreando, asegúrale que todo va a estar bien y escucha, a través de tu voz interior, la respuesta de tu *yo* del futuro porque ahí es donde encuentras muchas claves para ir por el camino correcto.

No es difícil hablar con tu *yo* del futuro, eso es seguro. Solo hazte el propósito de que está enfrente de ti, de esa Cynthia, esa Karla, ese Manuel, ese Carlos, como sea tu nombre, es perfecto. Imagínalo enfrente de ti, cierra tus ojos y dile: «Hola _____ (tu nombre) soy yo en el presente y vengo a hablar contigo porque tengo muchos planes, muchos sueños, muchas ilusiones, y vengo a pedir tu consejo, vengo a escuchar tu voz para que me indiques el camino correcto».

Respira profundo y escucha a tu ser, a tu corazón. Pídele al arcángel Metatrón que te ayude a conectar con tu ser interior, que te ayude a visualizarte. Tal vez puedas ver hasta cómo será tu físico en un futuro, en unos años, tal vez solo escuches esa voz interior o ideas que lleguen a tu mente. Recuerda que esto lo sentirás de acuerdo a tus dones, específicamente al que tengas más desarrollado. Ahí, en ese momento, escucharás esa voz interior.

Para mí fue especial el momento cuando me di cuenta de que mi misión en la tierra se estaba cumpliendo, pero sabía que algo más venía y no estaba segura de cómo hacerlo. Fue ahí donde me mostraron ese regreso que voy a tener en algún momento al cielo, a mi familia angelical, a ese lugar lumínico.

—Shiram, has hecho un gran trabajo, nunca te diste por vencida, encontraste la línea del tiempo correcta, viste lo que realmente tenías que hacer, recordaste quién eras, ayudaste a despertar a muchas almas, pero es momento de que vivas ahora en otra dimensión para que continúes con tu trabajo, para que continúes evolucionando y despertando. Las semillas ya están sembradas en ese planeta. Así como tú lo hiciste, muchos que te siguieron lo hicieron, trabajadores de luz, como tú, realizaron ese gran trabajo. Te quedan muchos años todavía, disfrútalos y no pierdas tu esencia, no pierdas tu luz. Te esperaremos en este lugar para que nos platiques todo, pero, mientras, disfruta tu vida y sigue creando cosas maravillosas, deja atrás el pasado y agradece todo lo que viviste porque fue perfecto y correcto, porque no hay equivocación, porque lo que tú elegiste te ayudó a que te convirtieras en lo que hoy eres, y falta mucho por vivir, falta mucho por experimentar, por viajar, por crecer, por dar y por recordar. A través de tus sueños y de los mensajes, a través de las señales de tus arcángeles, de ese gran equipo que nunca te ha dejado y no te dejará, pero, sobre todo, escuchando a tu ser, a tu voz interior, esa voz que te habla siempre, que te dice hacia dónde moverte, hacia dónde ir, construyes el poder del creador que es la conexión con la divinidad; es tu energía conectada al multiverso, esa línea que nunca se ha quebrado y nunca lo hará, porque esa misma luz te traerá de regreso a este futuro, a este nuevo mundo donde escribirás una nueva historia, pero ahora disfruta y quédate en ese espacio.

Este mensaje —aplicado a mí— es muy importante, deseo que lo leas profundamente y lo apliques a ti. Recítalo, siéntelo y hazlo tuyo.

Yo soy Shiram del futuro y vengo a felicitarte por el gran trabajo que has hecho, a darle un abrazo a tu yo del pasado para que sane todo el dolor que aún pudo haber quedado, porque tal vez esta vida no te alcance para sanar todo el pasado, pero lo que tenías que hacer hasta el día de hoy lo has logrado. Sigue adelante, no te detengas, sigue tu luz, sigue la luz del Creador y recuerda que la humanidad está unida en red y que tú eres parte de esa red. No dejes que tu luz se apague, que nadie la apague. Muchas cosas vivirás aún, pero recuerda que vas por el camino correcto, guiada y unida a un gran grupo de energía divina, poderosa, mágica, que siempre está a tu alrededor. Esa energía vive en ti, no lo olvides.

Y así podrás platicar con tu *yo* del futuro. También puedes hacer la misma dinámica con tu *yo* del pasado, con esa persona que fuiste, pero no solo para consolarla, sino también para agradecerle las decisiones que tomó y que te ayudaron a convertirte en lo que eres hoy, que te ayudaron a ver el camino que recorriste. Gracias a eso pudiste ver lo fuerte que eres y todo lo que has afrontado.

Nunca dejes de reconocerte, de valorarte, de amarte, de conectar con tu ser. Ahora eres parte de esta nueva humanidad donde el cielo es en la tierra, donde Dios vive en ti, donde te has dado cuenta de que eres uno con toda la humanidad, con las plantas, con los animales, con las nubes, con los ángeles. Hay magia en ti, vuélvete tu versión favorita, conviértete en tu persona favorita, rodéate de humanos que piensen, que sientan como tú, y también entrega porque al dar también recibes, no lo olvides. Ama, ámate para que puedas amar, valórate para que seas valorado, reconócete para ser reconocido, no busques nunca afuera lo que está dentro de ti. Para que puedas alinear a esa persona lumínica que eres y encontrar la vida eterna. Escucha tu voz, escucha la voz del Creador que está en ti, escucha la voz de todos los seres que te acompañan siempre. Nunca te sientas solo porque has encontrado la combinación perfecta del *yo* en ti.

CANALIZACIÓN DEL CREADOR DEL UNIVERSO

Es momento que tomes tu fuerza, es momento que veas realmente de lo que estás hecho. No es momento de entristecerse, sino de fortalecerse. Decidiste estar aquí y por ello estás aquí. No temas, tu lugar es seguro conmigo en el cielo y en la tierra, vas de mi mano, soy tu Creador. Cosas se destruyen, pero al mismo tiempo se restauran en una nueva humanidad. Deja de ver solo lo que te altera y ocúpate solo de ti. Hoy es una lucha individual, deja de querer salvar al mundo, no lo vas a salvar, vas a salvar tu propio mundo; tu mundo es mi mundo, eres parte del Universo, eres parte de los maestros, de los arcángeles, de los guías, todo eres tú y tú eres todo. Integra el *Yo Soy* a tu ser, a tu alma y a tu espíritu, siente la transformación ahora.

Recibe todo mi poder porque no habrá ninguna lucha, esto no es una guerra, esto es una victoria. Estás preparando una nueva tierra, estás entrando a una nueva frecuencia. No temas de todo lo que verás, lo que sentirás, porque será más fuerte mi luz, más fuerte mi amor. No hay desconexión entre el *Yo Soy y Yo Soy Tú*. Enfócate en cuidarte, en meditar, en orar, en encontrar el centro en tu corazón, en tu alma, en hallar el equilibrio perfecto. Todo lo contemplarás diferente y todo está resuelto ya. Tu vida está resguardada, no temas nunca porque vas de mi mano, y a pesar de que no veas a los tuyos, están cuidados; a pesar de que te preocupes por tus hijos, por tu familia, están cuidados. Yo soy quien me estoy haciendo cargo, no temas por nada, estoy aquí para ti y vamos de la mano a crear esta nueva humanidad.

CAPÍTULO 27
LA NUEVA HUMANIDAD

MAESTRO JESÚS

Estamos viviendo momentos de transformación, creando una nueva humanidad por medio de una evolución. Ahora es conveniente asimilar lo que somos, a qué hemos venido a este plano terrenal, y saber cuál es nuestra misión individual. Bajar del cielo a la tierra no es una tarea fácil, pero tenemos mucha ayuda espiritual y angelical, la cual nos está permitiendo que todo el trabajo sea más sencillo. A los que hemos despertado dándonos cuenta de quiénes somos, de la luz que emanamos y de cuál es nuestra misión, se nos han asignado tareas muy claras en una especie de *hard drive* interno. Algunos otros están en ese proceso de convertirse en lo que realmente son, pero el ego sigue latente, recordándonos la necesidad de integrarlo, reconocerlo, amarlo. No pelear, no es una lucha, no es una guerra, pero sí es una constante transformación. Cuando estemos en ese estado lumínico donde todos reconozcamos que somos extensiones del Creador, que tenemos magia y poder, y que no hay separación entre el *yo soy* y el *nosotros*, podremos vivir completamente en armonía; mientras tanto es un trabajo arduo, hay mucha oscuridad, mucha lucha interna y también externa en el planeta tierra.

En el Universo también encontramos una lucha similar entre la luz y la oscuridad. Son muchos maestros y guías los que están ayudando a esta transformación por lo que hoy te voy a hablar justo de lo que tú eres. Si este libro está en tus manos, si ha llegado a ti es porque estás conectado o estás en el proceso de entender lo que eres. Has llegado casi al final, pero, a su vez, es el comienzo de lo que te estás convirtiendo. Te estás transformando en este nuevo hombre, en esta nueva mujer, en este nuevo ser donde tu alma brilla más, donde tu mente se ha expandido, donde comienzas a entender realmente quién eres, el poder de Dios está en ti, el *yo soy* eres TÚ. Ahora que tienes este entendimiento lumínico, que tu luz brilla más que nunca, toma tu poder, toma tu magia y recuerda que has sido escogido para llegar en este momento a la tierra, donde tanto nos necesitan. Gaia está pidiendo a los humanos que se hagan conscientes del poder que también tienen. Tu poder no solo viene del Universo, también viene de la tierra porque Dios la creó para nosotros.

Al principio era todo perfecto, no faltaba nada, todo lo podías encontrar, era un paraíso y eso es de lo que se trata, de volver a convertir este hermoso planeta tierra en ese cielo, en ese paraíso, en ese lugar divino, donde la humanidad vive en paz y en amor. Es un proceso, pero ya estamos en eso. Deja de ver afuera todo lo que ocurre, mira adentro de ti, si transformas tu cuerpo, transformas tu mente, transformas tu manera de ver la vida. Ya pusiste tu granito donde estás y dará frutos en un futuro, y las siguientes generaciones verán lo que tú creaste, los valores con los cuales ahora tú vives y que expandes en esta tierra.

Todos los niños especiales que están llegando a este planeta traen misiones muy claras. Cuando llegan a familias que no los entienden, muchos de ellos pierden su rumbo debido a la falta de apoyo espiritual. Por eso es tan importante que estés despierto; tal vez tengas un hijo, un sobrino o un nieto especial al cual tienes que entender y apoyar para que siga con su misión.

Nosotros solamente venimos a abrirles camino, a iluminarlos por donde han de transitar, pero ellos son los que siguen. Tú estás creando algo diferente, un mundo distinto, porque estás aquí y ahora, entendiendo que el cielo está en la tierra, que Dios vive en ti, que no hay separación entre nosotros, que todos los ángeles y los arcángeles son energía, son seres lumínicos que viven también en ti; que tú eres arcángel Miguel, que tú eres arcángel Rafael, que tú eres arcángel Chamuel, que tú eres arcángel Gabriel, que tú eres arcángel Uriel, que tú eres Metatrón porque esa energía entra en ti; que puedes tomar el poder de ellos en ti, que puedes sanar, que puedes limpiar, que puedes energizar y puedes hablar con una consciencia superior, porque el poder de Dios está en ti, al igual que está en ellos.

Tú también eres un ángel en la tierra y tienes una gran misión: la de convertir este planeta —en el tiempo que se te fue asignado— en un mundo mejor, donde el cielo esté aquí, donde nos podamos comunicar a través del amor, de la energía, de la telepatía. Todo eso va a suceder y va a pasar cuando tú abras tu consciencia y no veas separación entre la humanidad. No importa el ser humano que tengas a un lado, ese ser humano es perfecto y es correcto porque también es extensión del Creador y él ama a todos por igual. Él está en todos por igual, solo que unos estamos más despiertos que otros.

¿Te has preguntado en qué nivel de consciencia te encuentras?, ¿qué es lo que estás haciendo para que esto suceda?, ¿has recordado quién eres?, ¿de dónde vienes?, ¿quiénes te acompañan en este camino? Hazte estas preguntas y si ya tienes respuestas para todas eres un ser completamente despierto y ahora es momento de trabajar para crear esta nueva humanidad; este lugar divino donde todos podamos convivir, donde la tierra, donde Gaia pueda volver a respirar, donde todos estos elementos que viven en ti, que son parte de ti (la tierra, el agua, el fuego, el aire) se integren a tu ser.

El éter es un elemento muy importante porque es la forma en que podemos ver la energía en el Universo. Es esa capa luminosa muy tenue como una nube que vaga, que si tú dejas tu mirada en un punto fijo en el cielo puedes llegar a verla y sentirla. Ese éter es la creación y esa creación eres tú, esa es la energía. La energía se siente, pero también se puede ver si eres observador. Ahora todos tus dones se han despertado. Al reconocer quién eres, es momento de utilizar estos dones porque son regalos divinos que tenemos en nosotros y debemos aprovechar lo que somos y recordar a qué hemos venido. Tienes muchas misiones, no solo una, como te lo había dicho antes. Trabaja a la vez en todo lo que puedas lograr para convertirte en lo mejor que puedas dar. Tienes que dar, porque si no das, te quitas. Entre más trabajas en los demás, más trabajas en ti. Siempre ponte en primer lugar porque tú eres tu templo, eres ese lugar sagrado que Dios creó a la perfección de su imagen y semejanza. Ese templo que eres hay que cuidarlo, hay que amarlo, hay que reconocerlo, hay que encontrar el equilibrio perfecto entre el cielo y la tierra porque tú has estado aquí durante muchos años, tal vez muchas vidas, pero hoy estás en este instante aquí y en el ahora. Es perfecto y es correcto, y tu única finalidad es ser tu mejor versión, ayudar a que tu alma evolucione a través del amor y no olvidar ser feliz, porque eso es lo único que te pidió el Creador. No olvides quién eres, no olvides la felicidad, disfruta el camino, intenta no sufrirlo, ya que la tristeza es un sentimiento, pero el sufrimiento es opcional.

El mundo tiene una esperanza, el mundo está cambiando porque tú estás aquí, porque estás en este momento santo, en este instante perfecto cuando tu alma está despierta, cuando estás evolucionando y cuando la tierra se está convirtiendo en un lugar sagrado. El cielo ha bajado a la tierra y estamos en un paraíso porque tú estás aquí, porque es momento de brillar, es momento de sembrar, es momento de crear y de evolucionar, para que cuando llegue la oportunidad de regresar a ese lugar donde tu alma se expandirá, donde tú trascenderás y te elevarás, puedas sentir la satisfacción de que diste lo mejor de ti, que hiciste un trabajo perfecto. Recuerda, sí, también eres un ángel en la tierra y fuiste escogido para crearla de la mejor forma.

No hay nada imposible de lograr cuando el poder del Creador habita en ti. Repite una y otra vez este ejercicio que te voy a dejar, porque es un ejercicio que te va a dar un poder muy especial y te va a ayudar a crear esa fuerza interna, esa magia interna, a sentir el poder de Dios en ti.

El **YO SOY** es la palabra más poderosa y viene desde la antigüedad (las tablas de Moisés). El secreto sagrado de la comunicación con el Creador es a través de ti, de tu voz, de tu ser, de tu *yo soy*. Ahora repite, una y otra vez, lo que tú quieres ser; piensa realmente qué es lo que necesitas en este momento para convertirte en tu mejor versión, elígelo, tráelo a tu mente, ponlo en tu corazón, dale intención y trabaja en tu evolución.

EL EJERCICIO DEL YO SOY

Es un ejercicio que te ayudará a sentir el poder de crecer en ti, a sentir a Dios en ti. Que te ayudará a crear la magia que ya tienes, esa magia que sentirás y que te convertirá en tu mejor versión y ayudará a este mundo para que sea mil veces mejor de lo que ya es.

Ponte en un lugar cómodo, pon música de fondo, prende incienso, prepara tu espacio, puedes estar en la posición de flor de loto o solamente sentado con la espalda recta y los pies en el suelo, también puedes estar acostado con tu espalda recta. Lo importante es que estés cómodo y conectado con tu cuerpo y con tu mente.

Empieza a hacer respiraciones profundas hasta entrar en tu centro, a ese lugar sagrado y lumínico que es tu corazón. Encuentra el punto de equilibrio, el estado de neutralidad en tu mente y conéctate con la luz divina, esa luz que habita en ti. Al estar en el centro de tu corazón conectado con el Creador, a través de tu respiración, vas a empezar a hacer este ejercicio.

Primero, trae a tu mente la presencia del Creador, esa integración con el *yo soy* y empiezas a respirar:

Inhala y dices: «Yo soy»

Al exhalar dices: «Yo soy Él»

Inhala: «Yo soy»

Exhala: «Yo soy Él»

Y lo repites, una y otra vez, hasta sentir la integración de Dios y la calma en tu mente. Vas a permitir que Dios se integre a ti contestándote, ahora a través de su propia voz en ti.

Vas a repetir:

«Yo soy» y al inhalar ahora vas a decir: «Yo soy Él».

Es como un suspiro hacia adentro el que haces y repites:

«Yo soy. Yo soy Él», hacia adentro lo respiras, suspiro.

«Yo soy Él», hacia adentro.

Y el tercero vas a hacerlo invertido «Yo soy Él» y al inhalar y aspirar hacia adentro vas a decir: «Yo soy».

Haz este ejercicio durante un minuto cada uno y ya que lo domines puedes elegir lo que tú desees, lo que más necesites.

Por ejemplo, salud y vas a decir: «Yo soy salud». «Yo soy» aspirando. «Yo soy, yo soy salud», aspirando y así consecutivamente para que se integre la salud en ti. Puedes escoger cualquier cosa que tú elijas, prosperidad, alegría, paz, amor, tranquilidad.

El «YO SOY» lo es todo, solo deja que se integre en ti.

Sentirás un gran poder, una gran paz y un equilibrio perfecto en tu mente, permite que todo suceda, date la oportunidad de convertirte en el YO SOY, de sentir la integración de Dios en ti, de que tú eres una extensión de Dios y que Él habita en ti.

ALIMENTACIÓN

> *«La nutrición óptima es la medicina del futuro».*
> Q. Linus Pauling.

La alimentación es un punto clave para cuidar tu cuerpo que es tu templo. Hoy estás en un proceso de transformación y eso incluye el que cuides de ti. Recuerda que nos estamos convirtiendo en nuestra mejor versión, estamos siendo los doctores del futuro y esos doctores en los que nos estamos convirtiendo somos aquellos que conocemos nuestra energía, nuestras emociones... todo lo que nos afecta en el cuerpo físico. Tenemos que empezar a interesarnos en nuestra dieta, en nuestras costumbres, en cómo nos alimentamos, desde cómo cocinamos, qué tipo de comida permitimos que nuestro cuerpo digiera.

En el plano mental y psicológico podemos trabajar muy bien desconectándonos de todos los celulares, computadoras, televisores, por lo menos tres horas antes de dormir. ¿En qué te va a ayudar esto? Te va a facilitar que tus tratamientos funcionen, que te desintoxiques, que la mente descanse. También caminar ayuda muchísimo, haz ejercicio, toma jugos que sean *détox*, que te desintoxiquen, por ejemplo: zanahoria, manzana, apio, jengibre, aceite de oliva, todo mezclado, te lo tomas al mediodía y te desintoxicas y te fortaleces.

Para fortalecerte también hay otros métodos muy importantes que tienes que tomar en cuenta, aparte del ejercicio. La linaza molida ayuda mucho. Las verduras, las frutas, los granos, las nueces, todo eso te fortalece; el aceite, los frutos rojos, el aguacate... todos los alimentos que vienen de la tierra. Todo lo que prepares con alimentos de la tierra te ayudará a fortalecerte. Te digo esto porque llegará el momento en que nosotros volvamos a la naturaleza y nos alimentemos completamente de Gaia, de Pacha Mama. Es muy importante que te des la oportunidad de trabajar en ti, en tu templo, de cuidarlo, de disfrutar cada alimento y sentirte completamente fortalecido, desintoxicado y nutrido.

Toma en cuenta algunas de las recomendaciones que ahora te digo porque estamos preparándonos para la nueva humanidad; dejaremos un gran ejemplo a nuestros descendientes y entre mejor comamos, mejor nos nutrimos; así lograremos que nuestro cuerpo perdure.

«El doctor del futuro no recetará medicinas, hará que sus pacientes se interesen por el cuidado de su cuerpo, su dieta y la prevención de enfermedades».

— *Thomas Edison.*

CAPÍTULO 28
MI REGRESO
AL INICIO QUE ES EL FINAL

YO SOY, EL YO SOY, CREADOR DEL UNIVERSO

Ascensión planetaria: poder bajar el cielo a la tierra en un despertar de la humanidad. Muchos van a lograrlo y otros no.

Al regresar de nuevo a mi galaxia, con mi familia angelical, hubo una reunión para celebrar (algo muy similar a lo que experimenté al dejar aquel plano para viajar a la vida terrenal). Muchos me preguntaron sobre mis experiencias y comparamos lo que vivimos, porque ellos también habían bajado a la tierra en algún momento. Como humano todo es distinto. Yo sabía que había pasado miles de años y una serie de vidas terrenales para que pudiera volver a aquel mágico lugar. Para ellos había sido una temporada corta; me recibieron y acogieron como un ángel que cumplió su misión. Todos se reunieron a mi alrededor y la energía comenzó a fluir entre todos.

> —La tierra es la experiencia más grata y hermosa de mi vida —les dije—, desde el momento en el que me escogieron para ir, supe que iba a ser inolvidable. He completado mi maestría como ser lumínico y angelical. El vivir en ese planeta es una de las historias más divertidas que he tenido.

El tiempo en mi galaxia no existe y la memoria dura lo necesario para después desvanecerse. Explicaré cómo fue para mí darme cuenta del no-tiempo, porque aquí, en lo que en la tierra se conoce como el cielo, todo parece tener una continuidad perfecta. Cada pensamiento, idea, palabra o expresión ocurre por medio de la telepatía. En la tierra importa cada segundo y la forma en la cual cada palabra se cuenta, porque las palabras que salen de la boca tienen magia y poder, son como estrellas que se lanzan; al salir de tu boca al Universo, y a través del tiempo, se vuelven realidad.

Ser escogida para ir al tercer planeta del sistema solar y convertirme en humana fue toda una odisea. Una vez que hacemos contacto, en la tierra no podemos recordar absolutamente nada de este lugar lumínico, ya que no se posee ninguna memoria de lo sucedido antes de nacer. Nos volvemos inocentes, admiramos todo y confiamos en quienes nos tocaron de padres. Ni siquiera podemos recordar vidas anteriores. La tierra fue diseñada por la divinidad para ser la mejor escuela evolutiva para el alma, y el estar allí es un gran regalo del Creador, pues al habitar en ella brillas como las estrellas del cielo y de esa manera regresas a ese gran sol del que todos provenimos.

Al llegar, me permití empezar de cero y renacer, una y otra vez, cada vez más preparada y con metas más grandes, aprendiendo del camino con ayuda de los seres lumínicos que me permitieron recordar, poco a poco, quién fui. Me atreví a ver la oscuridad del ser humano —porque vivía en mí también—, y a seguir encontrando el camino para recordar de dónde venía. La vida es una verdadera maestría. En la tierra existen muchas leyes humanas que acepté para experimentar muchos estados de consciencia y miles de emociones también. Fui parte de la gravedad, todo lo que sube tiene que bajar, como la línea del tiempo, el día es seguido por la noche.

—¿Qué es tiempo? —me preguntaron.

—En el cielo, cuando nosotros pensamos en algo, esto se manifiesta instantáneamente, pero en la tierra hay un retraso. El retraso es lo que hace a la tierra tan difícil. Ese es el tiempo. Aprender a esperar, sin saber qué va a suceder o si vas a despertar.

—¿Cómo supiste cuál sería tu familia? —me preguntó el más joven de los ángeles.

—Antes de ir a la tierra, en el lugar llamado *no tiempo*, que es cuando muere tu cuerpo físico de una vida, tu alma trasciende y te dan a escoger otro cuerpo, en ese tiempo podemos escoger a nuestra familia. Lo que quieres ser, hombre o mujer. Qué raza quieres ser, el lugar en el planeta, qué día nacerás y qué día regresarás a este lugar, también puedes escoger tus aprendizajes y las pruebas que te ayudarán a crecer y ayudarán a la humanidad en su despertar.

Llegamos a la tierra como un bebé y somos dependientes completamente de otros, que son los que te enseñan las reglas. Pero como nadie puede recordar las reglas, ellos inventan las suyas muchas veces, según sus procesos evolutivos y basadas en miedos. Al hacer contacto, o nacer, entregas tu poder a otros, siendo dominado hasta que aprendes a seguir tu propio camino. No siempre el viaje es divertido, así que mis maestros estuvieron conmigo en este tiempo de la Era de Acuario que fue la de la gran transformación de la humanidad, así como su ascensión. Ya estábamos preparados para cumplir con la misión de ser realmente un ángel en la tierra, convirtiéndonos en nuestra mejor versión.

Algunos astrólogos sugieren que la Era de Acuario comenzó con el equinoccio de primavera en el hemisferio norte, el 20 de marzo de 2021; mientras que otros se concentran en esa conjunción que ocurrió en diciembre de 2020. No hay un acuerdo entre los terrenales sobre cuándo comenzó, lo que sí se sabe, en líneas generales, es que está asociada a la esperanza y a la innovación. Estoy orgullosa y me siento halagada de haber participado durante este tiempo en la tierra como guía para tantos seres. La última vez que ocurrió una Era de Acuario, en el siglo XIX, fue una época de revoluciones en tecnología, industria y gobiernos. Todos estos son rasgos acuarianos. Desde que las personas caminan sobre la tierra, han mirado al cielo en busca de una guía y de claridad sobre los eventos de la vida cotidiana. Parece que es algo que está en nuestra naturaleza, eso de mirar al cielo en tiempos de necesidad: los planetas y las estrellas siempre han ayudado.

Una de las cosas que hace humanos a los humanos es la curiosidad y el deseo de entendimiento. A un nivel micro, cuando estamos navegando en épocas difíciles, con frecuencia nos encontramos buscando modalidades y explicaciones alternativas sobre lo que está sucediendo en nuestras vidas, para tratar de darle algún sentido al caos. A un nivel más macro, con nuestras estructuras de gobierno actuales, la pandemia y los grandes cambios que se están dando, también estamos en busca de respuestas. Para esto precisamente nos sirve el Universo: es la razón por la que los humanos siempre lo han observado. Está en nuestra naturaleza pensar: «oye, las cosas están realmente mal en la tierra en este momento, así que mejor vamos a ampliar nuestra visión y empezar a mirar qué está pasando en el cosmos». Ese es un lindo punto de conexión que tenemos entre humanos. De hecho, es una característica de la Era de Acuario, la de encontrar rasgos comunes en lo que significa la experiencia de ser humanos.

Los ángeles, guías, maestros y seres lumínicos siempre estuvieron ahí, me hablaban y me guiaban. En realidad, no todos los humanos los podían escuchar, hasta a mí me sucedió por muchos años y muchas vidas, porque hay algo llamado *ego* que no nos permite conectar rápidamente con el alma. Aquí, en esta dimensión, no existe ese sentimiento, está únicamente en la tierra. Esa es una de las más grandes pruebas a superar, porque tenemos que encontrar el equilibrio para sentir amor y felicidad todo el tiempo. En este plano es algo normal, porque todos tenemos la misma frecuencia y vibración, la energía es similar, pero en la tierra es completamente diferente. Cada ser humano es un mundo entero y tenemos que encontrar a los que piensan y sienten igual que tu alma; es una red divina que se va tejiendo y cada vez encuentras a más como tú, en ese universo.

Pasaron muchas vidas e interminables experiencias humanas para que yo recordara que era un ángel y saber mi camino luminoso. Al saberlo, traté de guiar a muchos por ese mismo lugar, ya que era más fácil para sanar cualquier emoción. Los ángeles y yo nos comunicábamos, pero no todos podían hacerlo, así que me di a la tarea de guiarlos en su despertar espiritual, les enseñé sincronizaciones o les enviaba impulsos para ayudarlos y guiarlos, y que pudieran ver las señales.

Una de las principales cosas que trabajé fue la confianza y seguridad para poder vivir de manera tranquila. Muchos no encuentran nunca ese sentimiento y viven llenos de miedos y sensaciones negativas. Incluso yo también tuve que afrontar muchos miedos, pero salí adelante siempre al pedir ayuda y auxilio a todos ustedes. Diversas vidas viví y no todas fueron buenas... en unas duré pocos años y en otras una eternidad, pero ahora que veo todo desde aquí, sé que valió la pena la travesía para obtener el triunfo de la evolución de la humanidad.

En mi camino, muchos se sintieron amenazados por mi poder y mi luz, y en varias vidas hasta me asesinaron, pero yo nunca me di por vencida, conté con mi gran sabiduría, el amor y la fe que siempre me ayudaban a regresar, una y otra vez, hasta entender y recordar perfectamente lo que era. En ese momento traté de enseñarles, a los que estaban cerca de mí, la magia, el poder y la luz de la divinidad que habita en todos los seres humanos. Muchos escucharon, otros permanecieron dormidos, pero, así como yo, había muchos ángeles en la tierra haciendo su trabajo para que cada día fuera más como esta dimensión. Hubo humanos que, al recordar que son iguales a Dios, temieron de su propio poder, otros lo usaron de manera errónea y muchos para el bien de la red de luz. Con el tiempo y el paso de los años, nos dimos cuenta de que todas las respuestas que buscamos fuera están siempre dentro de nosotros, y cada cosa que el Creador puede hacer, también la podemos hacer nosotros porque *YO SOY ÉL*.

Una gran variedad de humanos, al saber el gran secreto divino, crearon enormes barreras entre Dios y la humanidad cambiando los mensajes. Por ejemplo, el mensaje de que «Dios está dentro de ti», lo cambiaron a «Tú estás separado de Dios»; el mensaje «todas las respuestas que buscas están dentro de ti», fue cambiado por «tú no puedes confiar en ti mismo», y muchos lo creyeron.

Los ángeles que fuimos escogidos en cada momento del tiempo, sabíamos que fuimos designados a la tierra de los humanos y que nunca habíamos tenido experiencia alguna en esa galaxia. El planeta se llenó con una frecuencia de miedo y dolor que no les permitía reconectar el ADN de los humanos con la frecuencia de Dios, no podían escucharlo todos. Solo aquellos ángeles encarnados en la tierra podían sintonizarse con esas frecuencias divinas con facilidad al recordar su verdadera esencia y procedencia. Llegó el momento en el siglo 21 cuando muchos tuvimos que despertar y sintonizarnos con estas frecuencias y difundirlas al resto del planeta.

La mayoría de maestros de otros universos que observaban el experimento de la humanidad, dudaban muchas veces de nuestro plan, otros ayudaban y muchos nos guiaban. Al darse cuenta de que los escuchábamos y empezábamos a recordar lo que teníamos que hacer, vieron que todo empezó a caminar en el planeta de agua. El plan que realizamos de armar una red de luz en la tierra con los seres humanos empezó a funcionar.

Muchos despertaron, se amigaron y se ayudaron unos con otros. Realizaban intercambios de servicios, pero, sobre todo, dominó el amor y la felicidad. Todos los que estábamos en la tierra, vivimos el mismo miedo que los hombres; un miedo basado en sus creencias que ha sido transmitido por generaciones. Estábamos sin idea de quiénes éramos y lo que se estaba preparando para que sucediera. Pero tan pronto como la tierra entró a esta nube de frecuencias, energía y vibración, la humanidad comenzó a transformarse en paz.

La experiencia humana con respecto al tiempo comenzó a acelerarse. Nosotros empezamos a enseñarles a manifestar sus creencias cada vez más rápido. Muchos otros fueron consumidos por el miedo y crearon cada vez más miedo, y eventualmente la tierra se salió de control con eventos creados para ello hasta que la luz dominó y empezaron a recordar. La vida en la tierra empezó a cambiar, ya que las creencias de baja frecuencia que habían controlado la experiencia humana durante generaciones, ya no podían existir.

Esas experiencias fueron para los que vivieron con miedo, pero para nosotros, los ángeles terrenales, sabíamos que era el fin de la energía vieja y el comienzo de la nueva era. Entonces, el plan de la red empezó a funcionar y muchos humanos comenzaron a despertar, entre más confiábamos en nosotros mismos, más rápido nos reconectábamos y más rápido comenzábamos a recordar qué era lo que estaba pasando y cómo estábamos distribuidos uniformemente por todo el planeta. La frecuencia del planeta comenzó a subir rápidamente y comenzó a elevarse a la quinta dimensión.

Se alcanzó un punto de inflexión en nuestro despertar y nosotros creamos una nueva tierra donde se permitió que aquellos que no podían dejar de lado sus miedos aprendieran de sus lecciones. Pero, para nosotros, creamos una nueva tierra que coincidía con nuestra frecuencia más alta. Tan fácil como eso, todos los miedos basados en las creencias simplemente se iban. En un instante, nosotros recordamos quiénes éramos. Nosotros entendimos que todos estamos conectados y paramos de lastimarnos unos a otros. Comenzamos a respetarnos y a amarnos los unos a los otros. Recuperamos nuestro poder para crear la nueva tierra sin miedos, donde todos nos volvimos ángeles terrenales ENTRANDO A LA FRECUENCIA DEL AMOR.

Al saber que había cumplido con la misión que se me fue asignada, me habló mi gran Dios y me pidió regresar de la mejor de las maneras, dormida en un sueño eterno, y aquí, ahora con ustedes, sabiendo que la humanidad está llena de luz.

HERRAMIENTAS DE LUZ PARA VIVIR EN LA NUEVA HUMANIDAD CON AMOR Y COMPASIÓN

Paciencia, amor, compasión, empatía, igualdad y luz son herramientas que todos tenemos, y con la ayuda angelical y divina se potencian para que tú te conviertas en un ser equilibrado y, sobre todo, alineado a la nueva era. No es fácil, por las emociones que pueden surgir como el miedo, la tristeza, vergüenza, culpa o ansiedad, pero todas esas emociones desaparecen cuando alcanzas a reconocer el amor en ti.

Tomar decisiones que te lleven a tu estado más armónico puede ser un proceso doloroso o compasivo, depende de qué camino quieras tomar. Al aplicar los pasos de la compasión puedes llegar a la magnificencia del amor y a vivir una vida en armonía, amando sin juicio, sin crítica, soltando los miedos y sintiendo la plenitud y felicidad en todo tu ser y en tu caminar.

La felicidad es opcional y depende de ti. Hoy puedo asegurarte que estás listo para ser feliz. ¿Qué te detiene?, ¿qué te hace falta?, pregúntate qué camino tomar para seguir la vibración más alta, la del amor, la de la verdadera felicidad. Suelta el miedo, eso no te permite avanzar. Recuerda que el miedo es la ausencia del amor. Ámate, tú eres lo más importante en tu vida, sé compasivo con tu interior, tu mente y tu exterior; así serás también compasivo con todos los que te rodean, ya que sentirán la esencia de tu amor. Por eso, una de tus misiones en la vida es ser feliz, porque, por medio de tu felicidad, puedes dar felicidad y amor a otros.

¿Vas a esperar otra vida para lograrlo? Atrévete al cambio, motívate, inspírate, activa el gran Dios que existe dentro de ti. Todo es posible cuando crees en tu legado personal. Necesitamos volver a aprender, a honrar y respetar a la Madre Tierra, al padre sol, a las hermanas estrellas, descubrir y respetar todo y a todos, para así poder hacer un salto cuántico hacia aquello en lo que nos estamos convirtiendo todos juntos.

LA COMPASIÓN es un proceso muy elevado del amor. La compasión es la capacidad de ser empático con los demás. Existen varios pasos y niveles para lograr sentir ese amor incondicional y verdadero en toda su expresión, ante ti, ante la humanidad.

LOS 4 NIVELES DE LA COMPASIÓN

NIVEL 1: La compasión con otros, es decir, de qué forma puedo apoyar a los demás, qué puedo hacer para ayudar a pasar este momento de aprendizaje. Debemos dejar los viejos modelos de espiritualidad para abrirnos a la autorrenovación, convirtiéndonos en la nueva humanidad, con una forma de pensar más progresista y elevada, y así actuar ayudando a nuestro prójimo sin esperar nada a cambio, solo por el hecho de estar presente en los procesos de transformación.

NIVEL 2: La compasión por el plan principal de tu viaje a la tierra. Estamos en un cambio de era, se mueve todo en tu vida, todas las bases y estructuras. Estás transformando la existencia y como parte de nuestro proceso álmico, nuestra alma necesita vivir esta experiencia para anclar la energía del cambio. Esto está pasando en el planeta y eres parte del cambio. La compasión en el proceso kármico es necesaria para elevar nuestras sombras a la luz. Estás atravesando el cambio consciente, respetando el plan de otros y el tuyo. El plan está marcado en este cambio de era, un proceso de aceleración que estamos experimentando para vivir en este tiempo con compasión. ¿Cómo estás viviendo tu proceso álmico?, ¿cómo deseas vivir tu experiencia? Es un proceso muy elevado del amor porque en él comprendemos que como almas estamos en una experiencia de evolución: parte del plan para transformarnos en una humanidad de luz.

NIVEL 3: Compasión contigo mismo, es decir, por ejemplo, ¿cómo te tratas?, ¿eres muy exigente en tu diálogo personal?, ¿quieres que todo sea perfecto? Permitir la flexibilidad al cambio y soltar el control es parte de la transformación. Esta fase es esencial. Todo está en orden divino y tú eres parte de este orden divino. Todo es perfecto, y dejar que suceda lo necesario es ver qué hay en ti. Ordena la mente, las palabras y las emociones y suéltalas al orden divino, confiando en el camino que ya está marcado en tu plan de vida.

Sé compasivo contigo. Hay que vivir la vida desde la fuerza interna y no desde el poder; integra la sabiduría de tu alma y únete a la compasión contigo mismo confiando en que todo ya está perfecto y resuelto; las vivencias vuelven para consolidar el aprendizaje.

> EL AMOR COMPASIVO
> TE PERMITE AVANZAR:
> NO TE QUEDES DONDE NO DES,
> NO HAGAS LO QUE NO SIENTES,
> NO PIENSES EN OTROS
> PRIMERO QUE EN TI.
> EL AMOR MÁS GRANDE
> QUE PUEDE HABER ES HACIA TI.

NIVEL 4: Transformar la compasión en acción. Nosotros podemos transformar la compasión en una acción consciente para actuar en la vida. Los tres aspectos de la acción consciente son: la gratitud, el honrar y el bendecir (que es el más mágico). Conectar con los demás desde esta frecuencia es crucial para la transformación. Ser amor significa amar sin juicios, dar lo mejor de ti al integrar tu sabiduría y unirla a la compasión con los otros. Ese es el plan contigo mismo para consolidar el verdadero amor. Bendecir, honrar y agradecer a todos y a ti mismo, te llevan al amor más puro y real. Nos amo, nos honro, nos agradezco, no importa si me conoces o no.

> TE AMO, TE HONRO
> Y TE AGRADEZCO
> EL ESTAR AQUÍ AHORA.

Los mensajes de los guías nos dicen que estamos terminando el tiempo de la transición y comenzará a manifestarse el quinto nivel de consciencia. Luego de este cambio aparecerá el sexto nivel de consciencia, y la época dorada de la humanidad ya estará aquí. Llegaremos, paso a paso, pero es segura la época dorada y será el tiempo de los «niños de la luz» que estarán completamente despiertos viviendo. La profecía anuncia que cuando se alcance el quinto nivel de consciencia se hará de forma colectiva y simultánea.

Cuando suficientes semillas estén despiertas, liberadas del miedo y de otros aspectos negativos del tercero y cuarto nivel de consciencia, las semillas del quinto nivel podrán brotar dentro de la humanidad y formar un todo. Sigue tus propias huellas. Hónrate a ti mismo y a toda la creación. Mira con los ojos de tu alma y comprométete con lo esencial para que encuentres en ti y en tu pareja el verdadero amor. El mejor de los ejemplos de amor es el de Jesús y María Magdalena. La pareja sagrada, el amor incondicional y la manifestación del amor más puro en su unión. Calma tu mente y escucha tu alma, encuentra la paz y el amor aparecerá cuando menos lo esperes. La energía se siente, y cuando escuchas a tu ser, llegas al camino correcto para encontrar tu otra mitad. Sí existe el amor puro y real cuando te permites equilibrar tu energía femenina y masculina. Trabaja en ti y estarás listo para amar y ser realmente correspondido.

Eres reina/rey de tu reino y decides qué hacer en él.

Tu felicidad vive dentro de ti y eres tú quien debe hacerse cargo de ella.

Eres la/el dios/a de tu Universo.

El camino es tuyo y quien quiera acompañarte estará a tu lado.

El cofre de tu corazón nadie lo toma.

No pongas tu felicidad en las manos de nadie.

Un matrimonio puede ser funcional, pero lleno de vacíos. No hay bueno, no hay malo, todo es perfecto, pero en zona de confort con grandes vacíos. Nos utilizamos el uno al otro, no hay deudas, así que suelta la culpa. *Yo te utilicé a ti para ser quien soy, y tú a mí para ser quien eres.*

Suelta el control y abraza la incertidumbre. Desesperación es sentirte atrapado en un sentimiento o situación, no ser realmente tú, sentir soledad aún acompañado. Desesperación es no sentirse feliz, estar donde no deseas y querer tapar el sol con un dedo. Es algo inevitable, sentirte libre y atado a la vez por el miedo de cambiar, por no querer soltar algo que ya no está, eso es lo que siente tu corazón.

Sentirte libre y preso a la vez, saber que hay un mundo diferente y seguir en el mismo lugar sin decidir avanzar, es desesperante. Es sencillo liberarse de este sentimiento, pero no se hace por el miedo y la indecisión, por la culpa, por no querer dañar a otros. No pensar en ti y no ponerte en primer lugar evita que tu alma evolucione y que el corazón sienta la plenitud de la felicidad. Escucha tu corazón, deja de engañarte solo, quítate la venda de los ojos y el grillete de los pies, es solo cuestión de decisión.

Todos estarán bien, suelta y deja de ver por los demás, ve solo por tu plenitud. ¿Qué más vas a esperar para transformarte y volar? Deja de sentir ese temor, suéltalo ya. Sí habrá tristeza y enojo, acéptalo ya, tómalo y suéltalo para que puedas sanar. No hay vuelta atrás. Muere para que así vivas de verdad. Son muchos los años que te quedan de felicidad, vuela ya. Son muchos los regalos de Dios que esperan por ti, te amaremos siempre, hazlo ya. Tus guías angelicales no te van a soltar.

Abraza al miedo y hazlo tu amigo, hazlo para que no te vuelva a paralizar. Es tu compañero de vida y recuérdale que el amor es más fuerte que él. Abrázalo y dale amor, conviértelo en tu fortaleza. Vence al miedo, no es más fuerte que tu amor. El control no existe, es una creencia. Toma las decisiones, ponte en frente de tu *yo* adulto y dile a tu niño interior que no tenga miedo.

Hay miles de posibilidades, ponte en tu lugar de adulto. *Ya crecí, yo puedo con esto y con lo que venga, tengo las herramientas de vida y espirituales.* Lo que debe ser será. En la incertidumbre viene la creatividad para crear lo que quieras.

La incertidumbre es el centro de todas las posibilidades. Es el campo de todas las posibilidades.

No pongas tu felicidad en manos de nadie, responsabilízate de ti.

EPÍLOGO

Gracias por llegar hasta aquí para terminar de leer esta experiencia de vida y de transformación. Tú también eres un ángel en la tierra y hoy has descubierto todos los dones y talentos que hay en ti. Al llegar al final de este libro reconoces a los guías y a los ángeles que ahora acompañan tu camino. Te presenté a Cynthia, la humana y la espiritual, encontrando el equilibrio entre el cielo y la tierra, a través de todas mis experiencias. Hoy conoces la personalidad del ángel y el humano que hay en mí y también en ti.

Te invito a seguirme conociendo, a seguir despertando y evolucionando espiritualmente tu vida, junto a todos los seres de luz y en mi compañía. Para mi alma es un gusto que tu corazón haya sentido el llamado a leer este libro: *La vida de un ángel en la tierra*, para que te reconozcas a ti mismo y utilices todas las herramientas que tienes dentro para convertirte en esa persona angelical que hay en ti.

Sí, tú también has sido un ángel para otros. Hoy te invito a convertirte en ese ángel que vive en el cielo y en la tierra. Te invito a seguir despertando espiritualmente, a seguir evolucionando a través de los estudios de integración del ser en tu vida.

Yo soy Cynthia Ramírez, mi nombre de luz y angelical es Shiram, que significa mensajera del amor, y hoy traigo a ti este mensaje de amor: sigue amándote y preparándote para convertirte, día a día, en una persona plena y feliz que va camino a la superación y sanación personal. Pronto tendrás en tus manos el siguiente libro, por el momento, te invito a conocer las terapias, cursos, talleres, congresos, seminarios y retiros en los que puedes participar. Para mí es un placer seguir caminando de la mano en este planeta tierra. Hoy tú estás leyéndome a mí, pero mañana tal vez yo sea quien te lea y aprenda también de ti.

Solo recuerda que eres un ángel amoroso y luminoso, escogido por el Creador para vivir en este tiempo de ascensión. Estás en un cuerpo humano transitando experiencias verdaderas, evolucionando y cumpliendo con tus misiones de vida. Ahora cuentas con estas herramientas y será mucho más fácil tu transitar. De la mano vamos, a partir de hoy, sanándonos y reconociendo nuestra propia luz que se expandirá en el Universo. Nunca dejes de soñar, de evolucionar, de aprender y de despertar.

Gracias por ser un ángel en la tierra.
Con amor y bendición, Shiram.

ESTE LIBRO SE TERMINÓ DE CREAR
GRACIAS A LA SABIDURÍA E INSPIRACIÓN
ANGELICAL QUE NOS ACOMPAÑÓ EN
TODO MOMENTO.

ESCANEA ESTE CÓDIGO
Y VISITA MI CANAL DE
YOUTUBE.

Made in United States
Orlando, FL
19 February 2024